アンドリュー・リー

RCT大全

ランダム化比較試験は世界をどう変えたのか

上原裕美子訳

みすず書房

RANDOMISTAS

How Radical Researchers Changed Our World

by

Andrew Leigh

First published by La Trobe University Press in conjunction with Black Inc., 2018

Japanese translation rights arranged with Barry Marshall
c/o Black Inc., Victoria, Australia
through Tuttle-Mori Agency, Inc., Tokyo

ＲＣＴ大全■目次

1 壊血病、刑務所見学、そして、もしも電車に乗り遅れたら

海軍提督ジョージ・アンソンは計画の破綻を覚悟しつつあった。彼が指揮する6隻の戦艦は南米大陸の先端をぐるりと回ろうとしているところだ。半年前、英国政府の命を受け、パナマおよびペルーにあるスペイン植民地を征服すべく海に出た。時化に翻弄され、スペイン艦隊の追撃も受けたが、乗組員にとっての最大の脅威はほかにあった。病気の蔓延だ。壊血病である。

アンソン提督の艦隊は１７４０年に総勢１８５４人でイギリスから出帆した。4年後に帰港したときの数はわずか１８８人になっている。8隻だった艦隊も、戻ったのはたった1隻。ノンフィクション作家のスティーブン・バウンは、この航海を海洋史上最悪の医療災害と評している。出航から6カ月後には毎日必ず病死者が出る状態になっていた。当初は生前に使っていたハンモックを縫って遺体を包み船外へ投げていたのだが、しだいに生存者のほうにその体力がなくなり、甲板の下の船室で死んだ乗組員をそのまま放置した。

18世紀の艦隊で海に出るにはかなりの人数が必要だ。壊血病で死者が出ることは想定内なので、船長はたいてい多めの人員を連れていく。しかしアンソン艦隊における人員喪失は想定を遥かに超えていた。仕事をする体力のある乗組員がほとんどいなくなったせいで、南米大陸の岸壁にぶつかる船が出る始末だ。ウェイジャー号という軍艦もチリ南端の岸壁に当たって大破してしまった。浜まで泳ぐ体力のない男たちが何人も

溺死した。

壊血病は体内の結合組織に影響がおよぶ。最初は倦怠感をおぼえ、身体にうまく力が入らなくなる。あざができやすくなり、脚もむくむ。歯茎が腫れ、息が臭くなり、皮膚に発疹が出る。古傷が開いて出血し、治癒した骨折の痕がまた折れるのを見て、アンソン艦隊の乗組員たちは恐れおののいた。ある船医が自身の症状について書き記している。「歯茎全体が腐敗して赤黒い血が出る。太股やすねが壊疽《えそ》にかかり黒ずんでいるので、毎日ナイフで切ってどす黒く濁った血を出した（…）問題は食べられないことだった。噛むより呑み込みたい(1)」。末期になると歯茎が腫れあがってものを食べられなくなるのだ。皮下出血がとまらず、やがて死に至る。

大航海時代には200万人以上の船乗りが壊血病で命を落とした。敵との衝突、嵐、難破で死んだ船乗りを合わせたよりも多い人数だ(2)。1499年にはポルトガルの探検家ヴァスコ・ダ・ガマが乗組員の半分以上を壊血病で失った。1520年には同じくポルトガル人のフェルディナンド・マゼランが乗組員の3分の2を壊血病で失った(3)。七年戦争（1756―63）でイギリスは18万5899人の水兵を船に乗せたが、戦闘などで死んだのは1512人だけで、13万3708人の死因はほとんどが壊血病だった(4)。言い換えれば、七年戦争に駆り出された水兵が戦死する確率は1％未満だったのに対し、壊血病で死ぬ確率は72％だったことになる。

対策は人によってばらばらだった。ある医者はワインを飲ませ、また別の医者は生姜を服用させ、さらに別の医者は塩で病気を退けようとした。しかし、どの対策も慎重に検証されたものではなかったため、壊血病は広がり続けた。効くという証拠《エビデンス》もなく、ただ医者のステイタスと自信を根拠に奇天烈な治療方法が施されるばかり。船乗りは千人単位でばたばたと死んでいった。

その後1747年に、ジェームズ・リンドという31歳の海軍医が、ある重大な実験をしている。軍艦ソールズベリーの数カ月にわたる航海で大多数の乗組員が壊血病になったとき、リンドは「可能な限り同じ条件」の重篤患者12人を選び、いくつかの治療を施すことにした。他の医者の理論を試す方法として、二人一組にして6種類の治療方法を無作為に割り当て、比較実験を行なったのである。第1のペアには1リットルのアップルサイダーを与え、第2のペアには4ミリリットルの硫酸薬（記録によれば「硫酸エレキサー」）〔エレキサー、エリキシル剤とは、薬を服用しやすくするためのアルコール水溶液のこと〕を摂取させ、第3のペアには80ミリリットルの酢を飲ませた。硝酸と酢だけでも充分に冷酷な実験に思えるが、リンドはさらに第4のペアに250ミリリットルの海水を飲ませた。第5のペアには、ナツメグ、ニンニク、芥子《けし》の種子、セイヨウワサビ、ペルーバルサム〔マメ科の木の樹脂〕、ミルラと呼ばれるゴム状の樹脂〔没薬〕を混ぜた薬を投与した。そして第6のペアには、オレンジ2個とレモン1個を食べさせた。治療薬とされるもの以外は、12人全員に同じ食事をとらせ、船内の同じ場所に休ませていた[5]。

結果が出るまでさほど時間はかからなかった。リンドの報告によると、「オレンジとレモンを与えた患者に、突如はっきりとよい効果が見られ始めた」のだ。一人はあっというまに回復し、1週間も経たずに業務に戻れたほど。それとは対照的に、硫酸、酢、海水を摂取させた患者はまったく回復する気配がなかった。英国海軍では壊血病の主たる治療方法として硫酸薬の投与を採用していたため、これは重要な発見だった。

研究者なら誰でも知っているとおり、説得力のある結果が出たからといって、即座に政策立案者が考えを変えるわけではない。リンドも6年かけて実験結果を執筆し、『壊血病論 *A Treatise of the Scurvy*』という本にまとめた。456ページにわたる大著は、その冒頭の献辞で、航海で部下の9割を失ったジョージ・アンソン提督に捧げると書かれている。ただし、実験結果そのものは明白だったのだが、柑橘類が効く理由についての論理的説明は怪しげなこじつけの域を出ていなかった[6]。出版から何年たってもリンドの説は無視され続けた。

その後20年ほど、壊血病は長い航海において、ずっと群を抜く最大の脅威だった。英国政府の命を受けた航海のうち、最も長く海にいるのはオーストラリアへ向かう艦隊で、半年から1年はかかるのだが、出航から2カ月ほどすると船内で壊血病の症状が出始めるのだった。

幸い、１７６８―７１年に南半球の調査航海に出たジェームズ・クック船長と、１７８７―８８年にオーストラリアへの入植者を運ぶ最初の植民地船団《ファースト・フリート》を率いたアーサー・フィリップ提督は、壊血病を水際で食い止める方法を偶然見つけ出している。クック船長は乗組員にザワークラウトと麦芽汁とレモンジュースを摂取させ、２、３カ月ごとに港に寄って新鮮な食材を調達していた。彼はザワークラウトと麦芽汁が主たる予防策だと勘違いしていたのだが、それでも乗組員を一人も壊血病で失うことなく帰還を果たす[7]。フィリップ提督もザワークラウトと麦芽汁が壊血病を治すと思い込んでいたが[8]、航海途中で頻繁に港への立ち寄りを挟んだおかげで、船全体が絶望的となるほど病気が広がることはなかった。流刑地オーストラリアへ送られる囚人たちはイギリスを発つ前にポーツマスで新鮮な食べ物を食べていたし、さらに船は途中でスペイン領カナリア諸島のテネリフェ島、リオデジャネイロ、そしてアフリカ大陸南端の喜望峰にも立ち寄っている。とはいえ脅威が皆無だったわけではない。１７８８年1月26日、オーストラリアのポートジャクソン湾に到着して英国旗を掲げたあと、フィリップ提督は日誌に書き記している。「壊血病がすさまじい毒性を広げており、医療テントはもっぱら壊血病患者でいっぱいになった[9]」

クックとフィリップは幸運なほうだった。二回目の植民地船団《セカンド・フリート》（１７８９―９０）では、壊血病がいっそうすさまじい毒性を広げ、ほぼ３人に１人が亡くなった。

その後１７９０年代に、リンドの弟子だった医師ギルバート・ブレーンが、オレンジとレモンで壊血病を防げると海軍上層部を納得させることに成功した。(10) １７９５年――リンドの発見から約50年後――には、レモンジュースが要求に応じて艦隊に支給されるようになった。１７９９年には、柑橘類は基本の装備品の一部となった。(11) １８００年代前半の英国海軍は年間20万リットルのレモンジュースを摂取していた。(12)

英国政府がリンドの発見を採用するまで時間がかかりすぎたのは否定できないが、それでも海で対峙する主な敵国と比べれば、この国の壊血病対策は迅速だった。だからこそ海軍提督ホレイショ・ネルソンの指揮のもと、フランスに対する海上封鎖を維持し、最終的には規模で自国勢を上回るフランス・スペイン連合艦隊を退けて、１８０５年のトラファルガー海戦で勝利することができたのである。壊血病に苦しめられていたフランスおよびスペインと違って、また60年前のアンソン提督と違って、ネルソンは壊血病に部下を奪われながら戦闘に臨む必要がなかった。

大航海時代に16万人を超える囚人と、それ以上の一般入植者がオーストラリアに渡った。ジェームズ・リンドが壊血病予防策を見つけていなかったとしたら、こうした入植者――つまり現在のオーストラリア人の先祖たち――の多くが海で命を落としていたに違いない。実際のところ、もしも別の大国が壊血病のランダム化比較試験を行なっていたならば、植民地支配の様相はまったく違ったものになっていたと考えられる。オーストラリアの公用語はフランス語か、オランダ語か、あるいはポルトガル語になっていたかもしれない。

＊

調査対象を無作為に分けて比較する研究手法、ランダム化比較試験（randomized controlled trial ＲＣＴ）など持ち出さなくても、明々白々でわかることもある――とあなたは思っているかもしれない〔原著では randomised trial と記述している〕。

・背中がひどく痛むなら、X線検査で問題を特定できる。
・早すぎる妊娠を予防する策として、10代の少女に赤ちゃん人形を与えて育児を体験させる。人形は四六時中何らかの世話を要求するようプログラムされている。
・放課後《アフタースクール》プログラムは、問題を抱えた子どもをサポートする絶好の手段。
・マイクロクレジットで世界の貧困問題を解消できる。
・開発途上国の人々の昆虫媒介感染症対策として、寝室に蚊帳を導入させたいなら、蚊帳を無償で与えるのではなく、有償での購入を求める。そのほうが蚊帳に対して価値を感じるため。

どの意見もしごくもっともに聞こえる。だが残念ながら、この5つの主張はすべて完全に間違いだ。非特異的背痛にX線検査は役立たない。乳児シミュレーターを1週間世話した少女たちが10代で母になる確率は、通常の2倍だった[13]。放課後プログラムの多くは目に見えるインパクトをもたらしていない。マイクロクレジットの成果を厳密に調べた調査では、影響はごく小さな範囲であることが明らかになっている。そして蚊帳の無料配布は利用者を絶大に増やす。

もちろんRCTで一般的通念の正しさが確認されることもある。だが、この実験の真価が現れるのは、むしろきわめて意外な結果が出る場合だ。RCTを数多く実施した人と話をしてみれば、人間の直感が物事を正しく言い当てられる範囲について、かなり懐疑的な見解を聞かされることだろう。私が彼らを尊敬する理由の一つは、この複雑な世界に対する自分の理解を決して過信しない点だ。「学べば学ぶほど、自分がどれほど無知であるか気づかされる」というアルベルト・アインシュタインの哲学を、彼らの多くが身をもって実践している。自分の才能や能力は最初から決まっているとみなし、挫折を恐れる考え方を「固定型マインドセット」と呼ぶのに対し、失敗は次に生かすことができると考える対照的な発想は「成長型マインドセット」と呼ばれる。(14) 成長型マインドセットをもつ人々は、賢さの成長に終わりはないと考える。何が効果的で何がそうではないのか学ぶ努力を続けていく限り、知は深められるのだ、と。

壊血病対策を実験したジェームズ・リンドを含め、このようにRCTで真実を追究する人々のことを、ノーベル賞受賞経済学者アンガス・ディートンは「ランダミスタ randomista」と呼んだ。(15) 彼らには、ものごとを自分の目と腕で確かめていこうとする気質がある。かつてネットスケープ社を率いた実業家ジム・バークスデールは、「データがあるならデータを見よう。全員に意見しかないのなら、私の意見で行こう」という台詞を好んで部下に言っていたという。ランダミスタは、厳密なエビデンスを利用しなかった結果が往々にして、このような「HiPPO（ヒッポ）」――「最も高い給料をもらっている人の意見 Highest Paid Person's Opinion」に流れてしまうことを知っている。アフリカ大陸ならばカバ（ヒッポ）が最も危険な巨大動物であるように、HiPPOも、ときに死を招く選択となりかねない。特権的な立場にある人物が、事実よりも勘に頼って判断を下せば、致命的な結果をもたらしうるのだ。RCTは、それで失われる命を救う手段になる。

最近では、実にさまざまな目的で、さまざまにRCTが活用されている。オランダでは、国内一のサッカーチームが指導するスポーツプログラムに小学生を無作為に割り当てて、計算能力・読み書き能力の向上につながるかどうか調査した（つながらなかった）。(16) アメリカのワシントンDCでは、無作為に選んだ世帯に『ワシントン・ポスト』紙の購読を提供し、政治的見解に影響が生じるかどうか調べるという実験をした（民主党支持が増えていた）。(17) フランスの実験では、恵まれない境遇の子どもが全寮制学校に入ると成績があがることが確認されている。(18) ある経済学者のチームはインドでRCTを行なって、性能のいい調理用コンロがあれば室内の大気汚染が改善されて健康状態が向上するかどうか調べた（効果はあったが一時的で、1年程度しか持続しなかった[19]。エチオピアで実施されたRCTは、搾取的な労働条件であっても職が得られれば生活が向上するかどうかを調べるというものだった（被験者の大半が2、3カ月で辞めてしまった）[20]。一方アメリカのオレゴン州では、非行少年少女は里親に引き取られたほうが更生するか、それとも施設の集団生活のほうが更生するか、RCTで比較を行なっている（里親に引き取られたほうがよい結果につながるらしく、特に少女では顕著だった）[21]。

好むと好まざるとにかかわらず、RCTはあなたの生活の中にも入り込んでいる。ほぼすべての先進諸国では、ランダム化評価を実施していない製薬会社には公的補助金が出ない。支援団体が何らかのプロジェクトに助成金を提供する際も、世界有数の支援団体であるほど、政府が要求するのと同レベルのエビデンスを求めることが増えてきている。そして今日1回でもインターネットを使ったなら、おめでとう、あなたもすでに複数回のRCTに参加している可能性が限りなく高い。ネットフリックス、アマゾン、グーグルは、サイトの精度をあげるため、定期的にRCTを実施している。

RCTを行なうと、往々にして意表を突く事実と出会う。1978年にニュージャージー州の刑務所を舞台に撮影されたドキュメンタリー映画『スケアード・ストレート *Scared Straight*』の経緯もそうだった。若き日の俳優ピーター・フォークがナレーターを務めた映画で、素行の悪い青少年を刑務所に収容されている極悪犯と対面させるという内容だ。刑務所内の過酷な生活を語る囚人たちの言葉によって、非行少年が「怯え（スケアード）」、自分の行ないを「正す（ストレート）」だろうという狙いだった。あるシーンで、少年たちは靴を脱ぐよう命じられる。自分の持ち物が取り上げられる状況がどんな気持ちか体験させるのだ。そして囚人の一人が少年たちにすごむ。「立ち上がって靴の片方でも触ってみろ。ケツを蹴り飛ばしてやる」

『スケアード・ストレート』はオスカーを受賞しただけでなく、全米の政治家たちを刺激して、各地で刑務所見学プログラムが設立されるはこびとなった。このドキュメンタリー映画で描かれた経験談が、政治家たちにとっての主たるエビデンスだった。プログラム参加を拒否した青少年と比較した調査から、スケアード・ストレートのプログラムで青少年の犯罪率が最高で半減するという結論が出ていたことも、彼らのエビデンスの一つだ。[22] ただし、これらはあくまで低品質な評価による結果だった。

もう少し慎重な比較評価に目を向けていたならば、政治家たちはもっと懐疑的になっていたのではないか。ドキュメンタリーが公開された１９７８年の時点で、ジェームズ・フィンケナウアーという犯罪学者が、刑務所見学プログラムに初めてランダム化評価を行なっている。[23]「プログラムに参加した子どもたちの再犯率は、参加しなかった子どもに比べて高いことが判明しました[24]」とフィンケナウアーは結論づけた。研究者がよく言うように、「経験談の寄せ集めはデータではない」ということだったのだ。

フィンケナウアーの調査はほとんど注目されなかった。しかし、より厳密な比較評価がその後も何回か行なわれ、いずれもフィンケナウアーと同じ結論にたどりついた。２００２年には非営利団体キャンベル共同計画《コラボレーション》（Ｃ２）が、エビデンスの系統的《システマティック》なレビューを実施している。[25] そして、刑務所見学プログラムは犯罪率を低下させなかったと報告した。犯罪発生数は最大25％も増えていた。それだけではなく、プログラムに参加した青少年の一部は、対面した囚人にものを盗まれたり、性的ないやがらせを受けたりしていたことが明らかになった。

それでも、映画『ターミネーター』の殺人機械と同じく、スケアード・ストレートはしぶとく居残り続けた。２０１１年には、ケーブルテレビ局Ａ＆Ｅが『ビヨンド・スケアード・ストレート *Beyond Scared Straight*』という番組を放送している。刑務所見学プログラムは効果があるという神話を引き続き主張する内容だった。

人間は〝いい話、よくできた話〟が大好きだ。だが、統計学は事実とおとぎ話の違いを教える。囚人に会えば更生するというのは納得のいく説ではあるが、その根幹は事実ではなく神話だ。にもかかわらず、お話というものがドライなエビデンスよりも往々にして魅力的であるせいで、政府がようやくプログラムを廃止するまで数十年もかかってしまったのである。

＊

世間一般に受け入れられた常識をＲＣＴが覆した例として、もう一つ、恵まれない境遇にある若者の職業訓練の話を紹介したい。アメリカ政府は１９８０年代半ばに、職業訓練プログラムに対する大規模なＲＣＴを専門機関に委託した。すると、プログラムに参加した若者の受講後３年間の所得は、参加しなかった若者の所得を下回っていることがわかった。[26] 別のＲＣＴでは、職業訓練が害にこそならないものの、たいしてよい成果にもなっていなかったことが確認された。[27]

意気消沈する発見だ。しかし政府は引き続き、恵まれない若者をサポートする他の手法の評価を進めさせている。たとえばシカゴのペアレント・アカデミーという機関は、幼児教育専門家によるワークショップを開催し、受講する保護者に報奨金を出すというプログラムで、白人およびヒスパニック系の児童の状況改善につなげている（ただし黒人の児童に効果は見られていない）。[28] 恵まれない境遇の高校生を対象としたメンタープログラムも、不登校の縮小につながっている（ただし学力向上はもたらしていない）。[29] 社会人教育の受講生に励ましのテキストメッセージを送るプログラムは、退学率を３分の１ほど下げている。[30]

政策を評価するなら、「それで効果は出ているか？」という問いの答えを出せばいい。簡単だ。厄介なのは、そのプログラムを実施しなかったらどうなっていたか、という問いの答えを出さなければならない点である。起きなかったことを知ろうとするのだから、ちょっとしたＳＦに入りこんだ気分になってくる。

グウィネス・パルトロウが主演した『スライディング・ドア』はそういう映画だ。主人公ヘレンが電車に間に合った場合の人生と、間に合わなかった場合の人生を見比べる筋立てになっている。閉まりかけたドアにぎりぎり滑り込んだほうのヘレンは、恋人がベッドで別の女と一緒にいる光景に出くわし、恋人を捨てて、自分でPR会社を立ち上げる。一方、電車を逃したほうのヘレンは、路上でひったくりに遭い、低賃金の仕事二つを掛け持ちして働くことになり、恋人の裏切りにはなかなか気づけない。この映画が面白いのは、人生の分かれ道を両方とも確認できるという点だ——主人公の選択を読者が決める絵本シリーズ『きみならどうする？』をいったん読み終えて、別の選択を選びながらもう一度読み直すのと似ている。経済学者が「反実仮想 counterfactual」と呼ぶもの、すなわち選ばなかったほうの道を知ることができるというわけだ。

現実では、選ばなかったほうの道を本当の意味で知ることは叶わない。だが、ときにはその先の展開がはっきり見えることもある。学校のチャリティ抽選会で一等賞を当てるのがどんな気分か知りたければ、見事引き当てた勝者の表情と、それ以外のみんなの表情を見比べてみればいい。雹で車がどうなるか知りたければ、雹が降った郊外にあった車と、嵐が来なかった町の車を見比べてみればいい。

選ばなかったほうの道が、それほど明白ではない場合もある。たとえばあなたがひどい頭痛に苦しみ、鎮痛剤を飲んで寝ることにしたと想像してほしい。翌朝目覚めたときによくなっていたら、あなたは鎮痛剤のおかげだと思い込む。けれど、もしかしたら頭痛は自然と消え去ったのかもしれない。あるいは、鎮痛剤を飲むという行為だけで充分で、いわゆるプラセボ効果で治癒したのかもしれない。人が助けを必要とするのはたいてい調子の悪いときだと考えると、なお話がややこしくなってくる。病人は、多くの場合、いつかは自然に治癒していくものだ。つまり、医者の診察を受けたことによる効果を知りたいとしても、選ばなかったほうの道として、鼻水を垂らし続ける人生を想定するのは馬鹿げている。同様に、失業者の大半はゆくゆくは仕事を見つけているので、職業訓練のインパクトを知りたいとしても、受講しなかったら生涯無職だと想定するのは当を得ているとは言えない[31]。

信頼できる比較対象を確保するにはどうするのが一番良い方法なのか、研究者は長年検討を続けているが、そのつど浮上してくる答えがRCTなのだ。被験者を二つのグループに無作為に割り当てる——片方は介入を受け（介入群）、もう片方は介入を受けない（対照群）——というやり方以上に優れた方法で反実仮想を判断する策は、単純に言って存在しない。

実際にRCTを行なうときは、帽子の中に入れた紙のくじを引く、コインを投げる、もしくはランダムに数字を発生させる装置を用いるなどして、被験者を無作為に2グループに分ける。たとえば世界の人口全員にコイントスをさせると考えてみてほしい。表が出るのはおよそ40億人、裏が出るのはおよそ40億人だ。計測しやすい指標に照らすと、確かにこの2グループはほぼ同等である。どちらのグループにもほぼ等しい数の男性がいて、等しい数の金持ちがいて、等しい数の移民がいる。そして計測不能な物事においても、2グループはおおむね類似している。どちらのグループにも、脳腫瘍が発生しているがまだ診断を受けていないという人が、ほぼ同じ数だけ含まれている。明日の宝くじで当選する人も、ほぼ同じ数だけ含まれている。

ここでコインが表だったグループに、その日は1時間長く睡眠をとってもらうとしよう。そして翌日夜に双方の被験者を調査して、人生の満足度を1から10の数値で表現してもらう。表グループのほうが、裏グループよりも満足度が高かったとすれば、多めの睡眠が憂鬱な気持ちの緩和につながるという理屈が成り立つ。

RCTの素晴らしい点は、観察研究が難しいと思われる問題にも対処できることだ。たとえばある研究が、睡眠時間が長いと幸せになる、という結論を出したとしよう。これに対し、幸せが睡眠を呼ぶのだ、と反論するのも筋が通っている。心の安定した人間は寝つきがよいから、というわけだ。あるいは、幸せと睡眠はどちらも別の何かの産物である、という説を持ち出すこともできる。人間関係が安定していれば幸せになるし、よく眠れもする、ということかもしれない。いずれの場合も、観察研究は古くからよく言われる批判を受けざるを得ない——相関関係があるからといって、因果関係があることにはならないのだ。

ミスリーディングな相関関係の例は身近にいくらでも見つかる。[32] アイスクリームの売上と、浜辺のサメ襲来に相関関係が確認されたが、だからといってアイスクリームの不買運動をすべきということにはならない。靴のサイズと試験の成績に相関関係が見られても、幼稚園児に大人の靴を買い与えればうまくいくというわけではない。チョコレート消費量の多い国はノーベル賞受賞数が多いが、チョコレートをドカ食いすれば天才になれるはずもない。[33]

ひるがえってRCTは、あくまで偶然の力で介入群と対照群を割り当てる分析だ。だから農場では種子や肥料の質をRCTで比較する。製薬会社もRCTで新薬をテストする。ほとんどの場合、RCTは、そうでない実験よりも堅固かつシンプルなエビデンスをもたらす。その結果は厳しい検証にも耐えられるうえに、門外漢にも説明しやすい。ある社会科学者は、無作為割当を学んだ経験を振り返って、こう吐露している。「因果関係の危険な当て推量を生む紛らわしい相関関係、その垂れ込める雲を切り開く斬新な手法の威力に、私は衝撃を受けた（…）この素晴らしい事実に対する畏敬の念は決して薄れないだろう[34]」。もちろんRCTにもいくらかの限界があるが——第11章で考察する——RCTが問題になるのはもっぱら活用が不充分でない場合であって、RCTが多すぎるという例はめったにない。

経済学者アンガス・ディートンが「ランダミスタ」という言葉を使ったとき、それは賛辞ではなかった。彼は自身の専門分野である開発経済学において、RCTが適さない問題にばかり使われていると感じていた。ことわざにもあるように、鉄鎚を持っていたら、あらゆるものが釘に見えてくる。ディートンの感覚では、開発経済学においてはＲＣＴという鉄鎚で多くのものが叩き壊されていた。[35]

確かに、すべての介入をランダム化することはできないし、そうすべきでもないだろう。医学誌『ブリティッシュ・メディカル・ジャーナル』に掲載された有名な論文で、パラシュート装着の有効性をＲＣＴで調べた先行研究を探す、というものがあった。[36] ところが該当する研究自体が発見できず、執筆者たちは「パラシュートの明らかな保護効果は、「健常人コホート」効果の一例にすぎない可能性がある（…）パラシュートが広く利用されているのは、医師が疾病予防に固執する強迫観念の一例と言えるのではないか」と（オブラートでくるんだ揶揄で）結論づけている〔健常人コホートとは、健康状態のよい被験者集団のこと。パラシュートなしで上空から飛び降りさせる実験が行なわれていない点を指摘している〕。この論文は、ＲＣＴが成立しない分野をほかにも挙げて同様の批判を行ない、あらゆることをＲＣＴで検証できると期待するのは馬鹿げていると指摘した。

パラシュート研究はランダム化評価の批判派に広く引用されている。だが、この指摘が出たことで、パラシュートの有効性および安全性の実験は拡大した。米軍ではダミー人形を使って高高度と低高度からの降下によるインパクト評価を行なったほか、兵士を使ったランダム化パラシュート実験で装備および降下技術の向上を図った。[37] ジョージア州の陸軍駐屯地フォートベニングでは、パラシュート降下で最も多発する外傷、足首の捻挫の発生件数を低減する狙いで、ランダム化評価を行なった。そして、足首にプロテクターを巻いていれば捻挫リスクが６分の１になることを突き止めている。[38]

その他の例でも、介入をまったくしないわけにはいかない状況で、ＲＣＴは活用されている。外科治療に鎮痛剤を使用しないなど考えられないが、麻酔医の世界ではどの鎮痛剤が最もよく効くか頻繁にＲＣＴが行なわれる。財政政策において、分別ある政府が景気後退を無視することはありえないが、ランダムなスケジュールで世帯に補助金を支給し、実際に使われた金額を調査するという実験ならば筋が通っている。[39] ＲＣＴ

で対照群になった被験者が措置を受けずにただ切り捨てられるとも限らない。多くの場合は別の介入を受ける、もしくは同じ介入をのちほど受けている。ときにはＲＣＴが既存の介入を修正する最善の方法となる。災害の回避など、大規模な問題の解決に活用できる場合もある。

　ＲＣＴは非倫理的だと批判されることがある。対象が狭すぎる、コストがかかりすぎる、時間がかかりすぎるという批判もあるが、確かにそれらの要素は重要な課題ではあるものの、決して致命的な問題ではない。調査範囲が限られることがあるのは否めないが、だからこそ、結果の解釈には慎重に臨むべしと心得るのだ。たとえば、ある治療薬が女性に効くと判明した場合に、それが男性にも効くと決めつけてはならない[40]。規模に関して言うならば、実験によっては数百万ドルのコスト、数十年の歳月を要するものもあるが、迅速で安価なＲＣＴも増えている。ビジネス界でも業務手順改善のためにＲＣＴが積極的に利用されているし、政府機関は行政データを活用して低コストで実験を実施している。

＊

　オーストラリアのメルボルン郊外にある町、スティールズ・クリークの住民ジョン・オニールは、炎が迫ってきたときのことを「蒸気機関車が10も20も来たような音がした」と語っている。空は赤と黒と紫に変わっていた。オニールは自分の子どもらに家の中に入るよう叫び、床に伏せたまま濡れた布を顔に押し当てて煙を防ぐよう指示をした。燃えた木屑が窓にぶつかる。オニールいわく、「火が充満した洗濯機の中にいるような」状態だった[41]。

　オニール一家がなんとか生き延びた炎は、のちに黒い土曜日《ブラックサタデー》と名がついたオーストラリア史上最悪〔2018年現在〕の山火事だった。それまで10年間も干ばつが続いていたヴィクトリア州を、2009年2月、猛烈な真夏の熱波が襲ったのだ。気温は最高記録を更新し、乾いた強風が吹き荒れた。ある専門家がのちに指摘したとおり、こうした条件が桁外れの猛火を生み出したのである。炎の壁は最大100メートルの高さになり、温度も最高で摂氏1200度に達した。アルミニウム製の道路標識は溶けだした。ユーカリの樹冠の下でユーカリオイルに火がつき、天然の「火の玉」——引火性の強いガスの塊——ができて、火炎前線の30キロメートル先まで飛んでいった。

炎が大気の状態を変え、上昇気流が生じて、内部に雷雲が発生し、怒れる獣のように稲妻を光らせながら、新たな炎を生み出していく。現場を体験した消防士が「あれは巨大だった、とてつもなく巨大だった（…）木っ端、灰、いろんなものを燃やしながら巻き上げていた。あの炎は生き物というよりほかなかった」と表現している。[42] この山火事で放出されたエネルギー総量は、広島に落とされた原子爆弾1500個分に相当するものだった。

メルボルン北東のマリンディ景観保護区では、キャンプに来ていた19人の一般市民が取り残されていた。怯える彼らのもとに消防隊が到着したが、炎が退路を閉ざしてしまい、避難させることができない。消防隊は19人を消防車に乗せて車ごと付近の川に入り、それから90分間、燃えさかる炎に囲まれながら川の水を消防車の屋根に放射して持ちこたえた。[43]

このブラックサタデーで173人が命を落とし、数千軒の住宅が崩壊した。火事の経緯と余波を調査した王立委員会は、極限的状況における山火事の予測不能な挙動を理解する研究を、今後のために推進すべきだと進言した。

首都キャンベラ郊外のヤラルムラに、オーストラリア連邦科学産業研究機構（CSIRO）の施設がある。研究者アンドリュー・サリヴァンは、全長25メートルの風洞設備に私を案内した。トンネルの片側にはジェットエンジン規模のファンがついている。1秒間で小さめの水泳プール1個分ほどの空気を吸い込める威力だ。トンネルの反対側がガラス張りになっている。「こちら側で着火をします」とサリヴァンが説明する。この装置の名前が「パイロトロン」であると聞いて、私は映画『X‐MEN』に出てきた炎を操る超能力者を思い浮かべた。

パイロトロンはブラックサタデーの山火事が起きた前年に作られたものだ。現在はサリヴァンのチームがこの装置を使って燃焼挙動の実験をしている。特定の木が他の木よりも早く燃える理由は何か。点在する炎がつながって一本の火炎前線になるのをどう発見できるか。単純な放水と比較して、火炎抑制剤はどれくらい効果があるか。実験をランダム化していなかったら、まず間違いなく迷路にはまり込んでいたでしょう、とサリヴァンは語った。ボーイスカウトやガールスカウトで火のおこし方を練習するように、パイロトロンの中で科学者が一日かけて火をおこしていると、おそらく徐々に作業が手馴れてくる。つまり、段階的に空気の量を増やして実験を重ねることで、実際にはよく管理された炎の挙動を測定しているにもかかわらず、自然の気流を理解できた気になってしまうかもしれない。実験の順番がランダムであれば、真実を突き止められる可能性が高いというわけだ。

このランダム化燃焼実験は気候変動対策にも重要な役割を担っている。世界の温暖化ガス排出量のうち、およそ4分の1は、炎によって生じているからだ。ゆえに山火事による炭素排出を削減すれば、気候変動解消のコスト効果の高い一手となりうる。サリヴァン率いる研究チームがパイロトロンを使って行なった実験で、燃焼強度の低い炎は二酸化炭素と一酸化炭素の排出量が少ないことが確認された。バックバーニング〔枯葉など燃えやすいものをあらかじめ燃やしてしまう予防策のこと〕の実施が温室効果ガスの排出削減に有効な手段になりうるという意味だ。[44]

ランダム化燃焼実験はパイロトロン内の安全な環境以外でも実施されている。オーストラリアを代表する山火事研究の権威、アラン・マッカーサーは、1950年代から60年代にかけて1200件以上の火災実験を実施・観測した。パイロトロンからも見えるキャンベラ西部の山、その名もブラックマウンテンが主な実験場だ。ここでの実験を通じて、草原、ユーカリの森、松造林で炎がどれほど急速に広がるか知見を得た。消防隊にとってマッカーサーの研究がもたらした恩恵と言えば、斜面における消火活動のリスクが明らかになったことだ。炎は平面よりも斜面を速くかけのぼるのである。

一般市民にとってのマッカーサーの功績は、初の火災危険度指標を開発したことだ。天候データを組み込んで、理解しやすい5段階式で火災リスクを示すシステムである。[45] オーストラリア国内で特に山火事発生の危険性が高い地域では、今では道路脇にこの数値を示す標識が立っている。ブラックサタデーの山火事後には、危険度の6段階目として、「壊滅的 Catastrophic」というカテゴリーが加わった。マッカーサーはRCTを通じて、複雑な天候データをシンプルな火災危険度指標に落とし込む明快な方法を考案したのである。

＊

リンドが壊血病に関するRCTの結果を出版してから16年後、1769年に、ウィリアム・スタークという外科医が、さまざまな食物が壊血病にどう影響するか自らの身体で実験をしている。[46] スタークはまず1カ月間、パンと水だけで過ごした。次に、その食事を補う食材を一度に一つずつ増やし始めた。オリーブオイル、牛乳、ガチョウの肉、牛肉などだ。すると2カ月後に壊血病になった。スタークは厳密に管理した食物摂取と健康状態の記録を続けながら、バター、イチジク、子牛の肉など、食べる食材をさらに増やしていった。そして実験7カ月目で29歳で息を引き取っている。新鮮な果物と緑の野菜を加える予定はあったが、まだベーコンとチーズを試している途中だった。

スタークは人類の歴史における「栄養殉教者」の一人と言われる。[47] だが、もしも彼がリンドの論稿を読んでいたら、早すぎる死を避けられただけでなく、苦痛に耐える必要もなかったはずではないか。リンドの事例は、実験評価の質が大きくものを言うことを思い出させると同時に、実験で得られた結果を活用することの重要性を教えている。

2 瀉血からプラセボ手術へ

まぶしいくらいに白い手術室で、私は生まれて初めて外科手術の現場を見学していた。手術台に横たわっているのは股関節置換手術を受ける71歳の女性患者だ。室内には看護師数人と、麻酔医、人工股関節メーカーの担当者がいるほか、別の医師も一人立ち会っている。中央で患者の腰部にそっとメスを入れているのが、メルボルン在住の外科医ピーター・チュン。ステレオからイージーリスニング系の音楽が流れている。室内の雰囲気はこれ以上ないというほど穏やかだ。慣れた手術だし、その場にいるメンバーもお互いよく見知っている。

第一切開が済むと、ピーターはメスを置き、二極のジアテルミーという装置に持ち替えた。今度は切った肉を焼いている。止血して回復を早める処置だ。室内にバーベキューのような匂いが漂う。それからふたたびメスを持ち、数分後にはピーターと股関節とが対面していた。骨盤に空洞を作るために電気ドリルのような装置を使う。先端にピンポン球ほどの金属の円盤がついていて、粗い表面で股関節窩をなめらかに削る。ピーターがドリルを引き出したときには、球に骨と血がまとわりついていた。今日の朝食は軽めにしておいてよかった――私は、この手術室ですでに何度かわきおこった思いを改めてかみしめた。

近代の外科手術は、腕力、テクノロジー、そしてチームワークの興味深い融合体だ。ハンマーを振るったり、膝関節を持ち上げたりしたかと思うと、次はコンピューター画面を見ながら、十字カーソルが示す正確な角度で人工股関節を合わせていく。骨セメントを混ぜるときには緊迫感が高まった。2種類の溶剤が合わさった瞬間から看護師が経過時間の通知を始める。「30秒……1分……1分30秒……」。4分で骨セメントが患者の体内に入った。5分で人工股関節が固定された。セメントが混合後10分で硬化することは全員が心得ている。そのあとで人工股関節の角度を変えようと思ったら、固まったセメントを骨の内側から削り出すしかない。

手術室では執刀医が指揮官だ。そしてピーター・チュンは経験を積んだ外科医である。にもかかわらず、彼は驚くほど率直に、自分にわからないことはわからないと認める。身体の前から切開するほうがよいか（前外側進入法）、後ろから切開するほうがよいか（後外側進入法）。肥満体の患者には膝関節の手術より先に胃のラップバンド手術を受けるよう推奨したほうがいいのか。関節置換手術を受けた患者を何日後から離床させるべきか。殺菌薬にはヨードを使うのが最善なのか、それとも安価なクロルヘキシジンでも同じ効果はあるか。

数年かけてこうした疑問の答えを出していけるだろう、とピーターは考えている。彼には武器がある。RCTだ。2年ほど前、彼が主導するチームがRCTを実施し、人工膝関節形成手術は従来の手法がよいのか、それとも人工関節の埋め込みにコンピューターの指示を利用するほうがよいのか調べた。[1] 被験者115人で、コンピューター補助のあるほうが正確に人工関節を設置でき、患者にとってのQOLも高いことがわかった。ピーターは別の研究でも、術後の疼痛管理にかかわる手術技法や戦略を無作為に割り当てて、その効果を調べている。[2]

なかでも最も賛否両論を呼んでいるのは、ピーター・チュンが、対照群に「プラセボ手術」を行なう評価方法を強く支持している点だ。対照群となった患者にとっては、医者に皮膚を切開され、基本的にはそのまま縫い戻されるだけ、という意味である。

プラセボ手術――偽手術、シャムオペともいう――は、手術が患者を助けるかどうか判断がつかないときに利用される方法である。ある有名な研究では、変形性関節症の患者に膝の鍵穴手術〔切開範囲が小さい手術のこと〕が有効かどうか調べている。[3] その手術は当時世界中で年間100万件以上も実施されていたが、一部の医師は効果を疑問視していた。そこで1990年代後半にヒューストンの病院が、ある患者群に鍵穴手術を行ない、別の患者群には膝の切開のみを行なうという実験をした。執刀医も事前に区別を知らされず、手術室に入ったときに助手から封筒を渡されて、目の前の患者に本当の手術をするのか偽手術をするのか初めて知るようにした。患者は局所麻酔を受けるので、偽手術の場合でも本当の手術にかかる時間と同じだけ手術室に滞在させ、実際に手術しているかのように膝を扱った。2年後、偽手術を受けた患者が感じる膝の痛みや機能の具合は、本当の手術を受けた患者と同じレベルだった。

偽手術で比較するという発想が生まれたのは、1959年にさかのぼる。シアトルの医師数名のグループが、胸痛に対して内胸動脈に小さな結び目を作る治療法に疑念を抱いた。[4] そこで8人の患者を無作為に選んで手術を実施し、同じく無作為に選んだ別の9人には胸部の切開だけを行なうという実験をした。すると内胸動脈結紮という治療にはインパクトがないことがわかり、この手術は数年後には衰退した。

近年では、圧迫骨折した椎骨にセメントを注入したグループと（この処置を椎体形成術という）、偽手術を受けたグループ、すなわち対照群とあいだに差がないことも確認されている。[5] 神経外科で偽手術を利用した例では、パーキンソン病患者の脳に胎児細胞を移植した場合と、プラセボ治療で患者の頭に骨孔という小さな穴をドリルで空けただけの場合を比較したところ、移植のほうが単なる穴よりも効果的というわけではないことを確認している。[6]

偽手術の結果に最も驚かされる例と言えば、2013年の実験だ。フィンランドの研究チームは、変形性関節症を患う高齢患者に膝の手術をしても成果が出ないという発見を受けて、半月板損傷に対する手術にも疑念を持った。半月板とは大腿骨と脛骨のあいだのクッションになっている軟骨のことだ。このときのRCTで、中年の患者に対する半月板損傷の手術に、偽手術以上の効果はないことが明らかになった。[7]にもかかわらず、この半月板切除手術は年間数百万件も実施され、オーストラリアやアメリカなどの国々では最も一般的な整形外科手術となっている。[8]すべての医師がそうだったわけではないが、医師たちはRCTによる発見の重大性を認めたがらなかったのだ。[9]医学誌『アースロスコピー』の記事は、偽手術を無作為に割り当てる実験は「馬鹿げている」と一蹴している。さらに「まともな思考をもつ患者」は偽手術実験に参加しないという理由で、この実験結果は「精神状態が健全な患者に一般化可能ではない」とまで主張した。[10]

それでも、偽手術で調べることの重要性は高まる一方だ。外科手術におけるプラセボ効果が、他の医療分野におけるプラセボ効果よりも大きいらしいことが理解されてきたためである。最近の研究で53件の偽手術実験を調べたところ、本来の手術のほうが偽手術よりも優れた成果を出していたのは49％だけだった。ところが全体の74％において、患者はプラセボの治療に反応していた。[11]つまり手術の半分は、提示された効果が最初から生じえないものであったにもかかわらず、患者のうち4人に3人が、手術の効果を感じていたというわけだ。効果のある手術を受けている年間に数百万人の患者は、仮にプラセボ治療を受けていたとしても、まったく同じように治っていたのかもしれない。

これほど大きなプラセボ効果が生じる理由は、おそらく、外科手術は他の医療処置よりも侵襲性が高く、またとりわけランクの高い医師によって行なわれるという事実で説明がつく。こんなジョークがある――天国のカフェで人々が列に並んでいると、白衣を着た男が横入りをして、食べ物を全部とってしまった。「あれは誰なんだ?」と一人が聞くと、別の一人が「誰でもない。ただの神だよ」と答えた。「単なる神の分際で、自分が外科医だと思いこんでるんだ」[12]。天国で横入りしても許されるほどの身分であるとしても、偽手術実験を見ると、外科医が完全無欠な存在には程遠いことがわかる。何しろこの方法で評価された手術は、本当ならば、患者にこんな質問をして始めるべきものだったのだ。「あなたはちゃんとした手術を受けたいですか。それとも、ちょっとお腹を切って、イージーリスニングの曲を何曲か流して、それから縫い戻すほうがいいですか」

倫理に関する疑念は、偽手術につきつけられる主たる問題の一つだ。今後も重要な課題であることには変わりない。1990年代には、外科手術に関する教科書が、「偽手術は倫理的に正当とは認められない」と断言している[13]。そのため偽手術を行なう研究者は、患者が状況をきちんと理解するよう格別な努力を払う。ヒューストンの膝手術実験のときは、患者に対して次のような文章を記入するよう求めた。「この研究に参加するにあたり、私は、自分が受けるのは偽手術のみとなる可能性があることを理解しています。その場合に自分は膝関節に手術を受けないことになるという点も、理解しています。この偽手術は私の膝関節炎に有益性はありません」。偽手術を行なう医師は患者一人ひとりに対し、RCTをする理由として、その手術が本当に効くか世界一流の専門家でもわからない、「臨床的均衡」という状況であることを説明する。治療の成果についての確証がないため、本物の手術を受けた患者より、偽手術を受けた患者のほうが状態がよくなることもありえるというわけだ。

ピーター・チュンのように偽手術を支持する医師もいるが、この手法はまだ揺籃期である。シドニーにある複数の病院での整形外科手術を調べた調査では、RCTで効果が裏づけられた手術は3分の1だけだということがわかった[14]。シドニー在住の外科医イアン・ハリスは、患者が強気の医師を英雄視し、保守的な医師を臆病と見ることがあると指摘している。しかし「表面的な印象にとらわれずに見てみれば、英雄的な医師には思わしくない結果が出ている場合が少なくない（…）手術をせずに患者を治療するほうが困難で、おそらく、より勇敢な判断となる」[15]。ハリスによると、強気の外科医のほうが批判を受けにくく、訴えられることも少なく、さらには高給取りであることが多い。

ピッツバーグの整形外科医ジョン・クリストフォレッティが、ある半月板損傷患者の例を語っている。クリストフォレッティは、RCTのエビデンスを受けて、患者に膝の手術を推奨しなかった。すると患者はインターネットでクリストフォレッティに星一つの評価をつけ、無礼なコメントを書き込んだ。自分には手術が必要だと本人は信じていたからだ。クリストフォレッティはこう述べる。「いずれは同業者の大半が、「面倒を避けるためには手術すればいい。手術しておくぶんには誰も怒らない。手術することで懐も痛まない。とにかく手術しとけばいい」と言うようになるだろう[16]」。ときには、エビデンスに従うよりも、エビデンスを無視するほうが楽というわけだ。

＊

旧約聖書のダニエル書で、医療実験の先駆けと言える話が語られている。バビロンの王ネブカドネツァルは、捕囚したユダ族の青年ダニエルと、その3人の仲間に、宮廷の豪勢な食事をさせようとした。ダニエルは野菜の食事をしたいと返答したが、王の臣下は栄養失調になる可能性を指摘した。そこでダニエルは訴えた。自分たち4人が10日間にわたって野菜だけを食べるので、10日後に、宮廷の肉料理を食べていた若者たちと比較してほしい。王の許可が出て、実際に10日間野菜だけで過ごした4人は、他の若者たちよりも健康状態がよかった。そのため引き続き菜食が認められることとなった。

ダニエルの実験はＲＣＴではない。ダニエルと仲間たちが自らを介入群に選んでいるからだ。しかし、聖書に語られる２２００年前の実験が、現代に見られるいわゆる「パイロット調査」——比較対象を作らない実験——よりも厳密なものであったことは間違いない。

ダニエルの菜食実験から数世紀をかけて、医学におけるＲＣＴは少しずつ進化していった。１５４０年代にはフランスの外科医アンブロワーズ・パレが、軍医として、火薬でやけどした兵士の治療にあたることとなった。助かる確率はきわめて低い状態だ。パレはその数年前に、第四次イタリア戦争で、重度の火傷を負ったフランス兵３人の看護を経験している。パレの回想録によると、３人の容態は安定していたのだが、通りがかった別の兵士がパレに、何か治療方法はないのかと尋ねてきた。(17) できることはないと答えると、その兵士はおもむろに短剣を抜き、３人の喉を切り裂いた。「なんて非道な」と言ったパレに、兵士は答えた。もし自分がこんな痛みに耐えていたら、「みじめに放置される」よりも、誰かに喉を切り裂いてほしいと望むはずだ、と。

このときの患者は３人だったが、今回のパレが診ることになったのは、さらに大人数の爆傷患者だ。火薬の袋が爆発して、大勢のフランス兵がけがをした。パレは当時の一般的な治療を施し始めた——油と糖蜜を混ぜて沸騰させ、それを傷口に注ぐのである。ところがある日、治療の途中で熱した油が尽きてしまい、仕方なく残りの兵士には古代ローマで伝わる軟膏を塗ることにした。こちらはテレピン油、ローズ油、卵白を混ぜたものだ。翌日、いつもの薬を塗った兵士たちと、間に合わせの薬を塗った兵士たちの様子を確認すると、前者が発熱しているのに対し、後者はきちんと眠れていたことがわかった（テレピン油が殺菌剤の役割を果たしていた）。「私は心に誓った」とパレは書いている。「二度と、銃創を負った哀れな患者を焼灼するなどという残酷なことはしない」

現代の基準で言えば、パレの実験には穴がある。おそらく彼は最も重傷の患者から治療を開始し、それから比較的軽傷の兵士へと移っていったと考えられる。だとすれば、煮えたぎった油で焼灼止血を受けたのはそもそも状態の悪い患者で、治療の効果は無関係だったのだ。だが、パレの研究は不完全であったとはいえ、彼の功績で医学はより慎重な分析へとわずかながら進歩した。パレから2世紀あとに、リンドが「可能な限り同じ条件」で12人の患者を選び、壊血病の実験を行なっている。

その後、現代医学におけるRCTへと進歩していくにあたり、重大なステップとなったのは、ある一つの気づきだった。患者は診察を受けると、それだけで回復するらしい――少なくとも本人の申告では「よくなった」と言う傾向が見られるのである。1799年のイギリスの医師ジョン・ヘイガースは、「パーキンズ・トラクター」と呼ばれるインチキ治療の流行に腹立たしい思いを抱いていた。パーキンズ・トラクターは、単なる金属の棒2本を患者の身体に当てることで、患者を苦しめている「有害な電気流体を排除する」というものだ。ヘイガースはリウマチ患者5人に実験をして、木の棒でもパーキンズ・トラクターと同じ効果が出ることを明らかにし、プラセボ効果という考えを広めることとなった。[18]

ヘイガースの指摘によると、無名の医師より有名な医師のほうが優れた成果を出すことがあるのも、プラセボ効果が一因だ。権威ある医師が大きなプラセボ効果を誘発すると、たとえその治療は無意味なものだったとしても、ますます患者は回復する可能性が高くなる。実際、当時の医療業界においては、治療が低品質であっても医師本人が権威をまとっていることが高く評価された。この頃の医師が頻繁に採用していた治療方法の一つが瀉血だ。腕の静脈を特別なメスで切って血を出すことで回復させるというものだったが、これは患者を弱らせることにしかなっていなかった。[19] 瀉血治療は長きにわたり横行し、1800年代はじめになってようやく、病気の兵士を対象として瀉血治療のＲＣＴが行なわれる。すると、治療を受けた介入群の死亡率は29％、受けなかった対照群では2％だった。[20] この血塗られた医学の歴史は、代表的医学誌の名称、『ランセット』となって記憶されている〔ランセットとは瀉血に使われたメスのこと〕。エビデンスにもとづく医療が主流になるまでは、医師の位の高さ《エミネンス》にもとづく治療がまかりとおっていたのである。[21]

19世紀のウィーンでは、医師の位の高さが文字通り人の命を奪っていた。[22] 当時は裕福な女性は自宅で出産しており、ウィーン総合病院では主に貧困層の妊婦が出産していた。この病院には産科が二つあり、片方では女性の助産師が担当し、もう片方では男性の医師が分娩に対応した。入院する妊婦は隔日でどちらかの産科に振り分けられた。ところが出産後の健康状態には二つの産科で大きな違いがあった。助産師がいる産科では産婦死亡率が20人に1人未満だったのに対し、医師が担当する産科では10人に1人なのだ。2倍以上の開きがある。入院する女性たちもこの事実を知っていて、医師の産科には入れないでくれと懇願した。医師の産科で産むよりもマシだという理由で、病院にかからずに出産する女性もいたほどだった。

この病院で医師として働き、産科診療の記録係を務めていたのが、イグナーツ・センメルヴェイスだ。彼はこうした状況に困惑した。二つの産科は隔日交代で患者を受け入れているし、妊婦たちの健康状態もほぼ同様だ。つまりウィーン総合病院では、二つの産科のインパクトを比べるＲＣＴを実施していたのと同様の状況だったのである。結果的に医師による分娩が凶と出ていることは明らかだった。理由を解き明かすため、センメルヴェイスがまず注目したのは、分娩時の姿勢だ。助産師は妊婦を横向きに寝かせて出産させ、医師は仰向けで出産させていた。しかし、医師たちが横向きの分娩を採用しても、死亡率が改善する様子はない。そこで次に、生まれた乳児が死亡すると神父が来て鐘を持って病棟を歩くことに注目した。これが他の産婦を怯えさせているのではないか。だが、神父に鐘を持たせないことにしても、やはり変化はなかった。

その後、センメルヴェイスの同僚が勤務時の事故がもとで死亡する出来事が起きる。解剖の指導中に、学生が持っていたメスでうっかり皮膚を傷つけてしまったのだ。この同僚の死亡前の症状が、死んだ産婦たちの多くと共通していることに気づいたセンメルヴェイスは、解剖作業で医師に付着した「微粒子」が産婦に感染し、産褥熱を引き起こして死に至らしめるという仮説を立てた。そこで医師たちに塩素で手を洗うよう求めたところ、死亡率が急速に低下したのである。センメルヴェイスと、偶然に実施されていたRCTのおかげで、ウィーンでは街中で出産するよりも医師のもとで出産するほうが安全となったのだった。

とはいえ、リンドの発見のときと同様に、当時の医療専門家の多くはセンメルヴェイスが主張する消毒の必要性を認めなかった[23]。疫病の細菌論はまだ発達していなかったからだ。紳士の手が不潔であるという主張を、医師たちは侮辱と受け止めた。自分たちが患者に病気を感染させた原因かもしれないなどというのは論外だった。センメルヴェイスはウィーン総合病院を追われ、塩素消毒の習慣は途絶えてしまった。

1800年代半ばの医学は、まだ大半がかなり非科学的なものだったのだ。1860年にはオリバー・ウエンデル・ホームズ・シニアという医師が、マサチューセッツ医学会の会議でスピーチをした際に、こう批判している。「今使われているマテリア・メディカ（医療知識の総体のこと）をそっくり海底に沈めることができれば、人類にとっては恩恵に、魚にとっては災いとなるだろう[24]」。歴史家のデイヴィッド・ウートンは、2006年に出版した『有害な医療 *Bad Medicine*』という著書で、医学の誤りの歴史について考察している。「患者は2400年前からずっと、医師はよいことをすると信じ続けている。医師は2300年にわたり、間違いを続けてきた[25]」

＊

やがて少しずつ、医師たちは仮説よりも実証実験に重きを置くようになっていく。19世紀末にはジフテリアが先進国で最も危険な伝染病として猛威を振るい、年間数十万人の命を奪っていた。[26] 血清治療が有効ではないかと考えたデンマークの医師ヨハネス・フィビゲルは、その効果を確かめるRCTを考案した。[27] ウィーン総合病院の産科の例と同じく、患者に隔日で異なる治療を割り当てたのである。すると、血清治療を受けた患者グループは死亡率が低く、その差は4倍近いことがわかった。フィビゲルの治療に対する需要が増大したので、デンマーク政府は1902年に国立血清研究所を設立し、市民のためにワクチンの製造と供給を行なうようになった。

その後の数十年間で、臨床試験をランダム化して行なう手法は、より一般的になった。1930年代には一部の研究者から、介入群と対照群の区別が実施側にも認識されない形にすることで、研究者のバイアスが結果をゆがめるリスクを低減できるのではないか、という意見が出た。本当の治療なのか、比較のためだけの処置なのか、患者と医師双方に隠すというやり方で、これが「二重盲検《ダブルブラインド》」と呼ばれるようになった。一説によると、この言葉は、オールド・ゴールドという煙草会社が製品宣伝のために実施した目隠しテストに由来している。[28]

1940年代には、RCTで、一般的な風邪に抗生物質が効かないことが明らかになった。[29] 1954年には、国内の子ども60万人を無作為に割り当てて、ポリオワクチンか、それとも生理食塩水か、いずれかを注射する実験が行なわれている。[30] ワクチンが効果的だと証明されたため、アメリカの全児童を対象とした予防接種が翌年から始まった。1960年代には、糖尿病治療薬、高血圧治療薬、経口避妊薬の効果をRCTで調べている。[31] アルヴァン・ファインスタインやデイヴィッド・サケットなど、エビデンスにもとづく医療（EBM）を強く主張する専門家たちは、一般大衆に医師の名声に注目しないよう呼びかけて、医師が示すエビデンスの質に注目するべきだと主張している。

エビデンスにもとづく医療の推奨者として最も著名な人物の一人が、スコットランドの医師アーチー・コクランである。コクランはキャリア初期の研修で、第二次世界大戦中のドイツの捕虜収容所の軍医を務めた。ある収容所で2万人の捕虜をたった一人で診ていたという。捕虜の食事は1日およそ600カロリー（一般的な1日の最低摂取カロリーの3分の1）。そして全員が下痢をしていた。収容所内では腸チフスが頻繁に流行し、黄疸になる捕虜も多い。コクランは医師の増員を頼んだが、ナチ司令官の返答は「医者など、いても無駄だ Nein! Aerzte sind überflüssig」だった。[32] コクランはこれを聞いて憤慨した。

しかし時間が経つにつれ、コクランの怒りはしぼんでいった。どのイギリス兵が生き延び、どのイギリス兵が死ぬか考えてみると、自分が提供する医療処置はたいしてインパクトをもたらしていないと痛感するばかりだったのだ。最善は尽くしていたものの、1940年代の医療には限界があった。コクランがのちに認めているとおり、医師が行なうささやかすぎる治療は、「人体の回復力と比べて」ほとんど無力だった。特に結核患者を診ていたときのコクランはそう実感せずにいられなかった。診療所で治療をした患者の葬式を執り行なうまでが仕事のようなものだった（そのため「ヒンドゥー、イスラム、ギリシャ正教会の葬式にきわめて詳しくなった」という）。

コクランは戦後に、こう書いている。「当時の私は「ランダム化比較試験」など聞いたこともなかったが、われわれが結核病患者のために提供していたどの策も、効果について確かなエビデンスがないことはわかっていた。私は、不必要な処置で友人たちの寿命を縮めているのかもしれない、と不安だった[33]」。医師の増員は不要と考えたナチ司令官が「賢かったのか、残酷だったのか」はともかく、「結果的に正しかった」のだと認めざるをえなかった。

コクランの回想記を読むと、彼の誠実さ、謙虚さ、優しさに衝撃を受けずにはいられない。彼は「戦争捕虜になるだけでも大変なのに、この私が担当医になるとは、きみも災難だな」などと冗談も言った。[34] また、ある夜にドイツ兵が若いロシア人兵士一人を病棟に投げ込んできたときの経験も、回想記に書いている。そのロシア兵は肺に深刻な感染症を発症し、瀕死の状態でわめき続けていた。コクランの手元にはモルヒネがなかった。アスピリンだけだ。アスピリンではロシア兵に叫ぶのをやめさせる手立てにはならない。そしてコクランはロシア語を話せないし、病棟にいる誰もロシア語を話せない。コクランはただできることをするしかなかった。「とうとう私は、何も考えずにただ寝台に腰をかけて、彼を腕に抱いた。するとたちまち叫びが止まった。数時間後、彼は私の腕の中で安らかに死んでいった。彼を叫ばせていたのは肋膜炎ではなく孤独感だったのだ。死を迎える人々の看護について、大切なことを学んだ体験だった[35]」

コクランは人生後半の数十年間で、医療分野ごとに関連するＲＣＴの記録を定期的に一カ所に集約していくべきだ、と訴えていた。彼の死から4年後の１９９３年に、イギリスの医師イアン・チャーマーズが、まさにその挑戦を実現している。コクラン共同計画《コラボレーション》（ＣＣ）という機関を設立し——現在の名称は「コクラン」——ＲＣＴのシステマティック・レビューを行ない、医師、患者、政策担当者が資料にアクセスできるようにしたのである。現在のコクランレビューは、医師が見慣れない医療問題に出会った際に真っ先に頼る参照先の一つだ。また、チャーマーズはジェームズ・リンド・アライアンスという非営利団体も立ち上げた。こちらはさまざまな症状について答えの出ていない疑問トップ10をまとめるという活動で、未来の研究者が解決に取り組むことを期待している。

こうした医療ランダミスタ先駆者たちの努力のおかげで、現在では、研究所で開発された新薬が市場に出るには必ず決められた経路を通らねばならないことになっている。１９３０年代後半、ある治験薬でアメリカ人が100人以上も死亡する事故があったときから、ほとんどの国で開発初期段階に動物実験による安全性確認が義務づけられた。[36] 通常はマウスとイヌなど2種類の種を使う実験だ。これで安全性が確認されたら、次は臨床試験に移行する。臨床試験のフェーズ1では、100人未満の被験者で人体への安全性を確認する。フェーズ2では、200―300人ほどを対象に薬の有効性を調べる。そしてフェーズ3で、より大きな集団――数百人から数千人――で効果を調べ、別の薬と比較する。新薬がこれらのフェーズをすべてパスし、市販が始まってからも、市販後調査で一般市民におけるインパクトをモニタリングして、稀に生じる副作用の研究も行なう。

各フェーズの合格率はどうだろうか。アメリカで行なわれた最近の調査によると、10種類の新薬のテストを始めた場合、フェーズ1の試験で4種類が除外される。フェーズ2で、さらに4種類が除外される。残りの2種類のうち、一つはフェーズ3で不合格となるか、もしくは食品医薬品局（FDA）の承認がおりない。[37] 研究所では有望と見られ、動物実験でも合格だった新薬10種類のうち、最終的に市場に出るのは1種類というわけだ。がんや心臓病の治療薬では、研究所から市場までたどりつく確率はさらに低くなる。

いずれの場合も新薬を投与した被験者と、偽の薬、つまりプラセボを投与した被験者との比較を行なう。「プラセボ」という言葉はラテン語で「喜ばせる」という意味の placere に由来する。有効な治療だと自分が信じている処置を受けると、人はそれに反応することがある、という事実を表している。砂糖でできた錠剤を与えた患者の健康状態に変化が見られたなら、それが「プラセボ効果」だ。

プラセボ効果に関する初期の研究は、結果的にはプラセボの威力を過大評価しており、患者の自然な回復力とプラセボ効果を混同したものだった。現代では、プラセボが人体の治癒速度を速めるという説は疑わしいと考えられている。しかし痛みのような、患者が自己申告するインパクトには、確かにプラセボ治療の影響が出るらしい。[38] 不快感の緩和に関しては驚くような形でプラセボ効果が生じる。たとえばプラセボの注射は、プラセボの錠剤よりも大きな効果を出す。[39] 錠剤の色も、効果に対する患者の認識を変える。RCTによって、うつ病の緩和には黄色い錠剤にすべきであることがわかった。[40] 痛みの緩和なら白い錠剤、不安感を鎮めるなら緑の錠剤だ。鎮静剤は青、興奮剤は赤が最も効く。映画『マトリックス』で、主人公に青い錠剤か赤い錠剤か選ばせるシーンがあるが、映画製作者は明らかに色の効果を心得てこの場面を描いている。青い錠剤を選べば、主人公の記憶は消去され、幸せに生きていくことになる。赤い錠剤を選べば、真実の世界がどれほどおそろしいものであるか知ることになる。

錠剤を服用する患者と服用しない患者を比べるだけでは、起きたインパクトはすべて錠剤の有効成分によって引き起こされたと誤認する可能性がある。一方、きちんと設計されたRCTならば、プラセボ効果の存在を特定することが可能だ。たとえば、白い砂糖錠剤を与えられた患者群の痛みのレベルと、まったく同じ外見の白いアスピリン錠剤を与えられた患者群の痛みのレベルを比べるのである。

＊

肺気腫の重症患者は、かつては肺容量減少手術を受けるのが一般的だった。しかしRCTにより、この手術が死亡リスクを大幅に高めることが明らかになった。[41] 軽微な脳卒中の場合も、神経外科医は頭蓋内外バイパスという処置をとるのが一般的だった（頭蓋骨の外側の動脈と内側の動脈をつなげる手術）。この処置はケーススタディで有効性が確認されていたのだが、RCTを行なったところ、むしろ悪い結果が出ていることが判明した。[42] 腸が瘢痕組織で閉塞した患者に対し、専門家のあいだでは腹腔鏡手術で癒着を「こじあける」やり方が好まれていたが、これもRCTによって、痛みの軽減にもQOLの改善にもつながらないことが示されている。[43]一方、心臓病患者にとって危険だと思われていたベータ受容体遮断薬は、現在ではRCTで、死亡率の低下が確認されている。[44]

閉経後の女性に対するホルモン治療について調べた初期の調査では、ホルモン補充療法が心筋梗塞のリスクを低下させる可能性が示唆されていた。21世紀の始まり頃までに、閉経を迎えたアメリカ人女性およそ9000万人が、ホルモン治療を受けた。その後のRCTにより、ホルモン治療は負の効果しかないことが明らかになった。脳卒中のリスクと、血栓による静脈閉塞のリスクが高まっていたのである。[45]医師たちにとって、患者へのアドバイスを変更するというのは、生易しいことではなかった。シカゴの外科医アダム・シフは、自身の体験をこう語っている。「女性患者に関するこうした決断を、基本的にはすべて撤回せねばならなかった。しかし、患者にしてみれば「でも、これが正しいって先生がおっしゃったはずですけど」となるわけだから、それを翻すのはどんなに難しいことか」[46]

医療倫理においては、害のエビデンスがあるならその臨床試験を続けるべきではない、とされている。2000年代初期まで、重度の頭部外傷にはステロイド注射をすることが普通だったのだが、その後にグラスゴーの病院で、患者にステロイド注射またはプラセボ注射を無作為に割り当てる臨床試験が実施された。研究が半分まで進んだ時点で、ステロイド注射を受けた患者の死亡率が21%で、プラセボ注射を受けた患者の死亡率18%よりも、明らかに高いことが判明した。[47]研究を中止して結果を発表するに充分な結果だ。それ以降は、頭部外傷患者がお決まりの処置としてステロイド注射を受けることはなくなった。

RCTは検診精度を高める手助けにもなる。長年、医師は非特異的背痛の患者に対してCTスキャンやMRIやX線検査を実施していた。しかし近年、RCTによって、そうした検査結果が医師の治療に役立っていないことが示された。[48]むしろ、背中の痛みを訴える患者に無作為でX線検査を受けさせたところ、自己申告する痛みのレベルが上昇し、その後の受診頻度の上昇につながっていたのである。[49]

同じ検診でも、さらに難しい領域となるのが、がん検診である。検診で決して誤りが生じないなら実施も簡単だが、現実として、検診には有益性と同時に代償も伴う。前述した医療情報機関コクランが乳がん検診のRCTに対して行なったシステマティック・レビューでは、次のような結論が出た。「10年間に検診を受ける女性2000人のうち、1人は乳がんによる死亡を回避するが、その一方で健康な女性10人が、検診を受けなければ宣告されなかったがんの宣告を受け、不必要な治療を受ける。さらに、200人以上の女性が、偽陽性の所見により数年にわたり不安や疑念など重大な心理的苦痛を体験する[50]」

ヨーロッパでは、前立腺がん検診の有用性を検証するため、ランダム化による評価が行なわれている。オランダ、ベルギー、スウェーデン、フィンランド、イタリア、スペイン、スイスの男性を被験者として網羅しており、現在では、前立腺がんを調べる血液検査後13年間の死亡率を比較可能だ。被験者となっている男性16万人以上の中で、前立腺がん検診（一般的に「PSA検査」と言われる）を受けた男性では、死亡率がわずかに下がっている。しかし、その差は小さい――検診を受けた男性781人につき1人の死亡が回避される程度――ため、50歳を超えた男性全員にPSA検査が必要だと断言するだけのエビデンスが充分にあるという確証はとれていない[51]。

*

私自身にとっても、RCTは、健康に対する認識を形成する一助になっている。以前の私は毎日マルチビタミンの錠剤を服用していたが、それを考え直したのも、あるRCTの研究を読んだのがきっかけだ。ビタミンA、C、E、ベータカロチン、セレニウムを対象として、過去に行なわれたRCTの結果を可能な限りすべて網羅して検証した研究だった。[52]　それによると、特別なリスク要因をもたない人間が余分にビタミン剤を服用したことで寿命が延びるというエビデンスはなかった。むしろビタミンサプリをとっていた被験者のほうが短命である傾向が見られたという。はやめの墓場行きを望んでいない私は、マルチビタミンの服用をやめることにした。

同じことが魚油でも起きた。２００2年に発表された研究を根拠に、先進諸国に住む数百万人が、イワシなどに含まれる魚油成分のサプリメントの服用を始めた。[53]　しかし10年後、より大規模かつ系統的にＲＣＴのレビューが行なわれたところ、オメガ3脂肪酸が心臓病を防ぐというエビデンスは見られなかった。[54]　そこで私は魚油サプリメントの服用もやめた。

それ以外でも、たとえばスーパーマーケットで「ハーバルレメディー」と呼ばれる商品のコーナーにうっかり迷い込むたび、私はオーストラリアのコメディアン兼作家ティム・ミンチンが書いた詩「嵐 Storm」を思い浮かべずにいられない。いわゆる自然薬品の支持派との問答を想定した詩だ。

「定義として」とぼくは口火を切り、
「代替医療というものは」とぼくは続ける、
「効くとは証明されていないし、
効かないとも証明されていない。
じゃあ、効くと証明された「代替医療」がなんて呼ばれてるか
知ってるか？　それが「医療」だよ」

私はランニングが趣味なので、運動科学に関するRCTにはつねに目を光らせている。あるRCTの記事を読んでからは、ランニングシューズとして長年選んできた「走行安定性重視モデル」に背を向け、履き心地を重視してシューズを選ぶようになった。[55] オーストラリアのRCTで、着圧ソックスが疲労回復を大きく増進することがわかったと知ってからは、マラソン後に着圧ソックスを履くようになった。[56] RCTで、スプリント・トレーニングのほうが穏やかな運動よりも心臓血管が5倍鍛えられると明らかになったことを踏まえて、私も高強度トレーニングを取り入れた。[57]

家庭で息子たちの絆創膏をひっぺがすときには、ジェームズクック大学の研究者が実施したRCTで、高速なアプローチのほうが低速のアプローチよりも痛みが少ない、と判明していることを話して聞かせる。[58] 朝のコーヒーをするときは、RCTで、コーヒーがDNA破壊を予防すると明らかになっていることを喜ぶ。[59] 年に一度の健康診断の有用性について記事を読んだ後は、健康診断によって病気になる可能性が減るわけではなく、むしろ医療制度のコスト増につながると理解するようになった。たとえばアメリカの場合、年一度の健康診断が診察件数の10分の1を占める――病気の兆候のない人は診察を受けに行くべきではない、と専門家が推奨しているにもかかわらず。[60]

＊

RCTを活用し始めた最初のパイオニアは医療の専門家たちだった。私が本書を医療の話で始めることにした理由も、その点で他の多くの領域よりかなり先を行っているからだ。近代医療が人類史に例を見ないほど多く人命を救っている理由の一つは、プラセボ治療や、一番よいとされる既存の治療に照らして、積極的に新しい治療方法の比較試験を行なっていることである。それで効くならば、使う。効かないならば、研究所へ引っ込める。心臓病や神経疾患といった分野一つでも、近年に実施されたＲＣＴのおかげで命拾いをした人数は、アメリカならば現時点で５万人にのぼる。[61] エイズ治療薬、ヒトパピローマウイルスワクチン、核磁気共鳴画像法、遺伝子検査など、新しい治療方法が出るたびに、医療の世界は古い治療方法――瀉血、胃冷凍法、慣習的な包皮環状切除、扁桃摘出術など――を捨ててきた。[62]

しかし、医療はまだまだＲＣＴを活用できるはずだ。[63] 前述したとおり、外科手術のＲＣＴは今のところ少なく、きちんとしたエビデンスに裏づけられない医療処置が毎年何万件も実施されている。患者が強気の医師を信じやすいことを指摘した外科医のイアン・ハリスは、こうした状況の説明として、背痛に対する脊椎固定術の例を挙げた。現在のアメリカでは毎年１０００人に１人が受けている手術だが、ＲＣＴによれば、この脊椎固定術では徹底したリハビリを上回る結果が出ていないのだ。[64] ハリスは、「自分が科学的研究にもとづき真実だと理解していることと（…）巷の大勢が行なっていることの乖離は（…）知れば知るほど理解しがたい」と述べた。[65] 医師であり作家でもあるアトゥール・ガワンデは、「無意味な医療処置」が年間数千億ドルのコストを生んでいると指摘する。[66] 毎年、アメリカ人の４人に１人が、ＲＣＴを通じて無意味もしくは有害と証明されている検診や治療を受ける。[67] オーストラリアの研究では、安全ではない、もしくは、効果的ではないにもかかわらず一般的に横行している医療処置が、１５０種類以上も特定された。[68] ランダミスタの仕事が、ただエビデンスを多く示すだけで終わっていてはいけない。知りえたことを周知していく腕も必要なのだ。

3　不利益の解消にはコインを投げて

ダニエルが初めて母から家を追い出されたのは、13歳のときのことだった。[1] ドラッグと、アルコールと、機能不全家庭のもとで育ち、それを「楽しい（…）すごい冒険」だと思っていた。本人の説明によると、10代のあいだは、母親が言う「帰ってきなさい」「出ていけ」「帰ってきなさい」のループで過ごしていたという。追い出されたときは友人の家のソファを借りるか、もしくは路上で寝泊まりする。ほどなくして、「自分がどこにいるか気にしなくなった。ただ飲みまくってそのへんで寝るだけ」になった。酒でもマリファナでも、合成麻薬でも覚醒剤でも、何でも手を出した。他人からも家族からも盗みを働いた。メタンフェタミンのせいで歯はぼろぼろ、顔はかさぶただらけ。体重は25キロも減った。

兄弟が一言二言のアドバイスをしたとき、ダニエルは刃物を振り回した。刺さりはしなかったものの、この出来事をきっかけに、ようやく自分の人生がどれほど制御不能になっているか自覚した。そして酒と薬を絶ち、住む場所を見つけ、最終的には仕事に就くことができた。

苛烈な貧困には、ほぼ例外なく二つ以上のストレス源が伴う。ダニエルの場合は、犯罪と薬物と無職状態、さらにきちんとした教育を受けておらず、友人も少なく、健康状態も悪いことが拍車をかけていた。それでも21歳で周囲の助力を得られて立ち直れたのだから、彼は幸運だったのだ。だとすれば、数十年も路上生活が続いている人には、どう手を差し伸べるのがよいのだろうか。

メルボルンに拠点を置く非営利組織セイクリッド・ハート・ミッションは、1982年から、長期路上生活者を対象とした密接な支援活動を行なっている。同組織は数年前、新しい集中型ケースワーク・プログラムの試験運用を始めたいと考えた。路上生活が最低1年間続いている人が対象だ。資金援助者にこの案を説明し承認を求めたところ、一人の慈善家が、RCTで評価を行なうことを求めた(2)。

地域住宅計画の研究機関に勤めるガイ・ジョンソンという人物が、この実験に携わることになった。開始時点のジョンソンはかなり懐疑的だった(3)。私の取材で語ったところによると、コミュニティ側が「実験という言葉に怯えていた」のだ。偶然ではなくニーズにもとづいて被験者を選ぶほうがいいのではないか、というのが彼らの見解だった。しかしジョンソンは最終的に、同プログラムを評価する上でランダム化こそが最も厳密な手法であるだけでなく、サービス受益者を決める際の最も公正な手法だと確信するに至った。

ジョンソンが率いる研究チームは、この実験の準備について議論する中で、当事者が支援を逃す事態が頻繁に起きることに気づいた。社会福祉機関がサービスの受け手を「選り好み《チェリーピック》」したり、当人の過去に問題があったことを理由にサービス提供を断ったりするのだ。複数の困りごとが複雑に絡み合っていると、支援をそっくり受けられないこともある。サービス提供について外部の目が入ると職員が知っているときだけ、自分たちの活動がよく評価されるよう「寛大な選抜をする」可能性もあった。

RCTならば、こうした偏りは起きない。基本の参加条件を満たせば、誰でもプログラムの対象者となりうるのだ。スタート時点では誰にでも等しいチャンスがある。それなのに自分が対照群、つまり措置をしてもらえないほうになったと知れば、当然気分を害するだろう。ジョンソンが携わったプログラムでも、対照群になったと知って「ふざけやがって」と罵った人物もいた。しかし調べていくうちに、路上生活者のほとんどは、信頼できる比較対象の重要性を理解していることがわかったという。ジョンソンがスー・グリッグおよびイーピン・ツェンとの共著で発表した論文には、こう書かれている。「ランダム化は残酷でも不当でもなく、社会福祉プログラムを割り当てるにあたり、また、そのインパクトを評価するにあたり、最も公正公平かつ透明性の高い手段であるとわれわれは感じた」[4]

この実験には「ジャーニー・トゥ・ソーシャル・インクルージョン（社会的包摂への旅）」という名称がついた。オーストラリアで路上生活者対策プログラムとして初めて実施されたRCTだ。介入の期間は3年間[5]。選ばれた約40人には、ソーシャルワーカーから集中的な支援が提供された。ソーシャルワーカー1人の担当人数を4人に制限し、住居探し、健康改善、家族関係の修復、職業訓練の受講を手助けした。一方で対照群となった40人は、こうした追加的なサポートは受けなかった。どちらのグループも半年ごとに調査に回答し、謝礼として30豪ドルを受け取った。

こうした取り組みを聞けば、あなたもきっと私と同じ期待を抱くだろう。3年も集中的にサポートをするのだから、きっと全員が健康になり、薬物と手を切り、職にも就くに違いない、と。ところが全般的に見ると、そうはなっていなかった。無作為に選ばれて介入群になった被験者では、確かに住宅に住むことになった人が多く、身体的な痛みを抱える人は少なくなっていたのだが、薬物使用には改善が見られず、メンタルヘルスの向上も見られなかったのである。それどころか、集中支援を受けた人のほうが犯罪で検挙されることが多かった（住所が安定し、警察が発見しやすくなったことが理由らしい）。3年の実施期間が終わった時点で、介入群の中で就職していたのは、たった2人。対照群と同じだった[6]。

被験者の大半を一般社会に戻せなかったのは残念だが、支援の受け手について少しでも理解を深めてみれば、この結果はさして意外ではなかったことがわかる。彼らは多くの場合、幼少期に虐待を受けている（ある被験者は、母親から朝食のシリアルに精神安定剤を混ぜられたことがあった）。大半は薬物使用歴が数十年にわたり、路上生活にも慣れていた。義務教育を終えていなかったり、職に就けるようなスキルを持っていなかったりすることが多かった。子どもを作った場合にも、たいていは児童保護機関によって引き離されている。

　ジャーニー・トゥ・ソーシャル・インクルージョンの結果を見れば、著しく不利な状況に置かれた人々の生活水準改善がどれほど困難なことか、よくわかる。数十年も薬物を使用していたなら、いきなり断薬など無理だ。メサドン維持療法〔有害性の低い合成麻薬を定期的に服用することで乱用から脱していく治療法〕を受けさせるのが、最も改善を期待できる選択である。また、40代後半で何の技能も職歴もないなら、ある程度の常勤でボランティア業務に携わるというのが、完全な定職に就くことを期待するよりも現実的な見込みだろう。交友関係が前科者ばかりなら、きちんとした人間関係を築くにあたり、週に一度ソーシャルワーカーと会うだけで事足りるわけがない。生活を変えることは不可能ではないが、変化は即座に起きるのではなく、段階的に起きていくものだ。ハリウッド映画なら一夜にして人生が変わることもめずらしくないが、根深い傷から立ち直ろうとする人間がたどる最も一般的な道のりは、二歩進んで一歩下がるといった歩みになりやすい。

　長期路上生活者を救うためのプログラムであっても、正しく評価を行なわないでいると、善意の人々――ソーシャルワーカー、行政当局、慈善活動家――が考え違いの罠に落ちるリスクがあるのだ。人の人生は簡単に変えられる、と思ってしまうのである。オーストラリアの路上生活者対策で、このジャーニー・トゥ・ソーシャル・インクルージョンよりも優れた成果を出しているプログラムは多数あるのだが、こうした厳密な評価が実施されている例は存在しないため、他の取り組みの成果が過大評価されている可能性も否定できない。

ロサンゼルスに住むマリセラ・キンタナルは、最大の違いは静かさだと語った。パーティ音楽も聞こえない、ドラッグを売り買いする声もない、そして銃声も響いていない。[7]「ここで聞こえる騒音は、車の音だけです」と記者に話している。

1997年の話だ。28歳のマリセラは、市の東側で住んでいた公営住宅から家族と一緒に引っ越して、西側に借りたアパートに住み始めた。ロサンゼルスではその5年前に、ロドニー・キングという黒人男性が白人警官に暴行される映像がきっかけとなって暴動が起き、50人以上が命を落としている。新たな場所で暮らし始めたマリセラたち一家は、社会科学最大とも言える問いの実験台となっていた——人間は、生活環境にどの程度の影響を受けるものなのか。

学者たちは数十年前から貧困要因について議論し、お金、意欲、人種などの要素がもたらす影響について、それぞれの主張を打ち出していた。劣悪な環境に住んでいると貧しい人はずっと貧しいままになる、という説は多くの学者が支持していた。それが真実だとすれば、貧困問題にとって大きな意味を持つ。政府は社会的セーフティネットの妥当性のみならず、地域性についても考慮すべきということだからだ。

*

この説の真偽を検証するため、アメリカ政府は「ムービング・トゥ・オポチュニティ（機会への移住）」、通称MTOプログラムと呼ばれるRCTを立ち上げた。ボルティモア、ボストン、シカゴ、ニューヨーク、ロサンゼルスの5都市で、プログラムに登録した超貧困地域の住民数千人に抽選で、よい地域へ引っ越しする権利を与えるのだ。まず対象者を3つのグループに無作為に割り当てた。第1のグループには家賃補助券を与えて、当初の住環境よりも貧困度がやや改善された地域への引っ越しを求める。第2のグループにも家賃補助券を与えるが、使用する地域に制約をつけない。そして第3のグループには家賃補助券を与えない。このグループになった被験者の大半はそのまま公営住宅に住み続けた。

マリセラの一家は第1グループだった。そこで、夫と、小学生の子ども2人とともに、ロサンゼルス西側の住宅街シビオット・ヒルズに引っ越した。子どもたちの学校生活は改善されたが、生活は孤独だった。引っ越してから最初の数年間、一家は週末ごとに東側の元いた地域に通っては、買い物をしたり、友達に会ったり、教会の礼拝に出席したりしていた。

お気に入りのバンドの新作発売を待ちわびるファンのように、社会科学者たちは、このMOTプログラムから段階的に表れる結果を辛抱強く見守っている。[8] 当初の成果は肩透かしに思えた。引っ越したことで大人が職に就きやすくなった様子はなく、子どもの成績が大きく伸びたり素行が改善されたりする様子もなかった。さらなる追跡で、引っ越した家庭の女の子はトラブルに陥ることが少なかったものの、男の子は危険な行動に走りやすいことが確認された。マリセラ・キンタナルの一家のように一男一女の家庭にとって、このプログラムは、強く支持できるものにはなっていなかった。

ただし、引っ越しが有利にはたらいたと思われる点が一つあった。健康状態だ。貧困度が低い地域へ引っ越した人々は、肥満になることが少なく、またメンタルヘルスも比較的よい状態にあった。かつて住んでいたコミュニティの危険度のレベルを鑑みれば、健康被害が減るのは意外ではない。ボルティモア在住の少年は、研究チームの質問に答えて、こう語っている。「ここには住みたくないよ。だって、なんでもないことで人が殺されるんだもん」。[9] 対照群となったシカゴ在住の女性も、幼い子どもたちをほとんど屋内で過ごさせていた。「銃弾は誰彼構わず飛んでくるから」という理由だ。[10]

その後2015年に、ハーバード大学の研究チームが、この実験の結果と納税データの照合を行なった。

13歳より前に貧困度が低い地域に引っ越した子どもが、大人になってどれくらい稼いでいるか調べたのだ。[11] すると衝撃的なことがわかった。引っ越した家庭の子どもは、極貧地域に住み続けた子どもと比べて、大人になってからの所得が3割も多かったのである。これは男女でほぼ同じだった。この傾向が生涯維持されると仮定すると、10代初期で貧困度の低い地域に引っ越すと、そうでない場合と比べて生涯年収が30万ドル多くなる計算だ。コストをはるかに上回る社会的利益である。プログラムに参加して所得が多くなったことで、支払う税金の額も増え、その増分は提供した家賃補助券の金額を上回っていた。つまり政府としても得になったことになる。

アメリカにおける大規模社会実験の歴史は１９６０年代にさかのぼる。第36代大統領リンドン・ジョンソンによる「貧困との戦い」の宣言を受けた政策立案者たちは、貧困線と同等の所得保証を提供するという案について、それで人々の労働意欲が損なわれないか確かめたいと考えた。そこで１９６８年から１９８２年にかけて、９地域の家族を無作為に介入群と対照群に割り当て、労働パターンを調査した。すると、所得保証の提供で労働時間は短くなってはいたが、そのインパクトは多くの批評家が予測したよりも小さいことがわかった——年間に2、3週間ほど減るだけだったのだ。[12] この実験結果は福祉制度改革に何度も活用され、１９９０年代にはビル・クリントン大統領のもと、賃金補助の大幅な拡大が行なわれている。[13] クリントンは「働いている人が貧乏であってはならない」と述べ、勤労所得税額控除の規模を2倍に広げ、この給付つき控除が最貧困層の家庭を助けるという強固な経済的エビデンスを示した。現在、勤労所得税額控除はアメリカ最大の貧困対策プログラムの一つだ。最近の推計によれば、この制度のおかげで５００万人のアメリカ人が貧困線以下への転落を免れている。[14]

同時期に行なわれた別の大規模社会実験として、ランド医療保険実験というものがあった。１９７４年から1982年にかけて、自己負担額のレベルが異なる健康保険に、アメリカの数千世帯を無作為に割り当てたのである。自己負担の割合は0％から95％まで数パターンあった。この実験により、自己負担割合が高いと、病気になった際に継続的な治療を受けない傾向が強まることがわかった。[15] つまり貧困層が病気になると、自己負担割合の高さは最悪の結果を招くのだ。高血圧になったとき、自己負担割合の高い健康保険に入っていると、死亡率は10％も高くなっていた。[16]

この研究は医療保険に関する最も重要な実証実験だった。それを上回る重要な実験が行なわれたのは、2008年、オレゴン州で特殊な状況が生じたときのことだ。[17] オレゴン州政府は公的医療保険の対象とする低所得世帯の数を、それまでよりも約1万世帯増やすという決断をした。しかし州内のどの地域でも、1枠に約9倍の希望者がいる。新しい医療保険を割り当てる最も公平な方法は公営くじを通して決めることだ、と州政府は判断した。

くじは事実上のRCTだ。当選者と落選者の健康状態を追跡することで、医療保険加入によるインパクトを調査することが可能となった。そこで判明したのは、公的医療保険に入った市民は医療サービスの利用回数が大きく増えるという事実だった。また、ランド実験のときもそうだったのだが、無作為に選ばれて医療保険に加入した人々において、自己申告する心身の健康状態が改善されていることがわかった。典型的な1年間では、医療保険に加入した人1人が身体的に健康だと感じる日数は16日間増え、精神的に健康だと感じる日数は25日増えていた。

このときのくじは医療保険だったが、それよりももっと切実に、人々が期待をかけるくじがある。ベトナム戦争への徴兵を決める抽選もそうだった。1969年12月1日、CBS局のニュース番組「CBSニュース」は通常の放送時間を延長して、この抽選の模様を生中継している。[18] ガラスの筒の中に366個の青い球が入っていて、一つひとつに、1年間366日の日付が記載されていた。取り出された球の順番で、その日付が誕生日に該当する18歳から26歳までの若者が、軍に徴兵されていくのである。一番最初に取り出されたのは9月14日の球。最後は6月8日の球だった。街中では抽選への抗議運動が起き、クリーデンス・クリアウォーター・リバイバルというバンドの歌「幸運な男 Fortunate Son」や、フォーク歌手ピート・シーガーの「徴兵逃れ Draft Dodger Rag」など、さまざまな反戦の歌が歌われた。

当事者にとって、招集がかかることのインパクトは何かというと、それは殺されるリスクの発生だ。実際に招集されたアメリカ人の中で1万7000人以上がベトナムで命を落とした。では生き延びた若者はどうだったか。徴兵くじで2番目に取り出された球の誕生日だったジムという男は、軍は「俺にだって能力がある」と教えてくれた、と語っている。「不可能なことなんかない、ってね[19]」。しかし、ジムのような男ばかりだったわけではない。生涯消えないトラウマを負った若者も少なくなかった。ある復員兵はこう表現している。「数年前に、今もまだベトナムのことを考えるか、と質問されたとき、私は思わず面と向かって笑いとばしそうになった。どうすれば考えるのをやめられるというのか。あれから38年間、毎日毎日ベトナムのことを考えながら目を覚まし、ベトナムのことを考えながら眠りにつく[20]」

このベトナム戦争徴兵くじは、経済学者によるさまざまな研究で、一種のRCTとして分析されている。徴兵に該当する年齢にあった人々の中で、9月14日に生まれた男性と、6月8日に生まれた男性のあいだに、そもそも人生を分ける要素があったとは考えられない。違いが生じたとすれば、それは軍役の影響を反映したものだ。

アメリカの場合は生涯年収に重大な負の影響が確認された。最も深刻な影響は1970年代から80年代に生じている[21]。また、ベトナム戦争後の経緯を無作為に調べたところ、復員兵は他州へ引っ越すことが多く、政府関連の仕事についていることが多かった[22]。軍役の影響を特に受けない要素もあり、たとえば復員兵も戦地に赴かなかった人々と同じくらいに結婚していたし、同じくらいに健康だった[23]。しかし、抽選番号が低い数字だった（球が最初のほうで取り出された、つまり徴兵された可能性が高い）ことは、別の形で人々に影響を与えていた。たとえば戦後初期の数年間、抽選番号が低かった者ほど、暴力犯罪で投獄されることが多かった[24]。ベトナム戦争終結から20年後の調査では、抽選番号が低かった人は民主党支持が多く、戦争反対の信念を持っている確率が高かった[25]。

オーストラリアでも同様のやり方で、誕生日で徴兵の順番を決めるくじが行なわれている。しかし、オーストラリア人がベトナム従軍に選ばれたときのインパクトは、アメリカの場合とはまた違うものだった。オーストラリアの徴兵くじの結果を見ると、ベトナムに行った者が多く犯罪に手を染める様子はなかったが、その一方でメンタルヘルスに問題を抱える傾向が高くなっていた[26]。また、オーストラリアの復員兵は、アメリカの復員兵よりも、その後の収入に対する負の影響がかなり大きかったことがわかっている[27]。

＊

社会政策における最大の問いの一つは、どうすれば失業者が職を見つける後押しができるか、という問題だ。失業が意味するのは収入の欠如だけではない——多くの人にとっては自己尊重感の低下にもつながる。スコットランドの哲学者トマス・カーライルは言った。「働く意欲がありながら、仕事が見つからないというのは、運命の不公平を白日の下にさらけ出す最も悲しき光景であるかもしれない」

経済学者の研究により、失業の予防策となる要素があることはわかっている。しっかりした読み書き能力と計算能力、義務教育修了資格、明るい性格、経験の多さなどが備わっていれば、失業者になりにくい。しかし残念ながら、これらの要素がやすやすと手に入るとは限らない。では、こうした資質に欠ける求職者の苦しい状況を、社会はどう助けることができるだろうか。

失業者の就職を助けるプログラムを特定するにあたり、ここ数十年の研究者に活用されるようになってきたのが、RCTだ。しかし本書がここまでに見てきたとおり、RCTで得られる発見には失望させられることも少なくない。アメリカの職業訓練に関するランダム化評価もそうだった。訓練プログラムに参加した若者の所得は、参加しなかった対照群の若者の所得よりも少なかったのだ[28]。おそらく問題はプログラム自体ではなく、過大な野望を抱いてプログラムを設計した人間の側にあった。何しろ訓練の大半は数週間程度で、コストもせいぜい2000―3000ドル程度しかかかっていない。そんな少額の投資で、人の稼ぎを、しかも毎年の稼ぎを何千ドルも上げられると思うほうが間違っているのではないか[29]。

アメリカのシンクタンク、ブルッキングス研究所の社会政策専門家ロン・ハスキンスの主張によると、教育および雇用に関するプログラムを厳密に評価すると、約75%のプログラムで「ほとんど効果が出ていない、もしくはまったく効果が出ていない」ことがわかる[30]。とはいえ希望の光がないわけでもない。デンマーク、スウェーデン、アメリカで実施されたRCTでは、失業者を被雇用者へ転換させるにあたり、ケースワーカーとの面談に価値があることが指摘されている[31]。効果の一部は面談前に起きる。面談を控えたタイミングで、仕事が決まる割合が40%近くも跳ね上がるのだ。歯医者に行く前に歯を磨くのと同じで、ケースワーカーとの面談が決まると、職探しに本腰が入るということらしい。

面談そのものが就職の後押しになるというエビデンスも出た。面談後は仕事が見つかる割合が20―30%ほど伸びるのだ。これは逆に言うと、就職活動に対するサポートが得られないと短期間で心が折れやすい、という事実を反映していると考えられる。失業者の多くは、それまでに失業した経験がない。そのため、ケースワーカーから職探しの最善の方法や、履歴書の書き方、面接への備え方を教えてもらえるかどうかが、大きな意味を持つのである。[32]

場合によっては低コストな介入が大きな見返りを生む。2010年から2011年にかけて、ドイツ政府は、失業直後の人を対象として、明るい青色の冊子を1万部以上も配布した。[33]「活動し続けましょう！ Bleiben Sie aktiv!」と呼びかける冊子は、金融危機後にドイツ経済がどれほど回復しているか解説し、失業状態は心身の健康にも悪影響となりかねないことを訴えて、職探しのさまざまなヒントを提示していた。この冊子が、受け取った人々の就職率を大きく高めた。印刷と郵送にかかるコストは1部1ユーロ未満だったが、ターゲット層の所得は平均450ユーロも増えたのである。450倍の投資効果があった政府介入の例がほかにもあるというのなら、ぜひ聞かせてほしいくらいだ。

職探しは一種の競争だ。そのため就職支援プログラムは母集団全体にインパクトをもたらすものでなくてはならない。たとえば求人が1件しかないと考えてみよう。あなたが私を抑えてその職を手に入れる可能性が高いとしよう。しかし私が就職支援プログラムの参加者に選ばれたなら、面接スキルが向上し、私のほうが採用されるかもしれない。RCTでは、私を有利にしたプログラムは効果的だったという結論になるだろう。しかしその結果としてあなたが就職できなかったのだとすれば、社会にとってはそれでよかったのかどうか。この例の場合、プログラムは参加者を助けたが、全体の失業率を下げる効果はまったくなかったことになる。

新しい治療方法の評価をする際は、こうした心配をする必要はない。あなたと私で健康を奪い合うわけではないからだ。しかし、一人の得がもう一人の損となる状況では、RCTの結果が、プログラムの効果を楽観的に誤認させる可能性がある。

2007年にフランス政府が承認した試みは、このジレンマへの斬新な解決方法となるものだった。[34] ただ漫然と求職者を割り当てるのではなく、235のさまざまな労働市場で大規模な実験を実施したのである。求職者を無作為に選んで集中的なサポートを提供するのは同じだが、町や都市によって、選ばれる割合に変化をつけた。ある地域では求職者全員をカバーし、他の地域では求職者の4分の1だけをカバーするといった具合だ。残念なことに、この実験では、母集団に対して小さい割合でカバーしたほうが大きな効果が出ると判明した。つまりプログラムによる「得」は、単なる置き換え効果だったという意味になる。がっかりする発見ではあるが、これは、全体的な失業率低減を目指す政策設計がいかに厄介であるかを教えている。

現代は急速にオートメーション化が進んでいる。未来の労働市場は「人間は募集しておりません」という状態になる可能性が警告されている。そうした環境では求職者に職探しの継続を求めるよりも、無条件で現金給付をしたほうが合理的だという意見もある。フィンランドは2017年1月に、少数の失業者を無作為に選んで、このアプローチの実験に乗り出した。介入対象となった人は、年間6720ユーロの「基本所得保障《ベーシックインカム》」を受け取る。仕事に就いてもその給付は続く。[35] 対象人数は2000人で、2019年に結果が報告される予定だ。「普遍的基本所得保障《ユニバーサル・ベーシックインカム》」と呼ばれる制度の支持派は、このプログラムの結果が出るのを待ちわびている。

*

結婚するまで性交渉をしないことを約束する「純潔の誓い」という慣習がある。アメリカでは過去数十年間に、何百万という若者がこの宣誓に署名した。最初は「本当に愛しているなら待てるTrue Love Waits」という名称で始まった運動で、多くの10代が「今日から、聖書が認める婚姻関係を結ぶ日まで、私は性的交渉をもちません」と誓ってきたのである。ところが、この純潔教育プログラムの効果をランダム化評価で調べてみると、若者の初体験を遅らせるというエビデンスも、性交渉をもつ相手の人数が減るというエビデンスも見られなかった。(36)

一つの可能性として、純潔の誓いはまじめに受け止められていない、ということが考えられる。たとえば、純潔の誓いに署名した若者を5年後に追跡調査したところ、5人のうち4人が、そんな誓いをしたことを否定していた。(37)しかし別の可能性として、純潔教育のせいで安全な性交渉を計画的に行なう傾向が薄れ、むしろマイナスの効果をもたらしたとも考えられる。宣誓に署名した若者たちはこう思ったのかもしれない――純潔の誓いを立てたのに、コンドームを携帯したり、ピルを服用したりするのはおかしいんじゃないか、と。実際、純潔教育のせいで安全でない性交渉、妊娠、性感染症が増加したと示すエビデンスもいくつか存在している。(38)

それとは正反対に、RCTで大成功が確認されている社会政策もある。たとえば煙草税が若者の喫煙開始を思いとどまらせる強い威力を発揮することに注目して、禁煙に報奨金を出す実験が行なわれた。(39)あるアメリカ企業は、1年間禁煙できた従業員に最大750ドルの報奨金を出すと約束した。(40)従業員を無作為に調べたところ、参加者の禁煙率が10%ポイント高かったことが確認された。喫煙者は健康状態が損なわれ、勤務時間中に休憩をとる回数が多いので、非喫煙者よりも生産性が低くなりやすい。(41)ある調査では、喫煙者と非喫煙者の生産性の差が1年間で2000ドル以上となっていた。(42)煙草をやめさせるために750ドルを払うのは、会社にとって割のいい取引というわけだ。しかも従業員と、その家族にとっても得になる。

フィリピンで行なわれたRCTでも、同様の顕著な結果が出ている。喫煙者にあらかじめデポジットとしてお金を預けさせるという試みだ。(43)6カ月後の尿検査でニコチンが検出されなければ、デポジットは返金される。禁煙できなかった場合は没収され、チャリティへの寄付に使われる。デポジットの平均金額はかなりの大金で、半年間の煙草代くらいになる。当然、プログラム参加者はお金が戻ってきてほしいので、これが禁煙成功率を3―6%ポイントも高める結果となった。

マーク・トウェインは、「禁煙は簡単だ。私はこれまでに1000回も禁煙している」と言った。RCTの結果を見るに、トウェインには――彼は生前いろいろと金儲けの方法を探していた人だった――適切な報奨金システムがあればよかったのかもしれない。(44)

本章の冒頭で、長期路上生活者の支援プログラムが必ずしも当事者の就職には結びつかない、という話をした。だが、ターゲットを絞った支援があれば、そして届きやすい目標ならば、達成する可能性は高くなる。ニューヨークでは、精神病院を退院した人を対象として、ある実験が行なわれた。当事者が友人や家族との絆を強めるよう手助けをして、心理的サポートを提供するプログラムだ。(45) 無作為に選ばれて支援を受けた被験者では、ホームレスになる確率が5分の1になっていた。タイミングのよい支援が彼らを路上生活に陥らせなかったのである。

的確に設定された社会政策ならば確かな変化を生み出せる。だが、人が機会をつかむためには教育が欠かせない。本書でも教育における実験について掘り下げるつもりだが、その前に研究結果の考察からいったん脱線して、さまざまな学問でRCTの礎を築いたランダミスタたちのストーリーを紹介したい。

4　ランダム化のパイオニアたち

チャールズ・サンダース・パースは、めずらしい神経疾患を患っていた。顔にほんのわずか触られただけでも、電気ショックを受けたと同じくらい強い苦痛を感じるのだ。伝記によれば、その痛みのせいで、彼は「よそよそしく冷淡になり、落ちこみ、非常に猜疑的になり、ほんのわずか気にいらないことにも我慢がならない状態となり、時に手がつけられないような激しい怒りを爆発させる」人間になった。[1] 症状を抑えるためにエーテルやモルヒネやコカインなどの薬物にも頼った。父親はハーバード大学の数学教授で、パースはもっぱら学校よりも自宅で父から教育を受けた。そしてハーバードに入学したが、講義には退屈するばかりで、学年で最下位に近い成績で卒業した。しかしその後1885年に、社会科学における初のRCTの一つを発表している。[2] 実験の狙いは、人間の感覚の精度を試すことだった。特に、物理的な重量をどれほど正確に感じとれるか調べた。たとえば私があなたに目隠しをして、あなたの両手のひらに一つずつ、重さの違う物体を載せたとする。二つの物体の重さに50%以上の差があれば、まず間違いなく、簡単に区別できる。しかし、重さの差がわずか10%のとき、どちらが重いか判断はつくだろうか。1%の差だったらどうだろう？

パースの実験においては、被験者は指を1本、天秤ばかりに載せる。仕切りの向こうにいる研究者は、特別なカードをランダムに引いて、カードの指示に従って天秤に小さな重りを加えたり取り除いたりする。被験者は、重くなったか軽くなったかを答える。この実験を一人につき50回ずつ行なう。パースは、論文共著者となった大学院生のジョセフ・ジャストロウとともに、交代で被験者と実験者を務めた。重量の差が10％のとき、被験者が正しく判断するのは10回のうち9回だった。しかし1％になると、正答率は3回に2回になった。まぐれ当たりが2回に1回と考えると、それほどのわずかな重みの差は、人間にはほとんど区別できないということになる。

パースとジャストロウの実験から1世紀以上あとに、統計学者スティーブン・スティグラーが、この実験は心理学において現在から見ても最善の進め方だったと指摘している[3]。重量の変化が被験者から見えないようにし、さらに変化も無作為に決定されることで、実験者の無意識のバイアスが増減パターンに影響するのを防ぐなど、実に慎重に行なっていたからだ。未来の心理学者たちが学び、RCTで採用する手法を、パースたちはこのとき確立していたのである。

パースは天才だった。そして博識でもあった。左手で問いを書き、右手でその答えを書くような人間だった。あわせて10万ページ以上の論文を書いたが、大半は未発表だ。数学、天文学、化学、気象学の発展にも貢献した。なかでもよく知られているのは哲学者としての研究だ。プラグマティズムと呼ばれる思想の礎を築いている。

しかし、彼の最も有名な論文となる研究に取り組んでいたときに、スキャンダルが原因でジョンズ・ホプキンス大学を解雇される。数年前に妻に去られ、別の女性、ジュリエットと暮らし始めていたのだが、これを「倫理に反する」とみなした大学運営陣によって追放されたのである。パースは、父が誉れ高い学術的功績を築いたハーバード大学で職が得られると期待したが、そこでも大きな壁にぶつかった。パース自身がハーバードの学生だった時期に、化学の講義の最中に座席を破壊したことがあったのだ。払った罰金は1ドル。

しかし、その逸話が長い目で見て高くつくこととなった[4]。当時の化学講師チャールズ・エリオットが1869年にハーバードの学長になり、それから40年にわたって学長を務め続けていたからだ。エリオットは生涯パースを嫌い続け、彼の雇用はいかなる形であろうと認めなかった。そのため、ジョンズ・ホプキンス大学を解雇されたあとのパースは、二度と大学教員にはなれなかった。人生の後半は短期的な仕事と、寛大な友人たちに支えられて生計を立てていた。

パースのRCTは、実験心理学という学問分野の登場を予示するものだった。弟子のジョセフ・ジャストロウはウィスコンシン大学マディソン校で実験・比較心理学の教授となり、人の心理がいかに巧みに脳を騙すか、実証的技法で明らかにする研究を数多く発表している。パースと違って、ジャストロウは学術界からも高い尊敬を得た。アメリカ心理学会の会長を務め、有名な雑誌で心理学関連のコラムを連載して人気を博した。現在、実験心理学は活発に展開され、発見が多数の学術誌で発表され、メディアでも大きく報じられる[5]。しかし師であるチャールズ・パースは、この分野の幕開けを促した才気あふれるランダミスタであったにもかかわらず、晩年20年間を住まいの暖房費にも事欠き、近所のパン屋から施されるパンで食いつなぎ、新しい紙を買えず古い原稿の裏に執筆をする生活で過ごしたのだった。

本章では、RCTのパイオニアとなった人物4人の生涯を探っていく。パースはその一人だ。彼らと彼女は、心理学、農業、医学、社会政策というそれぞれ異なる分野で、比較実験の価値を疑問視する多くの声を翻させることに成功した。4人のストーリーは、優れたランダミスタに求められる一風変わった資質の取り合わせを垣間見せている。

＊

1920年代のイギリスでのこと。ある午後のティーパーティで、ロナルド・フィッシャーがティーポットから紅茶を注いだ。隣にミュリエル・ブリストルが立っているのを見て、フィッシャーは礼儀正しく彼女にカップを差しだした。ブリストルはその紅茶を断り、ミルクを先に注ぐほうが好きなのだと言った。「ナンセンスですね」とフィッシャーは笑った。「何も違いはありませんよ」(6)

この時点で、たいていの女性ならば、とりあえずカップを受け取っておくことにするかもしれない。フィッシャーは痩せて背が低く、ひげを生やし、眼鏡をかけていて、イギリス一の美男子というわけではなかったが、数学者としての評判が急速に広まりつつある男だったからだ。しかしブリストルのほうも、よくいる女性の一人ではなかった――彼女は藻の研究をする専門家なのだ。フィッシャーとは同じ研究所で働いている。ブリストルが紅茶に関する見解を引っ込めようとしないのを見て、そばにいた化学者のウィリアム・ローチが口を挟んだ。「試してみよう」。紅茶を先に注いだのか、ミルクを先に注いだのか、ブリストルに区別がつくかどうか調べようというのだ。

フィッシャーはすぐに実験の準備をした。ローチが助手を務めて、二人で複数のカップに紅茶を注ぐ。ミルクを先に入れるか後に入れるかランダムに変化をつけた。ブリストルは1杯ごとに味を見て、自信をもって、注いだ順番を答えた。

8杯試したところで、このティーパーティ実験は、参加者それぞれについて新しい事実を導き出した。まずミュリエル・ブリストルは、紅茶が先かミルクが先か、毎回必ず正しく言い当てていた――つまり紅茶通にしてみれば、注ぎ方の順番というのは、確かに味に違いが出ることだったのだ。そして、のちに近代統計学の父と言われるロナルド・フィッシャーは、この実験をきっかけに、腕前と運を区別するには何杯の紅茶が必要か考えるようになった。最後にウィリアム・ローチは、実験においては助手だったが、どうやら堂々たる手つきを披露できたらしい。それからしばらくして、ブリストルはローチのプロポーズを受け入れている。

ロナルド・フィッシャーは5人兄弟の末っ子だった。14歳のときに母ケイトを亡くしている。強い近眼で、学問に興味をもつ青年にとっては不利になるかと思いきや、結果的にはこれが武器となった。数式を何ページも紙に書くかわりに、頭の中で幾何学的に問題を解く力がついたからだ。

22歳でケンブリッジ大学を首席で卒業したフィッシャーは、一時期は高校の数学教師として働き、次にロンドンで統計学者として仕事をした。29歳のときにユニバーシティ・カレッジ・ロンドンが提示したポストを断り、それよりもはるかに待遇の低いオファーを受けている——ロンドン北側のハートフォードシャー州にあるロザムステッド農業試験場という研究所で、臨時雇用として働くことにしたのだ。フィッシャーにとっては、ロザムステッド農業試験場を優先すべき一つの理由があった。データだ。この研究所は数十年前から農業に関するRCTを行なっているため、フィッシャーが開発していた統計手法に使える素材が得られたのである。

40歳の誕生日を迎える頃には、彼の統計手法は完成していた。現在でも社会科学分野で発表される実証研究のほぼすべてに用いられる分析方法が、このとき築かれたのである。彼はそのキャリアで生物学の進歩にも貢献した。メンデルの遺伝学とダーウィンの自然選択説を数学的に統合し、「現代総合説」を生み出している。さらに農業においては、フィッシャーの実験のおかげで穀物収穫量が増え、数百万人が空腹や飢えから救われた。(7)

とはいえフィッシャーには多くの欠点があった。彼の初期の研究によって最尤《さいゆう》法は有名になったが、その証明は間違っていた。また、当時の最も著名な優生学者の一人となり、社会は上流階級が多くの子を持つことを推奨すべきだ、と主張していた。第二次世界大戦後、世界の科学者が人種の平等を広げる方法を模索していたときには、フィッシャーは異論を唱え、人種によって知的能力が著しく異なるという説を打ち出した。また、先行研究で喫煙と肺がんの関連性が指摘されていたが、フィッシャーはこの統計の信頼性を疑問視した。

フィッシャーが最初に発表した論文のタイトルは「性選択の進化 The Evolution of Sexual Preference」だ。そう考えてみれば、フィッシャー自身の結婚生活が最終的に破綻したのは皮肉でもあり、ふさわしいことでもあった。独り身に戻ったことで得られた自由を謳歌しようと思ったのか、自宅でネズミの繁殖プログラムを始め、その結果を論文に活用している。人生の終盤ではオーストラリアのアデレードで、オーストラリア連邦科学産業研究機構（CSIRO）のシニア・リサーチ・フェローとなった。その地で1962年に亡くなった。

＊

結核の初期の兆候は咳だ。最初はほとんどの患者が、ただの風邪だと考える。しかし数週間が経つうちにバクテリアが肺で成長し、苦しさが増す。多くの場合は咳で痰がからんだり血を吐いたりし始める。食欲を失い、睡眠中に汗をかき、発熱する。手や足の爪が膨れてくることもある。抗菌薬の投与を適切に受けない限り、活動性結核の罹患者は半数が命を失う[8]。

第一次世界大戦が勃発したとき、オースティン・ブラッドフォード・ヒルは、ちょうど高校を卒業するところだった。イギリスの名家に生まれたヒルは、父のあとを追って医学の道に進むと期待されていた。本人いわく、「学校では首席、フットボールではキャプテン、クリケット・チームにも参加し、クロスカントリー・ランニングでは優勝、そして弁の立つ学者タイプ」だった[9]。しかし、海軍のパイロットとしてダーダネルス海峡に送られ、その途中で結核になり、「死ぬなら家でと帰された」。ヒルは幸いにも生き延びた。医師からは当時の一般的な治療として、感染した肺を押しつぶす処置を受けている。肺腫瘍に苦しみ、9カ月寝たきりだったが、その後少しずつ回復し始めた。医学の道は閉ざされたが、家族が親しくしていた知人から、通信教育で経済学を学んではどうかと教えられた。そこで通信教育に申し込み、最終的に1922年にロンドン大学で学位を取得。体力も回復し動き回ることができたので、同じ知人の手を借りて研究助成金をとり、エセックス州郊外に住む若者の健康状態の悪さについて調査を行なった。その後に職業病に関する研究も行ない、ロンドンのバス運転手、紡績工、印刷業者の健康状態を調査した。

ヒルは医学の勉強をこよなく愛し、暇さえあれば教科書を読んでいた。しかし経済学を学んだことで、医学統計学という、まだ誕生まもなかった分野に足を踏み入れたのである。ユニバーシティ・カレッジ・ロンドンで有名な統計学者が講義をすると聞き、聴講に行くことにした。「あれは数学だった。さっぱり頭に入ってこなかった」と、のちに語っている。「それでも、講義の実用的な面を学習した」。それから2、3年後には、医学統計学を学びながら指導もするようになったのだが、彼の教え方は専門分野の厳格なスタイルとは違っていた。講義は明快でわかりやすいと評判で、1937年には医学誌『ランセット』に掲載されている。

最初に出版された講義で、ヒルは、医学統計学は「常識だけでは充分でない」と述べている。「指摘されてみればひどく間が抜けて見えるミスを、知能の高い人間が犯すことがきわめて多い。同じミス、または同じタイプのミスが、何度も何度も繰り返される」[10]。ヒルは、講義が「易しすぎる」と見られるリスクをいとわず、頻出する「誤謬や誤解」の紹介と回避方法の説明に力を入れた。

この講義をまとめたのが、『医学統計学の原理 *Principles of Medical Statistics*』という書籍だ。医学統計学における最も有名な教科書である。しかしヒルは慎重に、読者への押し付けを避けた。「私は当時あえて「ランダム化」と「乱数表」といった言葉を含めなかった。最もシンプルな形で医師たちに比較試験を知ってもらえるよう努めていたからだ。〔専門用語を使ったら〕尻込みさせてしまうかもしれない（…）走る前に、まずは歩いてもらうのがよいと考えた」

1946年、ヒルにチャンスが訪れている。ラトガーズ大学の研究チームが土壌に生息する有機物を研究していたのだが、研究対象の一つであるストレプトマイシンが結核治療に有効らしいと突き止めた[11]。この研究を受けて、アメリカ陸軍が3人の患者でストレプトマイシンの抗生物質をテストした。1人目は死んだ。2人目は失明した。そして3人目は短期間で回復した。この3人目の患者は、名前をボブ・ドールといった――のちに上院議員として上院を統括する役割を担い、1996年の大統領選では共和党の大統領候補に選ばれた男である。

とはいえ、3人に1人の成功率で結論とするわけにはいかない。イギリスでこの新しい結核治療の臨床試験に携わる研究者を公募していたので、ヒルは応募し採用された。彼自身がその病気で「もう死ぬだけ」となってから30年が経つというのに、結核はいまだにイギリスで年間18万人の命を奪っていた[12]。過去10年間、治療を受けた患者と受けない患者を比較するだけの研究がはらむ問題について講義を行なってきたヒルは、ストレプトマイシンのRCTをすべきだと強く訴えた。そもそも予算は乏しい。「資金はまったくなく、財政委員会から認められた予算は一握りの患者を扱える程度だ。この状態でランダム化比較試験を行なわないのは倫理にもとることだ、と私は訴えた。これが初めてのランダム化比較試験だった」

この大胆な主張――RCTを実施しないのは非倫理的である――は、ヒルの自信の表れだった。医学のR

CTは当時ほとんど知られていなかったというのに、医学のプロに対して、行なわないのは道徳に反すると説いたのだ。ヒルは医学の正式な教育は受けていなかったし、統計学の教育も正式には受けていなかった。しかし彼は、学生に医学統計学を教え、研究仲間とともに医学統計学に関わり、何年もそのことを考え続けてきた。果たして、実験は成功した。ストレプトマイシンは現在でも、結核治療に使われる抗生物質の一つだ。

過去200年間だけを見ても、結核は10億人以上を死に追いやってきた——同時期に起きたすべての戦争と飢饉の犠牲者をあわせたよりも多い人数だ。[13] フレデリック・ショパン、アントン・チェーホフ、フランツ・カフカ、エミリー・ブロンテ、ジョージ・オーウェル、そしてエレノア・ルーズヴェルトも、「白い疫病」と呼ばれたこの病気の患者だった。現在でも結核によって世界で毎年100万人以上が死亡している。オースティン・ブラッドフォード・ヒルは、自身を殺しかけた疫病を撲滅したわけではなかった。しかし医学の進歩を後押ししたことは確かだ。彼の貢献について、ある論文は、「疾病予防に定量的アプローチ」を持ち込んだと表現している。

＊

社会政策の分野で40年にわたりRCTを行なってきたジュディス・ゲロンは、研究者が守るべき原則を数多く掲げている。「実験にかかわる要素が複雑だからやれない、とは絶対に言ってはならない」「無作為に割り当てるのは納得がいかないと詰め寄られても、絶対に曖昧な返答をしないこと（…）現場の人［実験の現場担当者］から、対照群にはどうしても措置を拒否しなければならないのか、と問われたら、「そうだ」と答えること」「実験にはっきりと熱意を持たないなら、その人は実験を理解していない」など。[14] 大規模な社会政策実験30件以上に携わり、合計30万人の被験者を扱ってきた人物でなければ、とうてい発することのできない金言だ。[15]

１９７４年のこと、フォード財団と６つの政府機関が合同で、「労働力実証調査団体 Manpower Demonstration Research Corporation」を立ち上げた。現在ではシンプルにＭＤＲＣという名で知られている非営利組織だ。この組織の使命は、無作為割当の実験を通じて、社会政策の効果を正しく理解することだった。ジュディス・ゲロンは当時33歳で、数年前にハーバード大学の経済学博士号を取得したばかりだったが、このＭＤＲＣの初代研究部長に就任することとなった。

ニューヨークのマンハッタンで育ったゲロンが、強い野心と自信を抱く人物になった理由は、父親から「女の子だって何でもできる。特におまえは、どんなことだってできる」と「記憶にある限り、ずっと」励まされ続けてきたからだ。[16] ＭＤＲＣで働くにあたっては、その自信が必要だった。経済学も政策評価もほぼ男の世界だったし、社会政策を実験するという発想自体が、非常に急進的だったからだ。当時の学術界ではＲＣＴの実施によって大学のテニュア〔終身地位保障〕を得ることはできなかった。複雑な数理モデルを伴っていなければ認められなかった。ＭＤＲＣは「無謀な者たちの孤独な集まり」だったのである。[17]

ゲロンが行なった最初の本格的な実験は、長期的な福祉受給者や「雇用に適さない」とみなされる人々を対象とした就職支援の有効性を調べる、というものだった。大型で複数拠点にまたがる雇用プログラムで、この手の実験としては過去に例のない規模だ。そんな実験は不可能だと指摘する外部の声もあった。「現場でプログラム実施に携わる人々に、求職者を拒絶させるのは、治療法がわかっているのに医者に患者を拒絶させるようなものだ」と言われたという。[18]

支援を受けるべき人々を、対照群に割り当てられたという理由ではねるのは、あまりに非情ではないか。

こうした批判を解消するため、MDRCは実に賢い解決策を考案した。介入群の規模を拡大し、支援に使える資金を一銭残らず投じることにしたのである。こうすれば、対照群を設けるのは支援できるはずの求職者を切り捨てることだ、という主張は通らなくなる。対照群となった人々を拒絶しようとしまいと、介入群の人数が変わるわけではない。

　プログラム進行中の研究チームがどのような心境だったか、ゲロン自身がのちに語っている。誰もがプログラムの成功を望みつつ、おそらく成功しないという認識を持ち続けていた。「設立初期のMDRCにとって幸いだったのは、無作為割当を――つまり、介入群と対照群の結果に差が出ることは避けられない実験を――行なったことによって、つねに真実のみを意識する姿勢がついたことでした。主義主張ありきの調査が陥る落とし穴を回避していました[19]」。ゲロンにとってMDRCとは、「社会を変えると夢想するだけの、よくある団体の一つ」ではなかった。プログラムが結果的に奏功するかどうかではなく、あくまで厳密な評価を行なうことに主眼が置かれていなければならなかった。

　こうして第1回のランダム化評価が行なわれると、就職支援プログラムは女性の雇用につながっていたが、男性ではその限りではなかったという結果が出た。女性へのインパクトすらも微小なものだった。仕事が見つかると、政府からの福祉給付金がカットされてしまうからだ。就ける仕事は高賃金ではないので、結果的に、貧困率の改善はごくわずかにとどまっていた。プログラムの効果はあるにはあったものの、万能薬というわけではなかったのだ。しかしゲロンにとって重要だったのは結果ではなく、プログラム成果をどのように判断したかという点だ。実際、数字の上では、男性は女性よりも多く就職できていた。表面的《ナイーブ》な比較評価を行なったなら、この結果をただそのまま見てしまっていたかもしれない。しかしランダム化評価だったおかげで、これはプログラムの効果とは関係ないと明らかになった。介入群の男性が職に就く割合は、対照群の男性における割合と変わらなかったのである。ランダム化していなければ表れない真実だった。ゲロンは「実験の美しさと威力に（…）心を奪われた」と語っている。[20]

１９８０年代から９０年代にかけて、ゲロンはアメリカ各地の州および地方当局から委託されて、さまざまな調査を行なった。福祉政策に関する議論がかまびすしかった時代だ。ロナルド・レーガンは選挙決起大会において、「キャデラックを乗り回す福祉の女王《ウェルフェア・クイーン》」について語った。アフリカ系アメリカ人の女性が福祉制度を悪用している、というエピソードだ。[21] 一方、レーガンの見解に対する反対派は、福祉受給者が低賃金労働に追い込まれている実態を指摘し、「現代の奴隷制度」だと糾弾した。その後にビル・クリントンは、選挙公約として、「われわれが今知るところの福祉の終わり」を宣言している。所得補助をめぐる議論は、賛否双方の陣営でイデオロギーを燃料として過熱した。

こうした背景で、ＭＤＲＣが、福祉プログラムの実際の効果を調べていたというわけだ。当時の新聞を読むと、ゲロンの堅実な意見に数多く出会う。「得られた内容には疑いの目をもつべきです」「ちょうどいい万能薬など発見していません」「『貧困をあっというまに解決する手段』ではないのです」。[22] 評価した社会プログラムで成果が出ていたときでさえ、彼女は慎重な言葉で称賛するにとどめていた。

ランダム化というもの自体がまだ目新しい時代に、その手法を使った評価を進めるのは、さぞかし困難だったに違いない。ゲロンはカリフォルニア州サンノゼで、メキシコ移民の若者を対象とした職業訓練プログラムの評価を行なっている。プログラム管理者たちはゲロンに対し、希望者を無作為にはねるのは使命に反すると主張し、現場のスタッフがそんな指示には従わないと訴えた。そこでゲロンは現場のスタッフたちと直接顔をあわせ、無作為割当に独特の信用性と信頼性がある理由を説明した。そして、評価で肯定的な結果が出れば連邦政府にこうしたプログラムへの支出増加を納得させられるかもしれない、と話した。「困窮している若者を拒絶しなければならないことについて、彼らは葛藤していました。結果的に別の若者が機会を得るからといって、それで拒絶が正当化されるのか、という意見が出ました。私たち研究チームを退室させ、彼らだけで話し合いをして、投票を行ないました。しばらくして呼ばれて戻ったところ、無作為割当を支持することが決定していました[23]」。こうして実施された評価で肯定的な結果が出て、連邦政府はさらに15カ所にプログラムを拡大する支出を行なった。

MDRCが実施した評価の多くはプログラムの効果を裏づけていたのだが、同時に、奇跡のような成果は滅多に起きないことも明らかにしていた[24]。特定の集団のみで成功していたり、特定の福祉事務所のみで成功していたりすることもあった。社会福祉業界の想定を覆す結果が出ることもしばしばだった。たとえばケンタッキー州ルイビルの職業相談所では、相談者が職に就ける状態かどうかカウンセラーには判断がつくと認識していたのだが、ゲロンのランダム化評価により、就職可否の予測は不可能であることが証明されている。求人・求職市場では予想外の展開が起きやすいからだ。

ゲロンは1986年にMDRC代表に就任。無作為割当が公平である理由について、社会福祉プログラムの実施者側を納得させる能力も、ますます高くなった。ある郡は無作為割当のことを、受益者を選択する公正でバイアスの入らない手法だと理解して、評価終了後も独自にこの方式を継続していたほどだ[25]。

とはいえ必ず歓迎されたわけでもない。フロリダ州では1990年に、州議員ベン・グレイバーが、雇用促進プログラム「プロジェクト・インディペンデンス」に対するMDRCの評価を中止するよう主張した。グレイバーいわく、無作為割当は福祉受給者を「モルモット」のように扱っている。グレイバーが、対照群を設ける評価を禁止する法案起草に言及すると、メディアはすぐにこの問題を報じた。『マイアミ・ヘラルド』紙の論説は、ランダム化は「見当違いで、無駄が多く、冷血で、ただただ馬鹿らしい」と断じた。『セント・ピーターズバーグ・タイムズ』紙の論説も無作為割当のことを「残酷なジョーク」と書いた。プログラムに数百万ドルもかけておきながら、幼子をかかえる母親に必要な職業訓練を受けさせないのだから、と。数週間のうちに、他の州の政治家からも、RCT反対の声が出始めた。『ワシントン・タイムズ』紙は、「抗議運動が福祉実験に引導を渡す」という予測を示している。[26]

ゲロンはフロリダ州議会での証言で、同州の雇用促進プログラムが過去に一度も正しく評価されていない点を強調した。「もし仮に、市民が自活し福祉受給対象から外れるための魔法の薬がすでにあるのでしたら、その薬を使わない方など、この議会に一人もおられないことでしょう。もし仮に、プロジェクト・インディペンデンスがその薬に該当するのであれば、皆さんはこのプログラムに、より多くの予算を投入していることでしょう。しかし、このプロジェクトが万能という事実はありませんし、積極的な予算投入もありません。だとすれば、まずは答えを知るのが賢明ではないでしょうか[27]」。議会は実験を承認し、約2年後に比較評価の結果が出た。雇用促進プログラムによって増えた納税額は、プログラム実施のコストとほぼ同等だった。プログラムは魔法の薬ではなかったが、継続する価値はあるというわけだ。かつてフロリダ州のマスコミはゲロンの調査チームのことを、蜘蛛の足をちぎって調べる科学者にたとえていたが、チームはそうした批判の声を跳ね返し、プロジェクト・インディペンデンスの具体的な評価を出すことに成功したのだった。

ランダム化評価が利用されるようになるまで、社会福祉プログラムの評価アプローチはさまざまに入り乱れ、評価同士が矛盾することも少なくなかった。専門家の意見が割れれば、政治家と市民も分断される。経済学者ヘンリー・アーロンの言葉を借りれば「賢い博士たちの意見も対立しているのに、一般の民はどうすればいいというのか[28]」。フロリダ州の場合は、プロジェクト・インディペンデンスの評価をゲロンに依頼する前に、ランダム化しない評価を3回実施させていた。それぞれ異なる手法で、それぞれ異なる結果が出た。

プロジェクト公式責任者によれば「矛盾して証明もできない惨状から脱するには、疑義のつかない品質の評価を得るしかない」[29]。そしてゲロンに言わせれば、ランダム化評価はシンプルだからこそ説得力をもつ。「分析の基本は誰でも理解できます。小難しい統計処理はありません」[30]

１９６０年代後半において「研究者は無作為割当の威力を、理論としては知っていました」と、ゲロンはのちに語っている。「ただ、それが現実世界の社会プログラムを評価し、重要な政策上の疑念を解決するのに役立つものであるとは、信じていなかったのです」[31]。しかしゲロンはキャリアを通じて、法廷、学校、コミュニティカレッジ、職業訓練所、地域団体などに政策実験を導入させた。「無作為割当研究には誰も加わりたがらない」という学者たちの批判の声を、時間をかけて消していった[32]。ＭＤＲＣの試みは受け入れられるよりも却下されることのほうが多かったのだが、それでも社会実験の認知は少しずつ広まった。実験は明確で、失敗が隠されにくかったからだ。

「無作為割当の重要なポイントとは」とゲロンは結論づけている。「これが透明性の塊であることです。コインを投げる、裏表で２つ以上のグループを作る、結果の平均を計算する、引き算をする（…）その威力は貴重です。先行する多くの評価方法とは正反対と言ってよいでしょう。他のやり方では専門家間で手法に関する見解が衝突します。政策策定に影響を与える調査において、それは致命的なことです」[33]。彼女が自身のキャリアから引き出した最も大切な教訓を聞こう。「無作為割当を守る戦いは、戦う価値がある」

5 教え方を学ぶ

悲しい気持ちになるのは悪いことじゃない——だってオスカーはいつだって悲しげだ。ビッグバードは、わからないことは何でも聞きたがる。スナッフィーは大人には見えない内緒の友達。カウント伯爵は数を数えるのが大好きで、グローバーは堂々としてる。アーニーは悪ふざけで大喜び。バートは、そんなアーニーと正反対の性格だけど、二人は大の親友。そしてカエルのカーミットは、いつだって紳士だ。

1967年、テレビプロデューサーのジョーン・クーニーは、新しい番組の案を思いついた。クリエイティブデザイナーと児童心理・発達の専門家がタッグを組めば、過去に例のない趣向が成り立つのではないか。当時の子ども向け番組と言えば、バッグス・バニーが出てくるアニメ『ルーニー・テューンズ』や、同じくアニメの『原始家族フリントストーン』などだったが、それらとは異なり独自の学習カリキュラムに沿った内容にする。チルドレンズ・テレビジョン・ワークショップという専門家集団で、科学的なエビデンスにもとづいた番組を作るのだ。学術研究とテレビ番組を組み合わせるという発想は、クーニーいわく、「いい意味で非正統派」だった。[1] かくして、デザイナーと社会科学者という異色のチームによって、『セサミ・ストリート』が誕生した。

『セサミ・ストリート』の放送1年目に実施されたRCTでは、介入群（番組を見るよう推奨された子ども）

と対照群（一般の子ども）を比較していた。番組は人気ではあったが、残念ながら特に効果は見られなかった。アメリカに住む子どもの3分の1以上が毎回の放送を見ていたが、介入群と対照群の視聴率にはさほど差がなかった。[2]

そこで翌年は違うアプローチで調べてみることにした。今度は『セサミ・ストリート』がケーブルテレビだけで放送されている地域において、低所得層から無作為に選んだ世帯にケーブルテレビの視聴契約を与え、その家庭の子どもに視聴を推奨した。すると今回は介入群と対照群（『セサミ・ストリート』を見ていない）で視聴率に大きな差が生じた。そして語彙力に歴然と差がついていた。[3]『セサミ・ストリート』を見ていた子どもは、見ていない同年齢の子どもと比べて認知能力が高く、1歳分の開きがあった。

それから50年間、『セサミ・ストリート』に関する調査研究は1000件以上も実施されている。調査結果の多くは番組制作にフィードバックされた。[4]たとえばある実験では、未就学児に目や鼻や口の働きを教えるにはどう見せるのが一番よいか調べている。幼児を無作為に2グループに割り当てて、片方のグループには、グローバーがチェルシーという女の子と一緒に目や鼻や口について学ぶ映像を見せた。もう片方のグループには、エルモがモナ・リザの絵で目や鼻や口を指すという映像を見せた。視聴後のテストでは、グローバーとチェルシーの映像を見た幼児のほうが、エルモとモナ・リザの映像を見た幼児よりも、人体についてよく理解していたことがわかった。絵画は抽象的なので教育ツールとして不向きであり、マペットと人間で実際の目鼻を示すほうが子どもにとってわかりやすいというのが、この実験の結論だった。

生物と無生物の概念を教えるにあたっては、映像内に植物と動物の両方が登場すると子どもが混乱することが、ランダム化評価で明らかになった。ニワトリと石は違う仲間だというのは理解できるのだが、そこに木があると、こんがらがってしまうのだ。番組制作者たちは、「生きてるって何?」と題したコーナーを何パターンも作って検証し、最終的に木を取り除いて、動物と無生物だけを比べる内容で放送した。

ほかにも、アルファベットを教えるにあたり、1話で何文字まで教えるべきかという疑問があった。そこで、「今日の文字」を二つ教える回と、一つ教える回を、無作為に割り当てて未就学児に見せた。すると1話に2文字は効果的な教え方ではないことがわかった。視聴後にテストをすると、2文字の映像を見た子どもは1文字を見た子どもと比べて、文字を正しく区別できないことが多かった。

放送するテーマもランダム化評価で検討している。たとえば、フーパーさんというキャラクターの死を伝えるストーリーをパイロット版として制作したところ、子どもは死をきちんと理解しており、拒否反応は見せなかった。しかし、スナッフィーの両親が離婚するというストーリーのときは、パイロット版を視聴した子どもの一部に、大人が口論すると必ず離婚するという間違った理解が生じていた。そのため死に関するエピソードは放送したが、離婚のエピソードのほうは放送には使わなかった。

＊

人間の幼児期に関する探究は、就学前教育への投資の価値を考える問いとわかちがたくつながっている。実際のところ大人は、子どもには何ができないか、という点に焦点を置きやすい。歩くことはできない、ボールを蹴ることもできない、自分で食べることもできない、それなのに食事となればテーブルをちらかし放題。「乳児 infant」という言葉は、そもそも「喋らない」を意味するラテン語の形容詞 infans に由来している。私たちはつい、子どものことを、大人の基準に到達していない存在と見てしまうのだ。だから子どものミスを正し、トラブルから遠ざけ、ママやパパのような完璧な人間（と大人が思っているもの）になるよう育てていくのが保護者や教育者の役目だと考える。

心理学者のアリソン・ゴプニックの見解は違う。ゴプニックいわく、家族を会社にたとえるとしたら、子どもは研究開発部門で、大人は製造部門とマーケティング部門だ。「子どもはさまざまなアイディアを思い浮かべます。ほとんどは非現実的ですが、そのうちのいくつかを実現していくのが大人なのです」とゴプニックは著書で書いている。(5) この観点から言えば、子どもが創造性を発揮して遊べる環境を作るというのは、人間が種として生き延びていくために欠かせない条件だ。また、恵まれない環境の子どもに対する認識や、子どもの運命は生まれた時点で決定しているのか、それとも成長とともに発展していくものなのか、という問いともつながってくる。

心理学者のデイヴィッド・ウェイカートは１９５８年にミシガン州イプシランティで、公立学校の支援学級運営に携わることとなった。(6) 当時の学校は人種によって分離されており、市内在住のアフリカ系アメリカ人の児童は全員ペリー・スクールという一つの小学校に通っていた。ウェイカートはこの学校の荒廃ぶりが気になった。校庭はない。アザミが茂った空き地があるだけだ。少なからぬ児童が留年したり、支援学級に入ったり、中途退学となったりしている。

だが、ウェイカートが学校長を集めた会議でこの問題を提示しても、校長たちはそれぞれ保身に走った反応をするばかりだった。腕組みをしたまま座っていたり、窓際で煙草を吸いだしたり、室内を出て行ったり。対処が必要だとウェイカートが訴えても、彼らは、できることは何もないと言うのだった。黒人の児童は生まれつきその程度なのだから、と。そこでウェイカートは別の解決策を考案した。「学校を変えられないなら（…）答えははっきりしている、就学前に対処すればいい」

１９５０年代後半において、幼稚園《プリスクール》に相当する機関と言えば、保育所《ナーサリースクール》しかなかった。ただ幼児を遊ばせておくだけの場所だ。しかしウェイカートが想定したのはそうした機関ではなかった。彼の念頭にあったのは、スイスの心理学者ジャン・ピアジェらが提唱した、幼児の頭脳は生まれた瞬間から活発に発達していくという説だ。しかし就学前教育が「有効であるというエビデンスがなかった」とウェイカートは語っている。「データがなかった」。そこでピアジェ理論を検証する初の厳密な実験を行なってみることにした。

1962年、ペリー・スクールは幼稚園を開校し、3歳児と4歳児の受け入れを始めている。28家族が子どもの入園を希望したので、その中から13家族を選んで入園させ、残りの15家族は対照群にした[7]。入学の選別は無作為だ――文字通り、コインを投げて裏表で決めた。それから4年間で実験を拡大し、最終的に被験者の数は123人となった（介入群として入園したのが58人、対照群が65人）。

このペリー幼稚園に教師として勤めていたイヴリン・ムーアは、プログラムがそれまでの思い込みを覆していった経緯を今も憶えているという。かつては、子どもの知能は最初から程度が決まっていると思われていた。アフリカ系アメリカ人の子どもの多くは「知恵遅れ」だと見られていた。しかしペリー幼稚園では、それとは違う光景が目に入ってきた――子どもらは野球選手の名前を憶えているし、歌の歌詞もそらんじている。そして保護者も人生をあきらめていない。ムーアが家庭訪問をすると、必ずといっていいほど、壁にジョン・F・ケネディとマーティン・ルーサー・キングの写真が飾ってあった。

ペリー幼稚園のカリキュラムは文字ではなく会話中心で進行した。お絵描きを教え、お話を作ることを教え、難しいパズルを完成させることを教えた。教師は児童に対し、YES／NOで答えさせるクローズドな質問ではなく、オープンエンドの問いを投げかけた。「言葉を浴びせるverbal bombardment」と言われる指導テクニックだ[8]。農園や消防署の見学に連れて行き、リンゴ果樹園では実際にリンゴをもいでアップルソースに調理する体験をさせた。冬になってからもう一度果樹園を訪ね、季節の変化も観察させた。リンゴはどこへ行ったのかな、とムーアが問いかけると、一人は反射的に「僕は盗んでないよ、先生！」と言ったという。

数十年後、このとき介入群の児童だった「デイヴィッド」が、ペリー幼稚園では日常生活全般に教育が織り込まれていたと語っている。「遊び時間でさえ、学習の要素があった。人間関係の構築、みんなでゲームをすること、他人との交流に慣れることを学ばせていたのだ、と今なら理解できる」

ペリー幼稚園に通うのは2年間だけだ。しかしその後の数十年間にわたって、プログラムに参加した児童と、無作為に選ばれて対照群となった児童の様子を研究者が追跡調査をした。卒園後の数年間は、幼稚園に通った子のほうがＩＱテストで高い数値を出していたが、その差はしだいに薄れていった。[9] 10代になると別の影響が見られ始めた。ペリー幼稚園に通った被験者の77%が12年生〔高校3年生〕まで修められたのに対し、対照群でそこまで学業を続けたのは60%だったのだ。20代になると、幼稚園に通った被験者のほうが、車や家を所有し、安定した職に就いていた。ドラッグを使用したり福祉に頼って生活していたりすることは少なかった。40歳になる頃には、幼稚園に通った被験者のうち前科持ちは28%で、対照群では52%だった。

このプログラムの経済効果を分析した代表的な研究では、ペリー幼稚園に投じられた予算１ドルに対し、コミュニティに7ドルから12・１０ドルの利益があったと推定している。[10] これまでのところ最大のメリットは犯罪率の低下だ。早期の介入を行なうことによって、コミュニティ全体にとっては妥当なコストで、犯罪者となる確率が50%だった人々の人生を変えられたのである。

それ以降の数十年間、極度に恵まれない状況におかれた子どもの就学前教育プログラムについて、ランダム化評価では安定してプラスの成果が確認され続けている。[11] １９７２年から１９７７年には、ノースカロライナで１１１人の幼児が実験に参加した。生後4カ月から、小学校に入る年齢になるまで、毎週5日間特別な保育を受ける。このプログラムに参加した子どものほうが成長すると大学に通い、成人してからは就職し、比較的高齢になってから子どもをもつ傾向が確認された。[12] プログラムを受けて30年近くが過ぎても、まだ差は確認されている。就学前教育を受けた子どもは、30代後半になった時点で、あまり高血圧になっていなかった。[13]

育児の手法に着目したRCTも行なわれている。オーストラリアのクイーンズランド大学が設計したポジティブ育児《ペアレンティング》プログラム「トリプルP」は、保護者を対象とした8回のセッションで、子どもの褒め方、子どもが主体的に取り組む遊びの作り方、ルールの決め方、悪さをしたときの対処方法といった育児スキルを教える。効果を無作為に調べたところ、このトリプルPで親が育児に自信をもてるようになること、そして子どもの問題行動も大人の目に入る範囲では減少することが確認された。[14]

マジョリティの世帯でこうした結果が得られたことを受けて、別の教育研究チームが、先住民を対象とした実験をしている。ブリスベンの先住民専門ソーシャルワーカーと手を組み、先住民の文化に合わせたトリプルPを開発して、RCTで効果をテストしたのである。[15] 実験に参加したのは51家族。多くの場合、サンプルサイズがこの程度の規模では、真に政策効果が出ているのか、それとも背景にある統計ノイズが出ているだけなのか、区別するのは不可能だ。しかしこの例では、トリプルPの効果がとても大きかったため、問題行動を起こす子どもの割合に統計的に有意な減少がはっきりと確認された。36種類の問題行動について質問したところ、トリプルPを受けた保護者の子どもでは、問題行動の数が6つ少なかった——平均値は「臨床判断値」〔対策が必要な値のこと〕から「基準範囲」へと移行していた。

先進国では最も児童貧困率が高い国家の一つ、アイルランドでは、12回セッションでポジティブ育児テクニックを教えるプログラム「インクレディブル・イヤーズ・ベーシック・ペアレンティング・プログラム」で、3歳から7歳の子どもに同じく確かな効果が出ている。[16] 対象はアイルランド国内でも最も恵まれない状況にある子どもたちだ。RCTの初期の発見では、このような「大切な年齢《インクレディブル・イヤーズ》」における介入により、犯罪率の低下、福祉支出や医療費の減少など、コミュニティに「素晴らしい《インクレディブル》」成果が出ることが確認された。[17]

一部では乳児期からの介入も行なわれている。生後数カ月の時点で看護師が家庭訪問をするのである。[18]一般的に対象となるのは、親が貧困であるとか、低体重で生まれたとか、社会福祉事務所から見て家族の健全性が危惧される状態であるとか、「適切な成長ができない可能性が高い（アット・リスク）」とみられる子どもだ。看護師は保護者にカウンセリングを行ない、赤ん坊の寝かしつけ方をアドバイスして、新生児に話しかけたり歌ったりしてやることの大切さを教える。ランダム化評価によると、看護師による家庭訪問が、育児状況の改善と子どもの認知能力向上につながっていることが確認された。訪問を受けた世帯の女性が配偶者から身体的または性的暴力を受ける件数も減っていた。[19]

さらに、エビデンスを統合して慎重に検証すると、効果を現実的に計測するというRCTの重要性も浮かび上がってきた。非ランダム化評価では看護師の家庭訪問のメリットが、3倍から6倍ほど過大評価されていたことがわかったのだ。[20]ランダム化せずに行なった評価のどこが間違っていたか正確には不明だが、一つの可能性として、看護師の訪問を依頼した家族と依頼しなかった家族を比較していた点が挙げられる。そもそも看護師が来ることを望んだ保護者は、そうでない保護者よりも育児に対して多少なりとも意欲的だったのかもしれない。だとすれば、家庭訪問の成果は実際よりも大きく見えていたと考えられる。

神経科学の研究では、就学前教育の有望性を確信させる発見がさまざまに報告されている。小児外科教授ダナ・サスキンドが著書で指摘したように、人間の肝臓と肺と心臓は誕生初日から完璧に機能しているが、脳だけは、生まれ出た時点では部分的に発達しているだけなのだ。[21]しかし神経科学は誤用されることがある——就学前教育をやみくもに正当化したり、幼少期の生育環境が悪ければ人生は終わりと示唆する意図で使われたりすることもあるようだ。誕生から3歳になる期間で、脳は完成形の5分の4まで成長が進むという事実から、あらゆる就学前教育はお金をかける価値があるという結論に飛びつくことになりやすい。就学前教育支持派がTEDトークで披露するスライドでは、3歳児の低発達の脳を映した衝撃的な脳スキャン画像が頻繁に登場するが、誰もその画像の出典を知らないし、その脳の持ち主の生育環境もまったく不明だ。ヨーロッパでは「1001クリティカル・デイズ（大切な1001日）」と銘打った運動が広がっており、誕生後1001日間の発育が人生を決めると主張して、場合によっては「2歳でも手遅れ」という言い方をしている。[22] だが、乳児から幼児になってしまったら「ゲームオーバー」だと脅すことよりも、効果的な対策についての厳密な分析に主眼を置いたほうが、この運動はより成果を出せるはずではないだろうか。

デイヴィッド・ウェイカートがアメリカでペリー幼稚園を立ち上げてから50年後、メルボルンでも、適切な成長ができない可能性が高い子ども（アット・リスク・チャイルド）のための効果的な就学前教育の設計を探すべく、科学的アプローチを活用した研究が行なわれている。「アーリー・イヤーズ・エデュケーション・プログラム」は、極度に恵まれない境遇にある子どもを対象とした、高品質な就学前教育のRCTだ。こうしたプログラムでRCTを行なうのはオーストラリアでは初の試みである。[23]

私はメルボルン郊外のウェスト・ハイデルバーグにある同プログラム施設を訪れた。建物に足を踏み入れたとたん、やわらかな照明、絨毯、ソファなど、アットホームな雰囲気が目に飛び込んでくる。プレイルームは清潔感があり、飼育ケージに入ったニワトリやモルモットもいる。ここで就学前教育に携わる専門家たちは、みなおだやかで、いかにも信頼できそうな人々だ。大半が10年以上の経験がある。担当する幼児の数は少数に制限しており、大人1人に対して最年少では3人だ。

病院の集中医療病棟と同じく、この施設は傷《トラウマ》の治療を目的としている。薬物乱用や家族の崩壊といった過酷な試練は、その状況にいた乳児や幼児の人生に「有害ストレス toxic stress」の空気をまとわせる。たとえば施設に入所している「ウィル」という名前の4歳児は、これまでに保育施設2カ所を追い出された。嚙みついたり、罵ったり、唾を吐いたり、プレイルームで放尿したりするからだ[24]。ウィルの母親は3回結婚し、3人の夫全員から暴力を振るわれていた。ウィル自身も3歳のときに、母親のパートナーから性的虐待を受けた。母親は頻繁にウィルを殴り、怒鳴った。ウィルはトイレを使うことを怖がり、いまだにオムツをつけている。

こんな状況で放置されていたら、ウィルは児童保護施設に入り、その後は福祉に頼って生活するか、刑務所で暮らすかになるのが目に見えている。人生全体が過酷なものとなるだろう。そしてコミュニティに莫大なコストを強いることとなるだろう。その点ではウェスト・ハイデルバーグの施設も決して安くはない。高度な資格を持つ専門家、少人数教育、1日2回の食事を提供する厨房は、この子の人生を軌道修正するためのコストだ。今のところの兆候は良好である。ウィルはニワトリの世話を任され、卵集めの係になった。しかし、ウィルをはじめとして、この施設にいる子どもたちにとっての恩恵が、かかる経費に見合うものであるかどうか知る方法は、厳密な分析を行なう以外に存在しない。

私は、このアーリー・イヤーズ・エデュケーション・プログラムにかかわった保護者の話も聞いた。無作為の選抜プロセスに保護者たちが抱いた強い緊迫感の話は、特に印象的だった[25]。ある女性は私に、電話で通知を受けたときには息がとまった、と話した。保護者はプログラムに応募した時点で、選ばれる確率は50%だと説明を受けている。宝くじのようなものだと思えるかもしれないが、専用施設の収容人数が限られているだけで、選ばれなかった場合も一般的な保育サービスは受けられる。研究者の一人が私に言っていた。「こうした家族は生活のさまざまな場面で、もっと不利な現実ばかり体験しています。それと比べれば、50%で選ばれるというのは、決して悪くない確率なのです」

ランダム化しなければ、最も意欲ある親のもとにいる子どもが施設に集まり、プログラム効果とは関係なく好ましい成果が出てしまう可能性を避けられない。確かな対照群がいるからこそ、介入群と対照群を今後50年にわたって追跡調査していける、そして優れた就学前教育が本当に人生を変えるかどうか確認できる——と研究者たちは期待を寄せている。

＊

教育専門家のあいだでは、ランダム化評価は昔から疑いの目で見られてきた。教育の現状に対する不満は数限りなくあり、教育現場の評価にも莫大な金額が投じられているが、あるアナリストが10年前に指摘したとおり、「何が効果的かはほとんど解明されていない」[26]。著名な教育学者はRCTを否定する傾向があるのだ。現実はRCTで測れるほど単純ではないとか、一部の生徒を対照群にするのは非倫理的であるとか、RCTは政治的に実現不可能であると彼らは主張する[27]。

確かに教育現場の改善は非常に難しい課題だ。子どもは入学初日から12年生まで、1万6000時間を学校で過ごす。しかし、それは子どもが起きている時間のごく一部だ。成績のバラつきの半分程度は学校ではなく家庭で決まるとしても、おそらく不思議ではないだろう[28]。学校に来たら来たで、教師は子どもらの口答え、サボり、ホルモンの暴走によるさまざまな問題行動に対処しなければならない。さらに現代では、スマートフォン、タブレット、ゲームコンソールの使いすぎにも目を光らせる必要がある。

教員の獲得と維持も容易ではない。半世紀前なら学校というのは、他の職業では劣悪な性差別に直面する女性たちが、比較的働きやすい職場の一つだった。しかし昨今の女性は高学歴を修めると、もっぱらビジネス、医学、法律の世界で有望なキャリアをつかむ。結果的に新任教師の学術的水準は大きく後退した。

その影響は成績にも表れている。国民に広く実施される知能テストの点数を見ると、20世紀中は10年単位で着実な上昇が見られ続けていた。ところが今は、この「フリン効果」〔先進国の知能テストの数値が上昇していること〕——ニュージーランドの社会科学者ジェームズ・フリンの発見により名付けられた——は学校教育の進歩ではなく、単に教育を受ける人数が増えたという事実によって生じているだけだと考えられている。経済協力開発機構（OECD）は20年前から、生徒の学習到達度調査（PISA）という名称で、各国の15歳を対象とした共通管理の標準テストを行なっている。これを見ると多くの先進国では成績が少しずつ下がっているのだ。数学、国語、科学の平均点が下降している。[29] この傾向を逆転させるにはいったいどうしたらいいのだろうか。

学校で実施するプログラムにRCTを行なうと、驚きの結果が導き出されることがある。アメリカでは近年、教育省が年間10億ドル以上を投じて、「21世紀コミュニティ学習センター・イニシアチブ」と銘打った放課後プログラムを実施している。[30] 子どもは学校のあと学習センターに通い、そこで最長4時間ほど補習、演劇、スポーツなど、さまざまな活動に参加する。初期の評価ではプログラム効果について肯定的な結論が出ていた。教師を対象としたアンケートで、センターに通う生徒は学業成績、意欲、集中力、教室での素行において、前年と比べて改善がみられることがわかった。[31]

有望そうに思える。しかし、ここで反実仮想についていったん考えてみてほしい。この研究は事実上、科目に対する理解力や学習能力が1年間に子ども自身の力で成長することはない、と想定しているのだ。思考や行動に生じる改善はすべて放課後プログラムのおかげということになっている。19世紀の研究者パースは天秤ばかりに指を載せる実験をしていたが、この場合、放課後プログラムの重みを有利に判定する太い指が載っていたというわけだ。

その後、RCTを専門とする政策調査団体マセマティカの経済学者チームが評価を行ない、その結果を公開した。同じ生徒の1年前の成績と比べるのではなく、小学生を無作為に割り振って、放課後プログラムに通う介入群と、通わない対照群を比較したのである（対照群の生徒は、放課後はおおむね自宅で親や親戚と過ごしていた）。

結果は先行する評価と見事なほどに食い違っていた。放課後プログラムに参加した生徒は、学校で問題行動を起こすことが明らかに多かったのだ——居残りの罰を受ける、親が呼び出される、矯正講座を受講させられるといった事態を招く行動に身を投じていた。[32]停学になる割合は8％から12％に上昇している。おそらく放課後センターに行くことで、悪い仲間とつるみやすくなっていたせいだ。放課後プログラムで学業成績が伸びるというエビデンスは見られず、むしろ行動が悪化するというエビデンスばかりが確認された。[33]アメリカ市民の税金を年間10億ドル以上も投じるプログラムが、生徒の学習状況改善につながらないどころか、規律の乱れを作り出していたのだ。

残念ながら、真実が明らかになっても、ストーリーがハッピーエンドになるとは限らない。放課後プログラムの支持派、なかでも元カリフォルニア州知事アーノルド・シュワルツェネッガーのロビー活動が奏功して、21世紀コミュニティ学習センターに対する連邦政府の予算投入は続いている。シュワルツェネッガーはデータをきちんと検証しようとはせず、また、マセマティカの評価は信じるに値しないと判断した理由を説明しようという気も見せず、かわりにあっけらかんと言い放った。「あの調査を鵜呑みにして、放課後プログラムに対する現在の支出レベルを下げるというのは、間違いだ。もう一度言おう、大きな間違いだ」[34]。アメリカ議会は予算投入を続ける判断をしている。だが、この支出をやめていれば、低所得世帯の子どもの支援方法として効果が証明された取り組みに投じる予算ができるはずではないか。10億ドルがあれば、初めて出産した女性8万8000人のもとに看護師を訪問させることができる。乳幼児9万6000人に高品質な就学前教育プログラムを受けさせることができる。小学3年生29万5000人に集中的な読み書き能力支援を行なうことができる。10代の若者130万人に、エビデンスにもとづくプログラムを実施して、早すぎる妊娠を減らすこともできる。[35]

イギリスでは教育基金財団（EEF）という団体が、政府の委託を受けて、教育プログラムの効果について100件以上の評価を行なっている。その多くがランダム化評価だ。個別の学習コーチング、同じく個別の読み書き能力支援、シンガポールで開発された算数指導プログラム、哲学的なテーマで生徒のディスカッションを促す取り組みなどは、プラスの結果が確認されている。[36]

EEFは多数のRCTを行なっているので、それぞれの結果を示すだけではなく、異なる実験結果のサイズ比較もできるようにしている。車の購入時と同じく、考えるべき問いは「その車、よさそう？」ではなく、「いくらでどんなものが手に入るか？」だ。教育現場は慢性的にリソース不足なのだから、最も効果的なプログラムを見極められるかどうかは重大な意味をもっている。

EEFでは、たとえば生徒の成績向上にかかるコストを、1カ月の学びに相当する金額で比べている。[37]効果の出ているプログラムであっても、そこにはかなりのバラつきがあった。生徒1人の成績を1カ月分向上させるにあたり、個別学習コーチングならば280ポンド、個別の読み書き能力支援ならば209ポンド、算数指導プログラムならば60ポンド、哲学を利用した介入ならば8ポンドかかっていた。[38]どのプログラムも「効果はあった」ものの、コスト効果でみれば、一部ではなんと35倍もの差があったというわけだ。

有望そうなプログラムで成果が出ていなかったこともある。たとえば「チャッターブック」という名前のプログラムは、英語の学習につまずいている子どものための支援プログラムだ。[39]図書館の主催で、土曜午前に、訓練を受けた読書インストラクターのもと小学生が児童書の新刊を読んで感想を話し合う。心温まる取り組みだが、ＲＣＴでは、そのプログラムで読書能力の向上はゼロだったことがわかった。

音楽を習えば頭がよくなるという説の実験もしている。全米音楽教育協会の元会長は「音楽は数学、科学、地理、歴史、外国語、体育、職業訓練といった分野の知識を増強する」と主張した。[40] この説の真偽を調べる研究はほかでも行なわれているが、大半は、楽器を習うことを選んだ子どもとそうでない子どもを比べている。しかし3歳でバイオリンを選ぶ子どもは、その時点ですでに他の子どもとは違っている――より意欲があり、より認知能力に秀でているか、さもなければより教育熱心な親がいるはずだ。ＥＥＦの調査では９００人の児童を音楽のクラスまたは演劇のクラスに無作為に割り当て、その後に読み書き能力と計算能力のテストをした。[41] すると2グループに差は見られなかった。音楽を習うことが思ったほど脳によいわけではない、あるいは、演劇のレッスンも音楽のレッスンと同等のメリットがあるというわけだ。

イギリスと大西洋を挟んだ反対側では、厳密なエビデンスに裏づけられた教育的介入の例は、ますます少ない。２００2年に、アメリカはワット・ワークス・クリアリングハウス（ＷＷＣ）という機関を立ち上げた。科学の授業から、障害をもつ生徒の補助まで、あらゆる面でどの教育的介入が最も効果的か、科学的エビデンスを審査する政府機関だ。設立から10年間に実施したＲＣＴでは、10件のうち9件で肯定的な効果が見られなかった。[42] 効果的な手法《ワット・ワークス》を調べる情報機関という名称を揶揄して、「何も効果が出ない《ナッシング・ワークス》情報機関」というあだ名もつけられたほどだ。[43]

しかしそれ以降のＷＷＣは、苦戦しつつも数年をかけて、民主・共和双方から支持される機関となってきた。今では新たな評価の実施だけでなく、得られたエビデンスの格付けも行なっている。最善の比較評価ではどんな結論が出ているか明らかにするのだ。ランダム化の手法で評価されていなければ、高い格付けにはならない。[44] ただしアメリカの学校教育は分権的であるため、ＷＷＣは教員と保護者のための情報源という位置づけだ。

実際、教育に関する新たなプログラムを立ち上げても、その多くは効果が出ない。それでも一部では有意なインパクトが生じている。たとえばビル&メリンダ・ゲイツ財団の主導で、教師に対するコーチング・プログラムのRCTが行なわれた。教師は月に一度、自分の授業を撮影した映像を専門コーチに送り、コーチの協力を得ながら悪い癖を修正し、新しい指導法を取り入れる。1年が終わる頃には、このコーチング・プログラムに参加した教師の教えるクラスにおいて、そうでないクラスよりも数カ月長く学習したのと同等の伸びが見られていた[45]。

教育現場におけるIT普及を受けて、ハードウェアやソフトウェアが子どもの学びを促進するかどうかという問いについても、RCTが行なわれている。児童に無料でコンピューターを与える試みは、生徒の読み書き能力および算数能力の向上にはさほどインパクトをもたらさない[46]。しかしオンライン学習ツールでは大きなインパクトが確認されている。特に顕著な効果が出るのが算数だ[47]。「アシストメント ASSISTments」や「シムカルク SimCalc」といったアプリケーションは、設問をゲーム形式にする、習得目標を小さく分解する、即座にフィードバックを出すといった特徴があり、算数、代数、微積分の成績向上につながっている。また、やや奇抜な戦略で成績を伸ばす試みについても、いくつかRCTで効果が裏づけられた。たとえばイスラエルでは、低学力の学校40校で実施したRCTで、卒業試験の合格に1500米ドル相当の賞金を約束した。すると報酬の出た学校では修了率が3分の1以上も上昇した[48]。イギリスでは、保護者に週に一度テキストメッセージを送信し、試験の予定や、その週の学習内容を通知するという取り組みで、高校生の成績が大きく伸びている[49]。無作為に選ばれた対照群と比較すると、テキストメッセージ（コストは生徒1人あたり6ポンド）で、1年間に1カ月余分に数学を学習したのと同じ成績向上が確認された。同じくコスト効果の高い介入として、欠席の多い生徒（平均で年間17日）の保護者に文書を送るという試みもある。[50] 保護者はわが子の欠席を過小評価していたので、どれほど休んでいるか数字で提示するだけで、欠席が10分の1ほど少なくなった。

同じくランダム化評価によって甚大なインパクトが確認されたのが、ニューヨークのハーレム地区でNPOが運営している特別認可学校、プロミス・アカデミーである。この地区に住む若者たちの末路は悲惨だ。ある研究では、ハーレムで生まれた若者の寿命が、バングラデシュに住む若者の寿命よりも短いことが明らかになった。[51] コカイン、銃、失業、家庭崩壊のせいで、世代から世代へ不利益が継続する環境が作り出されているのだ。そんな環境で２００４年に設立されたプロミス・アカデミーは、まず生徒の拘束時間が長く、朝8時から午後4時まで授業がある。その後もたいてい午後7時まで放課後プログラムがある。土曜には補習があり、夏休みは一般の学校よりも短い。結果的に生徒は一般的な子どもよりも学校で過ごす時間が50％ほども長い。運営方針は「言い訳なし」がモットーだ。意欲をもつこと、辛抱強く取り組むことの重要性を強調している。そして生徒全員が大学に進むことを想定している。生徒にも教師にも徹底したモニタリングが行なわれ、成績の伸びをがむしゃらに追求する。

アメリカには、このプロミス・アカデミーを含め、チャーター・スクール〔設立目的に沿って独自の運営が行なわれる、特別認可の公立学校〕が６９００校存在している。こうした学校では、募集人数を上回る応募があるときは抽選で合否を決める。宝くじやベトナム戦争の徴兵くじと同じく公開の抽選だ。コンピューター・アルゴリズムを使う学校も数校あるが、その他は、生徒の名前を書いた紙片を箱から取り出すという方式を採用している。ある学校ではカジノで使われるのと同じ抽選機械を使って、生徒に番号を割り振り、かごから取り出す球の数字で当選を決める。ドキュメンタリー映画『スーパーマンを待ちながら』は、ハーレムにあるチャーター・スクール２校の入学選抜プロセスを撮影している。倍率が20倍になる学校で、合格した生徒の保護者が歓喜の叫びをあげ、不合格だった子どもの保護者が涙を流す姿が映し出される。たとえばビアンカという少女は抽選に当たらなかった。ビアンカは幼稚園生だが、母親は娘を大学まで進ませることを夢見て、仕事を掛け持ちして働いている。フランシスコという小学1年生の少年は、今の学校で読み書きにつまずいているのだが、やはり抽選に落ちてしまった。

歓喜と失望は、その後の歴然とした差につながる。研究者はビアンカやフランシスコのような子どもの追跡調査を行ない、プロミス・アカデミーに入学した子どもとの比較を行なった。すると、プロミス・アカデミーは確かに子どもの成績に大きなインパクトがあることが確認された。アメリカ全域で見ると、平均的な黒人の高校生は、同年齢の白人と比べて、成績に2年から4年分の遅れがある。しかし抽選に受かってプロミス・スクールに入学すると、その差を埋めるほど成績が伸びる[52]。貧困は払拭できないとか、学校に人生を変容させる力はないといった悲観的運命論も聞かれるが、研究責任者のローランド・フライヤーが指摘したとおり、そうした見解を覆す結果だ。ハーレム・チルドレンズ・ゾーンと呼ばれるこのNPOの取り組みは「こうした子どもたちにとって、がん治療に相当する」、とフライヤーは言う。「素晴らしいことだ。ぜひ称賛すべきだ[53]」。住宅所有から寿命に至るまで、あらゆる側面に人種格差が見られる国において、このプログラムは、独立宣言で謳われた「万人は平等につくられている」という言葉を実現する可能性を提示している。

社会改革への熱意と、介入の効果を調べる厳密な評価は、いわば二人三脚なのだ。1995年に実施された調査で、恵まれない状況にある子どもは裕福な環境の子どもと比べて、4歳の誕生日までに耳に入る言葉の数が3000万語も少ないことが明らかになった[54]。この差を埋める対策として、親子の会話について保護者にフィードバックしていくのが有効ではないかという考えから設立されたのが、「サーティ・ミリオン・ワーズ・イニシアチブ」という活動である。1995年の調査では単語を数えるために研究者が子どもと同室にいる必要があったが、現代ならば音声認識技術がその役目を担う。LENA（「言語環境分析 Language ENvironment Analysis」の頭文字）という名前の400ドル程度のデジタルデバイスを、子どもの服のポケットに入れておくだけで、親子が交わす単語数をカウントできる。この数字を毎日保護者に通知することで、より多くの会話を推奨する後押しとなるかどうか、RCTで調査中だ。これまでのところは期待できる結果が出ている。(55)

優れたNGOは、自分たちの活動を実験し改善していく方法をつねに探している。不本意な結果が出たとしても、それは無駄な取り組みにお金を投じるのを中止できるという意味なのだから、コミュニティにとっては究極的には喜ばしいことだと、彼らは知っているのである。

実のところ、納得のいかない結果が出るときこそ、RCTはその本領を発揮している。試験結果は学力を測る便利な指標だと考える人は多いが、かくいう私も、シカゴの小学校で行なわれた研究を読んだときには当惑したものだ。試験の直前に思いも寄らないインセンティブを提示するという実験だった。(56)試験開始直前に、前回の点数を上回ったら褒美を出す、と告げる。すると、たとえ褒美がささやかなものだったとしても、数カ月分の学習に相当する点数の伸びが見られることがわかった。幼い生徒は安いご褒美にころりとなびくが、年齢が高くなると現金20ドルで反応していた。ご褒美を生徒の机に置き、点数が届かなければ没収すると告げると、インセンティブ効果はいっそう高くなった。反対に、試験の1カ月後にご褒美を渡すと約束したときは、ほとんど影響をもたらさなかった。生徒がご褒美のことを知るのは試験開始の数分前だ。それでこれほど大きな結果が出たということは、シカゴで学ぶ生徒の大半は、ふだんの試験では全力を出していないという意味になる。だとすれば試験の点数など、私たちが思うよりも、ずっとおおざっぱな指標にしかならない。

ランダム化評価は大規模なプログラムでも可能だ。第7章で考察するが、開発途上国で村に新しく学校を開校したり、働く教師の給料を倍にしたりするといった大々的な改革の効果を調べるにあたり、RCTが活用されている。

とはいえ、着目すべきはサンプルサイズの大小だけではない――RCTの肝は、ふつうに考えて効果が期待できそうな物事の現実を調べる点でもある。たとえばニューヨークでは、600校以上を対象としたRCTで、教師の能力給制度が効果的かどうか調べた。これは期待できるように思える。だが、この制度は教師個人の功績に報いるのではなく、学校全体のパフォーマンスにもとづいて報酬を出すものだった。ニューヨークの典型的な学校には60人の教員がいるので、たった一人が努力をしても、それで学校全体の最終的な結果を動かせるとは考えにくい。それどころか、学校全体のパフォーマンスは、ほとんどの教員には理解できないほど極端に難解で込み入った方程式で判定されていた。[57] RCTで、能力給制度が生徒のテストの点数に何のインパクトももたらしていないことが明らかになったのは、当然の結果だった。[58] ただし、この調査はこの手の能力給制度を正しく評価しているものの、能力給は絶対に効果がないという結論に飛びついていいというわけではない。[59]

「STARプロジェクト」という実験でも、同様の問題が生じている。こちらは少人数教育の効果を調べるRCTだ。1980年代後半にテネシー州で実施され、1学級の人数が少ないほうが成績がよいと確認された。[60] しかし、このインパクトが生じた理由は、生徒にプラスの効果があれば州に少人数制が導入されることを介入群の教師たちが知っていたからだ、という指摘がある。[61] この批判が正しいのだとすれば、少人数制は確かに学習を促進する可能性を持つが、それは教師がよい結果に対して強いインセンティブを抱いている場合に限られるという意味になる。

大学レベルでもRCTはさまざまに実施されている。オハイオ州とノースカロライナ州では、税務支援サービス会社H&Rブロックと手を組んだ研究チームが、高校卒業を間近に控えた子どもがいる低所得世帯を特定した。[62] この世帯の半分を無作為に選んで、学費補助の申請サポートを行なった。H&Rブロックから見れば、処理にかかる時間は約8分、コストは100ドル未満（ソフトウェアの経費を含む）だ。しかし、家庭にはこれが大きな違いをもたらした。学費補助の申請サポートを受けて高校に進学した子どもは、そうでない子どもと比べて、2年後に大学に進学した数が4分の1も多かったのである。

親が大卒でない場合、たいていは大学進学手続きに関する基本知識が子ども本人に欠けているので、子どもへのささやかな介入が大きなインパクトとなりうる。カナダのオンタリオ州で12年生を対象とした3時間のワークショップを行なったところ、無作為に抽出した対照群と比べて、大学進学率が5分の1ほど高かった。[63] マサチューセッツ郊外では、テキストメッセージを使ったピアサポートで、12年生が大学に進学する確率が高まっていた。[64] チリでは、貧しい家庭の生徒に収入の仕組みについて知識を与えたところ、高収入を見込める分野に進学する生徒が多かったことが、RCTで確認されている。[65] アメリカでも、低所得だが学力の高い高校上級学年に対し、大学の質について知識を与えたところ、本人のレベルに合った進学をする確率が歴然と高かったことがわかった。[66]

＊

大学進学の直接的利点もRCTで明らかになっている。通常の環境であれば、同条件で大学に進学しなかった場合はどうなったか、反実仮想を知ることはできない。しかしオランダで実施された異例のRCTが、それに対する一つの答えを出した。国内の医学部に対する応募が大幅に定員を超えたので、オランダ政府の主導で抽選による合否選抜が行なわれたのである。合格した少数の学生がその後の人生で稼ぐ所得と、その幸運《ヘルフク》に出会えなかった学生のその後の所得を、これで比較することができる。実際、医学部に入学すれば所得が50％増となることが確認された。生涯年収ではおよそ100万ユーロの差に相当する。[67]

もちろん入学だけですべてが決まるわけではない。学位取得に失敗すれば、その恩恵を享受できる可能性は低くなる。先進諸国において、標準修了年限で学位を取得して卒業する学生は、10人のうち4人だ。[68] 標準年限から3年後まで含めても、10人のうち7人である。大学修了率を改善するために、RCTから何かヒントを得られないだろうか。

安心してほしい、その期待にも応えられる。あるRCTでは、個別コーチングにより、退学の危険性が高い学生の修了率を高められることがわかった。[69] 別の実験では、学術面でのサポートと金銭的インセンティブという組み合わせで、中退率を下げられることが確認された——ただし効果があったのは女子学生だけだった。[70] 中退は学校にとっても本人にとっても高額なコストであることを鑑みると、こうしたプログラムに投資する価値はあると言えそうだ。

実験し、学びを得て、適応させるというのが、RCTの理念だ。[71] この理念を教育現場の改善に応用するというのは、ごく自然な組み合わせと言えるだろう。だが、『セサミ・ストリート』を世界で最も効果的な教育番組にした理念は、警察や刑務所にも応用できるものだろうか。RCTを通じて犯罪や投獄を減少させることは、果たして実行可能なのだろうか、実用的なのだろうか。次の章から考察していきたい。

6 犯罪を制御する

オーストラリアのキャンベラ郊外で、ある一軒の家が、何度も強盗被害に遭っていた。6度目には窓を破られ、9歳の息子の寝室からものが盗まれている。[1] しかしこのときの容疑者は犯行中に取り押さえられた。隣家の9歳児だったのだ——枕カバーを袋がわりにして、そこにレゴをたっぷり詰め込んでいる。

現場にかけつけた警察官ルディ・ラマーズは、通常の少年犯罪とは異なる対処をすることにした。9歳児二人を座らせ、自分も一緒に腰をおろして、「どうしたらいいかな?」と問いかけたのだ。

答えは警察官を驚かせるものだった。被害者のほうの9歳児が、枕カバーに入ったレゴを半分取り出して、残りを加害者に渡したのである。「レゴで遊びたかったら、いつでもおいでよ。でも、来るときはちゃんとドアから来てほしいんだ。窓から入ってこられると、パパがすごい怒っちゃうから」

数十年後、ラマーズはキャンベラのクラブで一人の男から声をかけられた。男は声をひそめて「私のことがわかりますか?」と尋ねた。「レゴ泥棒の少年です——あの体験で私の人生は変わりました」。泥棒だった少年は、例の一件を境に盗みをやめた。そして現在では建設会社を経営するまでになっていた。

ラマーズはあのとき非公式な形で、「修復的司法」の協議を実践していた——加害者と被害者を集めて、犯人はもたらした被害をどう償うべきか、一緒に考えさせるというやり方である。ニュージーランドのマオリ、ネイティブアメリカン、オーストラリア先住民など、伝統的社会ではこうした修復的司法を採用するのが一般的だ。恥の意識を呼び起こし償いをさせることで、罰金や服役よりも優れた犯罪抑止力になる、と1980年代後半から犯罪学者たちが注目するようになった。だが先進社会でもこれを導入しようという試みは、当初は馬鹿げているとか、甘すぎるといった意見が多く聞かれていた。

1990年後半以降、アメリカのインディアナポリス、イギリスのロンドン、オーストラリアのキャンベラなど、多様な地域で修復的司法のRCTが行なわれている。事件を修復的司法で裁くか、従来の司法プロセスで裁くか、どちらかに無作為に割り当てるのだ。家庭内暴力や詐欺は修復的司法に適さないのだが、それ以外の暴力、窃盗、車上荒らしなど、多種多様な犯罪を網羅して実験が行なわれた。

世界各地の10件の実験結果をあわせて検討したところ――複数の実験結果を統合して分析することを「メタアナリシス」と言う――修復的司法が確かに犯罪発生率を低下させるという結論が導かれた[2]。2年後の再犯率で比べると、修復的司法を経た犯罪者のほうが明らかに低かったのだ。社会にとってはコストを相殺して余りあるメリットである。ロンドンの実験では、犯罪件数減少による利益が、修復的司法プロセスの実施コストの14倍に相当していた。一部の研究者からは驚く声もあったが、修復的司法は特に暴力犯罪で有効であるようだった。

キャンベラのRCTでは、修復的司法が被害者の助けにもなることが確認された。暴力事件の被害者は、修復的司法で対応したときのほうが、加害者の新たな暴力に怯えにくいことがわかった。修復的司法のもとでは、被害者に対して誠実な謝罪がなされる確率は5倍だった。また被害者には、チャンスがあるなら加害者を痛めつけたいか、という質問もしている。通常の裁判を経た場合は、判決後に半分近い被害者が、復讐したい気持ちは消えていないと答えていた――ところが修復的司法を経ると、それが10人に1人未満になっ

ていたのである。犯罪の多くは復讐が動機となるのだから、修復的司法で暴力の連鎖を防げると言ってもよいかもしれない。(3)

刑事司法においては、直感的に正しいと思える解決策が、必ず最善の結果をもたらすとは限らない。アメリカでは暴力犯罪の発生率が１９９０年代初期以降で半減したが、(4) 同時期に収監率は倍増し、アメリカの成人のうちおよそ1％が投獄されている。(5) 高校を卒業していない黒人男性では、３人に２人が人生のいずれかの時点で服役している。(6) 上院議員コリー・ブッカーは２０１５年に、「現在、犯罪監視下にあるアフリカ系アメリカ人の数は、１８５０年におけるすべての奴隷の数よりも多い」と指摘した。

犯罪および受刑者の数を減らしていくために、ＲＣＴを役立てられないだろうか。本章では、犯罪の予防、取り締まり、処罰、刑務所収監という4種類の面で刑事司法の効果を調べる実験を紹介していく。犯罪が少なく処罰の件数も少ない社会を作っていくためには、この4つのステップを正しく整えることが必要だ。ＲＣＴがその一助となりうるかどうか、考えていきたい。

＊

「ザ・フィスト」と呼ばれるエクササイズがある。まず、少年たちを二人一組にする。ペアの片方にゴルフボールを渡す。もう片方に、30秒でそのボールを手に入れるよう指示をする。

少年たちは即座にボールの取り合いを始める。殴ったり、組み付いたりする。

タイムアップになると、講師は、ボールを取るよう命じた少年たちに問いかける。なぜ、ただシンプルに、ボールを渡してほしいと頼まなかったのか。「くれるわけないから」と一人が答える。「あいつが俺のことなめてくるに決まってるから」と別の一人が答える。

講師は次に、ゴルフボールを持っていたほうの少年に問いかける。礼儀正しくお願いされたとしたら、自分はどう反応したと思うか。「渡してやるよ。別に、こんなの、ただのボールだし」と一人が答えた。

彼ら――治安の悪いスラム街に住む子どもたちだ――が参加していたのは、「ビカミング・ア・マン（大人になろう）」という名前の犯罪予防プログラムだ。目的は、10代の若者が脊髄反射的に行動するのではなく、もっと思慮深く考えられるようになること。スラム街だったら正しい戦略でも、教室では間違ったやり方になることがあると理解させるのだ。たとえば犯罪が多発する地域では、「おまえのスマホをよこせ」と言われておとなしく従っていると、御しやすい相手と見られて次もまたカモにされる可能性がある。しかし学校で教師からきちんと着席するよう求められたとき、それに従わないでいると、もしかしたら停学になるかもしれない。

「ビカミング・ア・マン」では、少年たちに対して、喧嘩をするなとは言わない。高級住宅街で育つ子どもと違って、極度に貧しい地域で育つティーンエイジャーは、身を守るためには荒っぽく行動せねばならないこともあるだろう。そのため、このプログラムのロール・プレイング型エクササイズでは、状況に合わせて正しい反応を選ぶことを教える。敵のギャング団のメンバーとすれ違うときには、目をあわせたら一触即発かもしれないが、就職面接ならば、しっかり目をあわせる仕草は必須だ。「ビカミング・ア・マン」は認知行動療法の理論にもとづき、若者に性急に行動せず、状況を判断して、従うべきか主張するべきか、もしくは戦うべきかを意識的に選択することを教えているのである。

効果はあるのだろうか。２００９年から２０１４年にかけて、シカゴの研究チームが2件のＲＣＴを行なった。「ビカミング・ア・マン」のプログラムか、もしくは放課後のスポーツプログラムか、10代の青少年を無作為に割り当てて受講させている。[7] すると「ビカミング・ア・マン」のほうでは、逮捕される件数が大幅に減少した。3分の1から2分の1ほども減っていたのである。あとさきを考えず反射的に行動を起こしやすい若者の性質のことを「自動性」と言うが、最近の研究では、この自動性の緩和によって、標準の学術的治療法や職業訓練プログラムよりも、若者の生活改善につながる可能性が高いことが指摘されている。シカゴのアムンセン高校12年生のエディンソンという生徒が、プログラムの理念を短く言い表している。「困るだけなら子ども。困りごとに解決策を見つけるのが大人」[8]

興味深いことに、認知行動療法は他の場面でも効果があるようだ。戦禍で荒廃したリベリア共和国の首都モンロビアで、ある研究チームが、暴力性が強い男性およそ1000人を集め、無作為に選んだ介入群に、自動性の緩和と自己認識力の向上を狙いとした短い訓練プログラムの受講を促した。[9] すると1年後、この認知行動療法を受けた男たちでは、ドラッグ売買や窃盗や武器の携行といった行動が少なくなっていた。特に2度目のRCTに参加した被験者では効果が顕著だった。2度目の実験では、訓練プログラムの終了に200米ドル相当の報奨金を約束している。セラピーの効果と報奨金の効果で、犯罪発生件数は年間66件から30件へと半減した。

このリベリア実験の論文を読み、私が特に好ましく感じたのは、クリス・ブラットマンら論文共著者たちが、彼ら自身も結果に驚いたと明かしている点だ。報奨金はたった1回出すだけなので、長期的行動にこれといってインパクトがあるとは期待していなかったという。研究チームは現在、一時的な報酬が人生を変えうるメカニズムの追究を行なっている。

世界には私たちが知らないことがたくさんある。だから、実験結果に驚くのは健全なことと言える。むしろ、理論のみ、もしくは小規模の観察のみにもとづいて、何が効果的かわかったと断言する声には、強い疑いをもたなくてはならない。経済学者ジョン・メイナード・ケインズはこう言ったそうだ。「事実が変われば、私は考えを変えます。貴殿は、どうされますか[10]」

荒れる青少年の攻撃行動を抑えられるなら、そのプログラムは本人の人生の軌道に大きなインパクトをもたらす。シカゴでは、アフリカ系アメリカ人の高校生を無作為に選んで、夏休みに8週間のアルバイトを経験させたところ、暴力犯罪にかかわる件数が40％少なくなっていた。この効果はアルバイト終了から1年後にも継続していた[11]。こうした犯罪予防プログラムが奏功すれば、若者が前科者として生きていかずに済むだけでなく、犯罪によって被害者が受ける痛みや犠牲を防ぎ、さらには受刑者増加によって納税者が負うコストも減らすことができる。

＊

1970年代はじめ頃、ミシガン州のボウリング場が、ある広告を出した。「楽しもうぜ。今夜は妻をぶっつぶそう Have Some Fun. Beat Your Wife Tonight[12]」。広告にこんな表現が許容されるのは、家族内暴力がよくあることだと認識される時代だったことの表れだ。暴力を受けた女性は往々にして、「どんなことをして旦那を怒らせたんだ？」と問われるのだった。ソーシャルワーカーも女性に対し、子どものためを思って暴力的な男のそばにとどまるべきだと諭した。病院も、手当てはしつつ患者の事情には目をそらした。保護施設など存在すら希少だった。家庭内暴力の通報を受けた警察官が被害者を笑い飛ばすこともあった。男のほうを家庭から引き離すことはめったになかった。警官はたいてい「なだめすかせる」アプローチで、その場の緊迫した空気を多少やわらげようとするだけ。当時のある州の警察マニュアルには、「あまり厳しくするな。口うるさく言うな」と書かれていた[13]。

しかし1970年代後半には、警察の対応も変わり始めている。「バタード・ウィメンズ・ムーブメント

(虐待された女性たちの運動)」という活動が、家庭内暴力は街頭での暴力よりも大目に見るべきだという風潮に異論を唱えた。[14] 配偶者殺害について調べた研究では、ほとんどの事件において、殺人に至るまでの1年間に少なくとも5回は警察に通報があったことがわかった。[15] 警察がもう少し厳しく対処していれば救える命があったという意見が聞かれる一方で、逮捕してもあまり違いはなかっただろうとする意見もあった。被害者の多くは、逮捕という烙印を押された男がのちに仕返しに来ることを恐れて、告発状に署名をしたがらないからだ。

アメリカ警察財団の会長パトリック・マーフィは、警察の対応が「勘と推測と伝統」の域をほとんど出ていないと指摘した。そこで1981年、同財団はミネアポリスで異例の実験を行なっている。「科学的調査を通じて(…)「警察は未来の家庭内暴力をどのように回避するか」という問いに答える事実を発見し、これまでの対策を補強する」ことを目的とした実験だ。[16]

「ミネアポリスDV逮捕実験」と銘打たれたこの試みでは、警官に家庭内暴力事件の専用報告書フォームを渡した。フォームには3種類の対応が記載されている。加害者を逮捕するか、加害者を自宅から8時間隔離するか、夫婦に忠告をするか。記載の順番は逮捕、隔離、忠告の並び順がランダムになるようにした。被害者が重傷を負っている場合は別として、それ以外では、手元にある報告書フォームの1ページ目にある対策に従うよう指示をした。

結果は歴然としていた。捜査報告書でも被害者調査でも、加害者を逮捕するという対応をとった場合には、隔離や忠告で済ませた場合と比べて、それ以降の半年間に起きる暴力がほぼ半分になっていた。[17] ニューヨーク警察本部長はこの実験結果のレポートを読み、即座に指揮下の警察署に、家庭内暴力の被害者が告発を望むならば必ず逮捕するよう指示をした。[18] 数カ月後にはダラス、ヒューストン、ミネアポリスの警察も方針を変更した[19]。実験結果が報告されて1年後には、国内の家庭内暴力における逮捕率が10％から31％に上昇した[20]。2年後には46％になった。

数年後に行なわれた再現研究では、逮捕の効果について、必ずしも諸手をあげて肯定とは言えない発見も確認されている。家庭内暴力の加害者を逮捕することが効果的となるのは、加害者が職に就いているときであって、無職の場合はそれと比べて効果が低かったのである[21]。とはいえ、RCTを実施しなかったら、家庭内暴力への警察対応がこれほど歴然と変化することはなかったと断言してもかまわないだろう。家庭内暴力に警察はどう対応するのが最善か、これは現在においても非常に重要な課題である。世界中で殺害される女性被害者の半分が、配偶者または家族に殺されているからだ[22]。国連が指摘しているとおりだ。「痛烈な皮肉であるが、女性は自分に対して愛情を抱く存在、さらには自分を守ってくれる存在だと期待した相手から、最も殺されやすい[23]」

ミネアポリスDV逮捕実験の研究チームの中心に、ローレンス・シャーマンという人物がいた。当時30代前半だった彼は、バプテスト派牧師とYMCA職員の親のもとに生まれ、本人いわく「強い社会正義感をもって育てられた[24]」。オハイオ州で通常の半分の期間で学位を取得し――4年ではなく2年間で――それから1960年代後半にはベトナム戦争に対する良心的兵役拒否者として、徴兵委員会への抗議活動に従事していた。同じ立場の若者はカナダへ逃げるか、もしくは投獄されていたが、シャーマンは堂々と徴役委員会と渡り合い、政府関連の仕事に就くことで軍役を回避してかまわないのだと主張して、実際にニューヨーク警察の研究員となることにした。「徴兵委員会は喜ばなかった」とシャーマンはのちに語っている。「私が働き始める前の週に警察署が爆破されたとき、彼らは納得したようだった。ニューヨークにいようがベトナムにいようが私は同じように死ぬ可能性があるのだ、と[25]」

シャーマンは警察署での仕事を通じて、警察活動の戦略に効果があるものとないものが生じる理由を解明したいと考えるようになった。その強い意欲から彼が編み出したのが実験犯罪学だ。警察の治安維持能力だけでなく、犯罪学という学問においても、これが新たな境地を拓くこととなった。「犯罪学というものが生まれて以来、ほぼ全面的に、この学問は基本的に記述科学または観察科学だった。宇宙を観察するのと同じだった[26]」。天文学者は天空の動きを研究するが、軌道の変更を試みることはない。シャーマンは、犯罪学は天文学より医学に近いものであるべきだと考えた——患者の回復にも尽力するが、そもそもの予防にも力を尽くすのだ。犯罪学が真に主眼を置くべきは、犯罪を減少させる方法の特定であるはずだ、とシャーマンは確信していた。この実験犯罪学の発想は、犯罪に対する過去の見解とは大きく異なっていた。たとえばフランスの学者エミール・デュルケムは、犯罪は「すべての社会生活の根幹的条件に固く結びついている[27]」という理由から、犯罪は不可避であると認識していた。デュルケムが目指したのは犯罪を理解することだったが、シャーマンが目指したのは犯罪を減らすことだった。

1990年代初期のミズーリ州カンザスシティでは、クラックコカインが爆発的に蔓延していた。売人たちの活動を支えていたのが「クラックハウス」だ。廃屋を利用して、薬物を売りさばいていた。こうしたクラックハウスの摘発が薬物対策として効果的かどうか調べるため、ローレンス・シャーマンの協力のもと、市警察はある実験を行なうことにした[28]。

まず、廃屋が薬物販売の拠点となっているという情報を受け、真偽を確かめる。潜入捜査官や情報屋がその家に行き、目印をつけた紙幣でクラックコカインを買う。次にシャーマンのチームの出番だ。番号を振った封筒を用意し、その中に「強制捜査」もしくは「静観」と書いた紙を入れる。どちらの紙を入れるかは、乱数作成機で決定した。開いた封筒の指示が「強制捜査」なら、その廃屋に対する捜索令状を取得する。

「静観」ならば、証拠はそのまま保管しておく。

強制捜査は違法薬物対策課の武装チーム8人で行なう。誤って無関係の家に踏み込まないよう、直前に別の潜入捜査官に薬物を買いに行かせることもあった。実験を行なう2年ほど前に、踏み込む家を間違えて、捜査に対する世間の風当たりが厳しくなったことがあったからだ。そのため正しい捜索対象かどうか確かに見極める必要があった。

確認がとれたら、チームはすぐさま行動を起こす。覆面トラックが家の正面で急停止する。サイドドアが開き、警官一人がバタリングラムという工具で玄関の錠を破壊する。警官たちがなだれ込み、ときには閃光弾を使って中にいる者を混乱に陥れる。そして全員を床に伏せさせ、手錠をはめる。家の外でも警官が待ち構えていて、窓から飛び出してくる者や裏口から駆け出してくる者を取り押さえる。近隣住民が様子を見に出てきて、拍手をしたり、警察に喝采を送ったりする。クラックハウスの全員を警察署に連行して尋問し、住居でも薬物の捜索を行なう。捜索中に新たな買い手が現れて、事態を察して逃走を図ることもあった。

実験は8カ月間続けられた。カンザスシティ警察が無作為に選んで摘発したクラックハウスの数は98軒。同数のクラックハウスを対照群として放置した。シャーマンの研究チームが、それぞれの近隣地域の捜査報告書を比べたところ、強制捜査が即座に犯罪抑止効果を発揮していたことがわかった。強制捜査の2日後には、その近隣地域からの通報件数が、対照群の近隣地域の半分になっていたのである。ところがその効果はたちまち消滅した。2週間後には、強制捜査をした家の近隣地域の犯罪発生率は、無作為に選んだ封筒で「静観」とあった家の近隣地域と、ほとんど変わりがなかった。

強制捜査は犯罪の持続的な減少にはつながらなかったが、こうした実験犯罪学の研究から、別のエビデンスが見つかっている。「ホットスポット（犯罪多発地点）」で取り締まりを強化すると——つまり、最も通報が多い地域にリソースを集中させると——犯罪件数が減少するのだ。[29] ニュージャージー州ジャージーシティでは、最も治安の悪い地域一帯に重点的な取り締まりを実施した。地域の選択は無作為だ。同じく無作為の選択で対照群になった類似条件の地域と比べると、犯罪発生件数は大幅に減少していた。[30] ペンシルベニア州フィラデルフィアの実験では、2、3キロメートル圏内で徒歩によるパトロールを実施している。距離が短いので警官が同じ場所を繰り返し通ることとなり、これが治安の悪い地域の犯罪発生件数を劇的に減らしていた。パトカーで流す従来のアプローチから、ホットスポットを徒歩で回るパトロールに切り替えたことで、1週間に4件の暴力犯罪が回避できていたのである。[31]

こうしたアプローチは、犯罪を単に別の地域へ移動させるだけではないのか。それを確認する方法は、ホットスポット周辺の地域で犯罪が増えたかどうか調べることだ。ジャージーシティの実験でも、フィラデルフィアの実験でも、犯罪者が数ブロックほど活動場所を移動しただけというエビデンスはほぼ見られなかった。ホットスポットでの取り締まり活動は、適切に行なえば、確かに犯罪総数を減らせるのだ。[32] 今ではアメリカの警察の大半がこのアプローチを採用している。ホットスポット警備活動の中で最も効果的な方法を特定する研究も、新たに行なわれている。[33] 最近の発見では、「問題志向型取り締まり活動」——警察がコミュニティリーダーと協力し、犯罪の根となる問題の解消に臨むアプローチ——のほうが、効果的なホットスポット警備活動として、事件発生後の逮捕に主眼を置いた戦略よりも効果的になりうることが指摘されている。[34]

ホットスポットでの取り締まり強化が効果的だと聞いても、おそらく読者は意外に思わないだろう。そもそもフィラデルフィアの一部地域は、他の地域と比べて犯罪件数が10倍だったのだから、「その地域を集中警備」するアプローチで犯罪発生率が下がるのは、直感的に判断しても当然のことと思える。だが、取り締まり活動を高品質な評価で調べると、実は期待したような結果が出ていないことがある。「ネイバーフッド・ウォッチ」という自警団活動を例に挙げよう。不審なことがあれば積極的に通報するよう奨励し、住宅などを巡回し、セキュリティ状況を調べるなどして、地域住民が犯罪予防に関与する取り組みだ。実施側からの実例にもとづく報告では、ほぼ例外なく、活動が犯罪減少に大きく貢献したと書かれている。確かにそれを裏づける評価もあるのだが、ネイバーフッド・ウォッチのプログラムで肯定的な成果を確認しているのは、実のところ低品質な評価だ。RCTをすると、プログラムのインパクトは皆無であることがわかる。実験犯罪学者ローレンス・シャーマンがこう語っている。「文献では一貫して確認されている発見が、政策担当者と市民にはまったく知られていない。最も歴史が長い有名な地域自警団活動、ネイバーフッド・ウォッチは、犯罪予防には効果がないのだ(35)」

＊

本章ではここまでに犯罪の予防と取り締まりに注目した。ここからは処罰について考えてみたい。すでに考察したように、よさそうに思える処罰がすべて実際に効果的とは限らない。第1章で紹介した刑務所見学プログラム「スケアード・ストレート」は、ドキュメンタリー映画としてはアカデミー賞級のよくできた物語だった。しかし厳密な評価で調べると、このプログラムはむしろ犯罪発生率を上昇させていたことが明らかになっている。短期間の刑務所体験が、若者を非行に走りやすい状況に置き、将来的に犯罪を犯す確率を高めていたのである。

犯罪を罰するとなると、たいていの人は刑務所での服役を思い浮かべるだろう。しかし、誤った行ないをした者を社会が罰するにあたり、刑務所に入れるというのは方法の一つにすぎない。ギロチン、さらし首、囚人同士を鎖でつないだ強制労働、自宅軟禁など、処罰のあり方も過去数世紀で多種多様な形式が考案されてきた。

問題は、その罰がその犯罪に見合ったものかどうか、という点だ。たとえば薬物依存患者の犯罪には、ゼロ・トレランス〔何一つ許容せず厳しく対処する方式のこと〕のアプローチが採用されやすい。しかし心理学の研究では、薬物常習者は理屈にならない憤怒の感情を抱きやすく、そのせいで薬物乱用および薬物関連犯罪の低減を目指す合理的な方針に従いづらいことがわかっている。[36] にもかかわらず、20世紀のアメリカではリチャード・ニクソン大統領が薬物との戦争を宣言し、21世紀の中国では薬物依存症患者を更生させる強制収容所が設立されるなど、世界各地の社会が往々にして「薬物には厳しく当たるべし」という方針を選んでいる。

現在、刑務所の中には、薬物使用中に犯した犯罪で服役している受刑者が大勢いる。クラックコカインやメタンフェタミンなど、比較的新しい薬物は、犯罪の引き金になることが多いのだ。禁煙を試みた経験があればわかるだろうが、依存性のある薬物をやめるのは簡単ではない。それなのに従来の司法制度は犯罪を罰するように作られていて、悪習を断つ手助けをするようにはできていない。

1999年のオーストラリアではヘロインが著しく蔓延していた。オピオイド使用は90年代のあいだに4倍に増え、およそ15万人が日常的に摂取するようになっていた。[37] 弟をヘロイン過剰摂取で亡くしたニューサウスウェールズ州首相ボブ・カーは、同州で賛否両論の試みを導入することにした。ドラッグコートだ。薬物常習者に通常の司法制度の外で対処する専門の裁判所を設けるのである。薬物事犯者は定期的に裁判所に出頭して面談を受けながら、1年間にわたる更生プログラムを受ける。プログラムを無事終了すると、多くの場合はきちんとした行動習慣が身につく。[38] 失敗すると一般的には刑務所に収監となる。

これが世界初のドラッグコートではなかったが、当時のオーストラリアでは、まだ急進的すぎる構想だった。[39] 批判を封じるためには効果を立証する強力なエビデンスが必要だと考えて、州政府は実験を行なうことにしたのである。条件に合う薬物事犯者——かかわった犯罪が暴力ではなく、自分の罪を認めている者——のうち、一部をドラッグコートの対象とし、残りを従来の司法プロセスの対象として、無作為に割り当てた。その後、裁判所記録と照合して、翌年以降の再犯率を比較した。

すると、従来の司法制度を経た犯罪者１００人のうち、釈放の翌年に薬物犯罪に手を染めたのは62人だった。[40] ドラッグコートを経た犯罪者の場合、翌年に薬物犯罪を起こしたのは８人だった。従来の制度と同程度のコストで犯罪減少につながるのだから、たとえ薬物常習者の幸せなどどうでもよいと思う市民であっても、この仕組みに賛同せずにはいられない成果だ。どのドラッグコートでもＲＣＴで同様の結論に達した。[41] オーストラリア連邦検察局長官ニコラス・カウドリーは、ドラッグコートの効果に懐疑的だったが、今は強く支持するようになったと認めている。「ニューサウスウェールズ州のドラッグコートは成功している」[42]

現在、ニューサウスウェールズ州のドラッグコートは、まだ司法制度の中の異例な措置という位置づけだ。形式はインフォーマルで、加害者を裁くことではなく、本人が薬物使用習慣を断ち切れるかどうかという点に主眼を置いている。このドラッグコートの対象となった犯罪者には、週に複数回の薬物検査が行なわれる。陽性が出たら1回分の制裁措置がとられる。薬物使用について嘘をついていることが発覚したら３回分の制裁措置がとられる。制裁措置が14回たまったら刑務所に拘禁される。

プログラム参加者に改善が見られたら（仕事に就く、薬物の不使用が続いている、プログラムを満了するなど）、裁判官が率先してさまざまな形で当人を称賛し、法廷に出席する全員が拍手喝采を送る。上席裁判官ロジャー・ダイヴがこの場面について語っている。「あの拍手が本人にとってどれほど励ましになるか、はっきり見てとれる。犯罪に戻ってしまい拍手を受けられない者が意気消沈するのも、目に見えてわかる。彼らにとっては、とても大切なことなのだ[43]」。かつて重度の薬物常習者で売人でもあった一人の男は、ドラッグコートのプログラムを無事終了し、裁判所で拍手を受けたとき、むせび泣いたという。「この俺にチャンスをくれたのは、あんたたちが初めてだ[44]」

ドラッグコートは、エビデンスベースの理念を貫いている。2010年には新たなRCTを実施した。今回は、ドラッグコートのプログラムを受ける犯罪者を週に2度出頭させて裁判官と対面させたほうがよいか、それとも週に1度のほうがよいか確かめるのが目的だ。すると、より厳しく裁判所で状況を判定したほうが、薬物検査で陽性が出る確率が半減することが確認された[45]。

太平洋の反対側では、別の裁判官が類似の課題について考えていた。ハワイ州で短期間ながら連邦検事を務め、その後2001年に裁判官となったスティーブン・アルムだ。彼は就任直後から、ハワイ州における保護観察中の違反行為の処罰について、強い疑問を感じていた。保護観察官は10件から15件ほどの違反行為——薬物検査で陽性となるなど——をほったらかしておいて、その後にいきなり刑務所への収監を進言するのである。司法制度の運用側は、このせいで多くの違反行為が処罰をすりぬけていることに苛立ちを募らせていた。犯罪者にしてみれば、当然ながら、この制度はあまりにも恣意的だ。違反行為を咎められ収監されると、彼らは保護観察官を、裁判官を、そして不公平な制度を恨むのだった。

保護観察中の違反行為に対する場当たり的な法の執行を目にして、アルムは一般の子育てに考えをめぐらせた。子どもにとってルールが明確で、処罰が即座に行なわれるのであれば、気まぐれで予測の立たないルールを押しつけられる場合よりも、素行が悪くなりにくい。「自分がどう育てられてきたか、自分が子どもをどう育てているかに思いを馳せた。ルールが何であるか説明し、悪い行ないがあったら即座にルール通りに対処する。それがよい育児というものだ[46]」

子どもではなく仮出所者への対応として、アルムが考案したのが「ハワイ州機会的強制的保護観察 Hawaii's Opportunity Probation with Enforcement」（HOPE）というプログラムだ。薬物検査で陽性が出たり、保護観察官との面談予約を守らなかったりしたら、可能な限りすみやかに裁判所に出頭させて審問を行なう――通常は72時間以内だ。遵守事項違反があったと裁判官が認めたら、仮出所者はそのまま何日か刑務所に拘禁となる。このアプローチの狙いは、迅速に、確実に、相応の対処をすることだ。それが「育児の基本中の基本」とアルムは表現している。

このプログラムで期待できる結果が出ていたので、外部チームの主導でランダム化評価が行なわれることになった。するとHOPEプログラムに割り当てられた仮出所者は、面談予約をすっぽかすことが少なく、刑務所に入る期間も半分になり、その後1年間の再犯率も半分であることが確認された[47]。

仮出所者本人たちの話からも、このプログラムの好ましさが浮き彫りになる。彼らはHOPEプログラムのほうがよいと感じていた。対象者の圧倒的大多数が、この制度のおかげで薬物と手を切っていられる、家族との関係改善にもつながっていると感じていた。そして対象者の多くが、裁判所を敵ではなく更生の支援者だと見ていた。HOPEプログラム導入初期に、ある研究者が、薬物検査で陽性が出て短期的に刑務所に戻った男に話を聞いている。男はこう語った。「アルム判事は厳しいが、フェアな人だ。自分がどういう立場なのかちゃんとわかる[48]」。このHOPEモデルをベースにしたプログラムが、今では全国30州以上で実施されている[49]。

フェアであること。それがHOPEプログラムの核心である。そう考えれば、RCTがランダムに、すなわち、言ってみれば場当たり的に決定されるものであることは、皮肉と言えるかもしれない。他のRCTがそうであるように、HOPEプログラムの介入群と対照群への割り当ては、完全に偶然で決められる。オーストラリアのドラッグコート実験と同じく、本人には自分が研究対象となるかどうかの選択肢がない。公正な司法の原則では、同じ犯罪に同じ処罰を求めることになっている。しかし実験に加わるとなると、同等の犯罪を犯した者であっても、一部は無作為に選ばれてプログラムを受け、一部は無作為に選ばれて違う処罰を受けるのだ。

これは倫理にかなっていると言えるだろうか。私は、かなっていると信じている。新たな刑事司法プログラムを作ろうとする際は、そのほうがよい結果になると期待するわけだが、だからといって介入群に選ばれるほうが対照群に選ばれるよりもよいことだという確証はない。実際、HOPE実験やドラッグコート実験では確かに介入群によい結果が出ている一方で、スケアード・ストレートやネイバーフッド・ウォッチの実験では、対照群のほうがよい結果となった。

無作為の選抜は倫理的かという問いに対する一つの考え方として、そのプログラムの効果を確信しているかどうか、それ次第だということもできる。[50] ウィスコンシン大学マディソン校の社会学者アダム・ガモランは、プログラムが絶対に奏功するという自信があるならば、RCTを行なうのは確かに非倫理的だと同意した。だが効果の有無に確信がなく、さらにRCTを行なうことが可能であるならば、実施しないことが非倫理的だとガモランは主張する。

犯罪の処罰に対するRCTでは、予想外の結果が出ることが多い。ここまでに見てきたとおり、スケアード・ストレートの実験では、短期的な刑務所体験が若者の犯罪抑止ではなく、むしろ犯罪に走らせやすいことが明らかになった。同様に、軍隊式「ブートキャンプ」で若者を矯正する試みも、必ずしも再犯率が下がるわけではないことがわかっている。ただ単に若者に最大限の辛い思いをさせるのではなく、新たな技能を身につけさせる設計でなければ、その訓練プログラムで再犯率に改善は見られないのである。[51]

＊

最後に、刑務所収監について考えてみたい。アメリカでは現在２００万人以上が刑務所に入っている。入所受刑者人口の急激な上昇はアメリカが最も顕著だが、他の国でも類似の傾向が見られる。過去20年ほどで、イギリスでは暴力犯罪の発生率が大幅に下がったが、受刑者の数は大きく伸びた。オーストラリアも同様で、人口に対する受刑者の比率はオーストラリア史上最高となっている。[52]

大きな刑務所を作れば町の治安が良くなるという意見もあるが、専門家はほぼ例外なく、この見解には反対している。受刑者数増加の主な原因は、もっぱら判決手続きの厳格化であるからだ。たとえばカリフォルニア州には「スリーストライク法」〔前科が2回ある犯罪者は、3回目の犯罪がどんなに軽微でも厳罰となる〕があるが、こうした法律は実のところ、犯罪行為の傾向にはほとんど影響を与えていない。[53]前述のＨＯＰＥプログラム実験の代表的研究者マーク・クレイマンの見解によると、暴力犯罪に従事する人間はたいてい目の前のことだけ考えて生きているので、たとえば懲役年数を最長10年から最長20年に延ばしても、たいした抑止効果はない。ハワイ州でＨＯＰＥプログラムが成功している理由は、処罰が厳しいからではなく、懲罰の見通しがはっきり実感できるからだ。犯罪を抑止したいなら、厳しさよりも確実性に主眼を置かなくてはならないのである。[54]

刑務所は「能力剥奪効果」によって潜在的な犯罪を減らす。あなたが塀の中にいるあいだは私の家のテレビを盗む力がない、という意味だ。しかし、犯罪は若者が軽い気持ちで犯してしまうことが多いので、彼らに長期刑を科しても、本当に市民を脅かす可能性をもった存在を無力化することにはなりにくい。どこの刑務所もいずれ白髪の囚人であふれかえるだけだ。米国科学アカデミー専門家パネルは、エビデンスのレビューにもとづき、「多くの研究は、収監による犯罪数減少効果は小規模であると推定している」という結論を出した[55]。それどころか大量収監はさらなる不利益をもたらしかねない。出所しても合法的な仕事に就けず、家族やコミュニティに溶け込んでやり直すことのできない前科者が増えるだけだからだ。

刑務所の効果を調べるRCTのエビデンスがあれば、こうした問題は解決するに違いない。だが、エビデンスを出すためのRCTをするといっても、それに同意する刑務所があるとは考えにくい。裁判所や、刑務所と連携して仮釈放を決定する委員会は、運次第にならない平等な正義の行使を目的としている。RCTをするとしたら、充分な検出力〔有意な差を特定できること〕のある統計とするために、数千人の受刑者が必要になる。その数千人を偶然以外の何物でもない理由で2グループに分け、まったく異なる司法判断をくださなければならない。不公平だという激しい抗議が生じるのは避けられない。

だから実験できない、と結論づけるのは早計だ。実は1970年に、カリフォルニアの仮釈放委員会が、まさにそうした実験の実施に同意した。釈放を控えた3000人の受刑者を、乱数表を使って2グループに分け、片方では懲役期間を半年短縮し、他方は本来の刑期のままとしたのである。釈放後に再犯の様子を調べたところ、2グループ間に差は見られなかった。つまり半年長く閉じ込めるからといって、再犯率が下がるわけではなかったのだ[56]。

刑務所には4つの目的がある。受刑者を更生させること、彼らがコミュニティに害をもたらす能力を剝奪すること、彼らを見せしめとすることで潜在的な犯罪者を牽制すること、そして社会にかわって報復を実施すること。しかしカリフォルニアの実験例を含め、エビデンスを見る限り、長期の懲役期間はそのうち一つの目的、すなわち報復しか果たしていないことが明らかになるばかりだ。5年の服役は、1年の服役と比べて、社会に与えるコストが5倍になる。しかし、それで5倍の犯罪抑止効果が出ているとは考えにくい。刑務所の存在意義が社会を安全にすることなのだとすれば、煮えくり返るはらわたではなく、冷えた頭で法を作っていくべきではないだろうか。

＊

もしもあなたが犯罪の被害者になったことがあるのなら、私情を挟まぬ見解をもつのがどれほど難しいか知っていることだろう。しかし、激情にかられた対策ではスリーストライク法のような法律を生むこととなりやすい。カリフォルニア州オンタリオで、数カ所の店からビデオテープ１５３ドル相当を盗んだレアンドロ・アンドラードという男は、それで懲役50年を言い渡された[57]。アンドラードはそれ以前に薬物犯罪と押し込み強盗で逮捕されており、ビデオテープの窃盗が3度目のストライクだったのだ。釈放されるときには87歳。この服役によって納税者がかぶるコストは１００万ドルを上回る。

犯罪者を厳しく取り締まるぞ、と聞けば、いいぞどんどんやれ、と言いたくなる。だが実験犯罪学者たちが示しているとおり、そうした私たちの直感的な判断は、コミュニティの治安改善に何が本当に効果的であるか決める際に、さほど参考にならないのだ。予防であれ、取り締まりであれ、処罰であれ、刑務所収監であれ、効果を厳密に評価していかなければならない。そして同じく重要な点として、専門家の一致した見解を公衆にきちんと伝えていかなければならない。アメリカ司法省は２０１１年から、クライムソリューションズ CrimeSolutions.gov というウェブサイトで、ＲＣＴで裏づけられた犯罪対策プログラムや取り組みに高い格付けを与えている。ローレンス・シャーマンをはじめとする実験犯罪学者の努力は徐々に認められつつあるのだ――とはいえ、効果のない犯罪抑止案をすべて塀の向こうに追いやるまで、まだまだ長い時間がかかるだろう。

7 貧しい国での貴重な実験

ナイジェリアの首都アブジャで、ラリアト・アルハッサンという女性が小商いをしていた[1]。順調ではあるが、ビジネスの規模を拡大する方法がわからない。彼女が扱っているのは絵具だ。自家用車のトランクに商品を積んで出張販売をしている。もっとたくさんの注文をさばけるようにするためにはショウルームを開かねばならないが、先に売上が増えないとそのための資金も準備できない。

2011年、アルハッサンは1本のラジオコマーシャルを耳にした。ビジネスアイディアを募るコンテストの案内だ。「今は小さなビジネスでも、ユーウィンに当たれば、たちまちビッグに！　新しい事業と発明を競うコンテストです」。詐欺に決まってる、とアルハッサンは最初は思った。しかし実のところ、これはナイジェリア財務大臣となった女性経済学者、ンゴジ・オコンジョ＝イウェアラが考案した画期的アプローチだったのだ。オコンジョ＝イウェアラが背景を説明している。「わが国には大きな失業問題がありました（…）特に大学を出た若者が職に就けずにいました。彼らは、起業への後押しを待っている状態なのです」。そこでナイジェリア政府はスモールビジネスのアイディアを競うコンテストを立ち上げた。応募された短い事業計画を審査し、選ばれたビジネスに最高1000万ナイラの助成金を出すのだ。米ドルで言えば6万4000ドル相当で、ナイジェリアの一般的な年収10年分に相当する。

このプロジェクトに、ニュージーランド出身の開発経済学者デイヴィッド・マッケンジーがかかわることになった。現在は世界銀行に所属するマッケンジーは、「ユーウィン YouWiN!」と銘打たれたコンテストのインパクトを調べるため、ナイジェリア政府を説得して、最終選考に残った応募者の一部に無作為に助成金を出すことにした。実際に当選した事業計画1200件は、大半がマッケンジーによってランダムに選ばれている。アメリカの経済ニュース専門ポッドキャスト「プラネット・マネー」で紹介されたところによると、こうして選ばれたスモールビジネスの一つが、ラリアト・アルハッサンの絵具販売だった。彼女は助成金を使ってスタッフを雇い、配達トラックを購入し、商品を披露する店舗スペースを借りた。

こんなふうに助成金を活用したのは彼女だけではない。マッケンジーのRCTでは、助成金給付から3年後に、当選者と落選者の様子を比較している。すると助成金を得た事業のほうが、より革新的にビジネスを発展させ、成長スピードも速く、起用したスタッフの数も多かったことがわかった。[2] 雇用に生じたインパクトを、プログラム実施コスト総額で割って計算すると、雇用創出1件につき政府の負担は8500ドル。類似のプログラムよりもはるかに効果的だ。結果をまとめた論文を読んだ著名な開発経済学者が、「これは史上最も効果的な開発プログラムではないか」とコメントしている。[3]

開発経済学ほど、政策に対するRCTの活用が急速に伸びている分野は、ほかにないかもしれない。1990年代には、途上国で実施されたRCTとして国際的に発表される件数は、年間30件に満たなかった。しかし2010年代には、RCTを利用した開発研究が、最低でも年間250件は発表されている。[4] 現在では開発経済学におけるインパクト評価のうち3分の2がランダム化評価を利用している。[5] 世界銀行、ビル&メリンダ・ゲイツ財団、イギリス国際開発省、アメリカ国際開発庁といったさまざまな機関にもRCTが浸透している。イェール大学の開発研究学者ディーン・カーランは、「何万件というRCTが実施されている。

10年前はまったくそんなことはなかった」と指摘した。(6)

RCT活用が広がった一因は、世界の貧困を撲滅していくにあたり、単一の方策では解決できないという認識が生じてきたからだ。かつては開発経済学者の多くが、途上国が国際資本市場から借入できるようにすることが解決策である、と考えていた。その後、問題は人口増加であるという認識が広まり、無料で避妊具を配れば迅速に生活水準が上がるという見解が登場した。さらにその後には債務免除が得策と言われるようになった。債務返済が立ち行かなくなった国家をその負担から解放すれば、短期間のうちに成長が見られるだろうという認識だ。これらのスキームは善意の理想主義者たちが提示したものではあったが、いずれも当初に掲げた約束を果たさなかった。(7)

古代ギリシャの詩人アルキロコスは「狐はたくさんのことを知っているが、ハリネズミはでかいことを一つだけ知っている」と書いた。(8) 地域開発にRCTの活用を試みる人たち、すなわちランダミスタは、キツネである。一方、地域開発のために壮大な計画に臨《グランド・プランナー》む人たちは、ハリネズミである。彼らは一つの要因をつきとめて、その要因のために何百万という人々が毎晩腹を空かせたまま寝床に入っていると考える。しかし開発支援問題にRCTを推奨する側は、複数の可能性を見ている。ハリネズミは「これがうまくいく方法だ」と信じた道を進もうとする。キツネはそうした自信を持たず、そこらじゅうを嗅いで回る。

ランダミスタたちの仕事は実に多岐にわたるので、彼らの歩みを追跡しようとすると、その複雑さに頭を抱えずにはいられない。そこで本章では、開発支援におけるRCTを4つのグループに分類し、いくらかの整理を試みた。第1のグループは、ビジネス活動増進を目的とした実験。第2のグループは、優れた行政手法を特定する実験。第3のグループは健康状態の改善を試みる実験。そして第4のグループは教育水準の向上を目標とした実験である。

＊

ナイジェリアのユーウィン・プログラムの実験で確認したとおり、起業支援では現金へのアクセスが重要な役割を果たす。たとえばスウェーデンに頭の良い若い女性が一人いて、ビジネスになりそうな素晴らしいアイディアを持っているのなら、きっと友人や家族や銀行からお金を借りて起業するだろう。同じように才気あふれる若者であっても、住んでいるのがソマリアだとしたら、おそらくそうした資金源にアクセスできない。とはいえ貧困国で機能するファイナンスシステムを設計するのはたやすい仕事ではない。あなたが過去に誰かにお金を貸して、返してもらえなかった体験をしているなら、銀行にとっての課題を想像できるはずだ――良心的な借り手と不誠実な借り手を見分けるのは至難の業である。

1976年、バングラデシュ在住の大学教授だったムハマド・ユヌスは、貧しい村で竹製家具を作る商いをしていた女性グループに、ポケットマネーから27米ドル相当のお金を貸した。ユヌスの説明によると、女性たちはきちんとローンを返済したうえに、商いをもっと実入りのよいビジネスへと成長させた。そこでユヌスは銀行を設立することにした――2、3ドル程度の少額融資、「マイクロクレジット」を提供する銀行だ。

20年後、マイクロクレジットは開発支援において最も注目されるトレンドの一つとなった。ユヌスが設立したグラミン銀行は数十億ドルを扱う金融機関へと成長した。バングラデシュ首相は、マイクロクレジットのおかげで「世界で最も貧しい人々が、貧困と欠乏のくびきから解き放たれ、もてる可能性を最大限に発揮できる」と語っている。[9] 国際的にも支持が集まり、左派は貧しい女性たちという観点から、右派は自己責任という観点から、マイクロクレジットを支持した。ある書籍はこう絶賛している。「よき社会へと導く伝道師が一つだけ道具を選ぶならば、この地球で最も貧しい女性たちを苦境から解放し独立させることを目標とした運動、すなわちマイクロクレジットの取り組みが、議論の必要もなく選ばれることだろう[10]」
ビル・クリントンはマイクロクレジット・プログラムへの支援を決め、ムハマド・ユヌスをノーベル平和賞に推した。[11] ノーベル委員会は2006年にユヌスに同賞を授与し、「マイクロクレジットを、貧困との闘いにおける最も重要な手段に」発展させた功績をたたえた。アメリカのロックバンドU2のボーカルで、積極的な社会貢献活動で知られるボノは、「男性に魚を与えれば、彼は1日だけ食べられる。女性にマイクロクレジットを与えれば、本人と夫と、子どもたちと、大家族が一生食べられる」と賛辞を送っている。[12]

だが実のところ、マイクロクレジットを絶賛する声の根拠となっていたのは、もっぱら相関関係と因果関係を区別できていない逸話や評価だったのだ。2000年代頃にはボスニア、エチオピア、インド、メキシコ、モロッコ、モンゴリアでマイクロクレジット・プログラムのRCTが始まっている。開発経済学を牽引する研究者らのチームが、この6件の実験をまとめ、マイクロクレジットは世帯収入の増加にインパクトをもたらさないという結論を出した。児童の学校中退を食い止める効果もなかったし、女性のエンパワメントにもなっていなかった。[13] マイクロクレジットのスキームは確かに経済的自由を広げ、人々が商いに多くを投資できるようにしてはいたが、それで商いの利益率が伸びていたわけではなかった。

マイクロクレジットが期待したほどの人生の変化をもたらせなかった理由の一つは、比較的少額の資金を高金利で貸し付けていたことだ。ナイジェリアのユーウィン・プログラムに当選した起業家が、得たお金をできるだけ長持ちさせる努力をする一方で、マイクロクレジットを借りた場合は、ときには元本に加えて100%を超える金利も返済する努力をしなければならない。マイクロクレジット支持派は、かつては暴利をむさぼる悪徳融資業者しか選択肢がなかったことを指摘し、それよりは安いのだから妥当だと主張する。だが、たとえ世界最大手の企業であっても、100%の金利を払いながら黒字を出していくのは不可能に近い。

イェール大学教授ディーン・カーランの表現を借りれば、金の卵を産むガチョウなど、そうたくさんはいないのだ。[14]

マイクロクレジットのめっきが剝がれてくるにつれ、融資よりも貯蓄を助けるほうが利点が大きいのでは、という意見が経済学者から聞かれるようになった。最近発表されたRCT総説論文では、貯蓄推進プログラムで所得と財産が増え、医療と教育にかける支出が増加し、不測の事態にも備えられる傾向が確認されている。[15]ビル・クリントンやノーベル委員会のかつての見解とは反対に、世界で最も貧しい人々が切実に必要としていたのは、クレジットカードよりも銀行口座であるらしい。

小説家のF・スコット・フィッツジェラルドは「金持ちというのは、きみや私とは違う人種だ」と書いた。ヘミングウェイは「ああ、そうだろう、連中はおれたちより金を持ってるからな」と書いた。[16]近年の研究者は、融資や貯蓄よりもさらにシンプルなアプローチを探っている。貧しい人々に現金を渡すのだ。ある研究では、エチオピア、ガーナ、ホンジュラス、インド、パキスタン、ペルーといった地域で、極度に貧しい暮らしをする人々を対象に、資産（通常は家畜）と、所得補助と、銀行口座と、職業訓練をセットにして与えるという試みの効果を調べた。[17]プログラム終了から1年後の時点で効果は歴然としていた。支援パッケージを受け取らなかった世帯を無作為に選んで比較したところ、支援パッケージを受け取った世帯のほうが農業収入が多かった。飢えやストレスに苦しむ傾向は比較的見られず、より熱心に働いていた。コミュニティにおける自己のステイタスを、より高く認識している傾向があった。同様の結果はウガンダのプログラムでも確認されている。こちらは極貧の女性たちに現金を渡すという試みだった。ナイジェリアのユーウィン・プログラムほど大変化をもたらすものではなかったが、それでも期待のできる成果が出ている。

こうした結果を受けて、アメリカでは「ギブ・ダイレクトリー」という慈善団体が設立された。[18]

直接与える《ギブ・ダイレクトリー》という名称のとおり、この団体は一つのシンプルなミッションを掲げている。寄付者のお金を極度の貧困に苦しむ人々の手に届ける、それだけだ。活動の効果を調べるため、まもなくアフリカでRCTを始めることになっている。少なくとも6000人の村人に1日1米ドル相当の現金を渡す実験で、この収入は10年間にわたって保障される。[19] この試みが奏功すると証明されれば、支援に対する私たちの考えはがらりと変わることになるはずだ。

ビジネス支援プログラムの多くは当然ながらお金に主眼を置く。しかしモチベーションの価値も軽視できない。最近行なわれたRCTでは、エチオピア郊外の村人たちに、1時間かけて4本の映像を見せた。[20] どの映像でも、貧しい暮らしをする人物が登場し、勤労と、目標設定と、賢明な判断によって生活水準を改善する様子が描かれる。映像を見る村人たちも極度に貧しく、1日1ドルを稼ぐこともできない暮らしだ。読み書きができず、地域に賄賂などが横行し、病気も蔓延し、道路も整備されていないなど、多数の試練に直面している。

そんな彼らが見た映像の1本では、テイバ・アドベラという女性が登場する。[21] 映像の冒頭は近隣住民が彼女をほめそやすシーンだ。いつも重たい荷物をせっせと運んでいたのよ、妊娠中にも働いていたのよ、と一人が言う。別の一人が、彼女の暮らしはだんだんよくなっていったんだよ、と語る。最後にアドベラ本人が画面に登場する。背の高いエチオピア人女性だ。50キロの小麦粉を背負って市場まで3時間かけて歩いた話をする。「私自身がロバみたいに働いていました」。けれど、そのおかげでロバを買う余裕ができた。今は小麦粉に加えて卵やニワトリも売っている。10分間の映像の最後に彼女の夫が登場し、どれほど妻を誇らしく思っているか語る。「妻は、村の仲間たちのお手本です」

こうしたストーリーを視聴することで、自分も人生を変えようという意欲を抱くだろうか。研究者がその後6カ月にわたって追跡調査をしたところ、たった1時間の啓発映像の視聴で、持続的な変化が生じていたことがわかった。映像を見た村人は、そうでない村人と比べて高い意欲を抱いていた。貯蓄率も高く、子どもを学校に入れている確率も高かった。研究チームは発見のまとめとして、「彼らの反応の範囲と性質には驚かされた」と認めている。しかも、この結果はこの場限りではなかった。大陸の反対側、トーゴ共和国で実施されたＲＣＴでは、企業家に個別でイニシアチブ・トレーニングを行なったところ、受講者が営むビジネスの利益が3割ほど増えたことが確認されている（従来のビジネストレーニングよりも明らかに大きい効果だ[22]）。

*

貧しい国とは、すなわち、国家としてのガバナンスが整っていない国であることが多い。世界で最もインフラ整備状況が悪い国は、コンゴ、チャド、イエメンだ[23]。世界で最も政治が腐敗している国は、ソマリア、南スーダン、北朝鮮だ[24]。世界で最も脆弱な国家と言えば、中央アフリカ共和国、コンゴ、南スーダンだ[25]。こうした開発途上国の政府には予算がなく、きちんと訓練を受けた公務員がいないので、スイスのような効率的な行政が実現しないのは無理からぬことである。しかし、ＲＣＴを通じて、こうした政府が稀少な資源をどう割り当てるべきか、判断の手助けができるかもしれない。

中国では、行政の対応について調べるＲＣＴが行なわれている。たとえば国内２０００県以上を対象とした実験で、県当局のウェブサイトにある意見投稿フォームに、失業に伴い「低保《ディーバオ》」〔最低生活保障制度〕を申請する際の補助を求める旨の書き込みをした[26]。一部の県のサイトには、シンプルで礼儀正しい文章で、当局が低保申請をもっとサポートしてほしいと書き込んだ。別の県ではもう少し踏み込んで、集団行動を起こすという脅し（「市民を助けようという気がないなら、この状況に対してわれわれが団結してどう行動できるか、考えさせてもらう」）や、告げ口をするという脅し（「そちらで解決できないなら、政府高官に報告せねばならない」）を書き加えた。すると脅しを添えた場合は、どちらの文面でも、当局担当者が対処に出る割合が3割ほど増えていた。

脅しが行動改善のきっかけとなるのと同様に、人をお金で釣ろうとすると、それがさらに悪い行動のきっかけになることがある。インドで先日行なわれた実験では、無作為に選んだ若者のグループに、短期間で運転免許をとれたら報奨金を出すと呼びかけた。(27) すると対象となった若者の多くが、報奨金を得るために「エージェント」を雇った。エージェントを通じて運転免許交付の責任者に賄賂を渡すのだ。研究者はそれから時間を置かずに、被験者全員に抜き打ちで運転テストを行なった。充分な運転技術を持たずに免許を取得してしまった者がどれだけいるか調べるのだ。すると、報奨金を提示された被験者において、免許を持っているのに運転ができない割合が、そうでない被験者よりも18％ポイント高かった。

この運転免許実験について知ったとき、私がとっさに感じたのは、「これは非倫理的ではないか」という疑念だった。研究者はインドの都市デリーの路上に、運転がへたくそなのに免許が取れてしまったドライバーを放ったことになるからだ。この研究論文を執筆した経済学者センディル・ムッライナタンに話を聞いたところ、そうした意見は私以外からも寄せられたと認めた。だが、実験の対象になった若者は、その後に全員が無料の運転講習を受けたのだという。「介入群、対照群にかかわらず、全被験者が、実験に加わったことで運転技術が向上した」。ムッライナタンの研究は複数の倫理委員会で賛同を得ている。インドの政治的腐敗を厳密に評価することの意義が理解されているからだ。

運転免許取得の不正が後を絶たないのは、インドにおいて正直なルートで運転免許を取得するというのが、まるでカフカの小説に入り込んだような悪夢のプロセスであるせいだ。エージェントの手助けを得ない場合、一般的には地域の陸運局まで3回も足を運び、8人の担当者と話をしなければならない。袖の下を払わないと、免許証の発行に通常は5時間以上かかる。実験を行なうことが、こうした深刻な問題に光を当てる最善の方法となるのであれば、実態が知られずにいるリスクよりも、RCTを行なうリスクのほうを選ぶべきなのだ。このような倫理的問題については第11章で詳しく考察したい。

政府と連携した開発事業のRCTは、このほかにもさまざまな例がある。メキシコの都市アカユカンの市長ファビオラ・バスケス・サウートは、議会予算では市の道路の半分しか舗装できないと知った。そこで、有権者の怒りを鎮めつつ、同時に道路舗装のインパクトを把握する方法を考えついた。舗装する道路を市が選ぶのではなく、オックスフォード大学およびトロント大学の研究者に無作為に選ばせたのである。このアカユカン実験は異例の産物を生み出した――世界で初めて、公共道路工事が不動産価値に与える真のインパクトを調べる実験となったのだ[28]。舗装された道路に立つ家と、そうでない道路に立つ家を比べると、前者の価値が大幅にあがっていることが確認された。実際のところ、住宅価値の上昇は、道路工事費用とほぼ同等だった。自宅の価値が増したことに反応した家庭が家電を買ったり自動車を買ったりして、多くの商品で在庫切れも生じていた。

ケニアでは、経済学者が国営電力会社と連携し、無作為に選んだ世帯に電気料金の割引を提供した[29]。割引額を数パターンに分けることで、電力が使えることの価値を世帯がどの程度と見ているかを調べたのである。するとメキシコの道路実験とは違って、ケニアの家庭が電力供給に見る価値は、電力供給にかかるコストよりもかなり低いことがわかった。いまだに石油ランプに頼っている家庭に電気を引いてやりたい、と私たちは思ってしまうが、実際のところ僻地においては電力よりも道路、学校、診療所に貴重な開発費を注いだほうが得策かもしれないのだ。

低所得国家の政府と連携した実験の先駆者と言える一人が、カリフォルニア大学サンディエゴ校の経済学教授カルティク・ムラリダハランである。エネルギッシュで、早口で、人間的魅力あふれる人物で、いくつもの政府を説得し、一世代前なら夢でしかなかったような規模のRCTを実施させてきた。インドネシア政府が50億米ドル相当を拠出して教師の給料を2倍にする計画があると聞いたときには、共同研究者とともに政府高官を説得し――世界銀行の協力も得て――無作為に選んだ約2000人の教師を対象に同政策の初期実験を行なうことを同意させている。(30) このときの調査では、給料が2倍になった教師の満足度は高かったものの、生徒の学業成績に目に見えたインパクトはなかったことが確認された。

インドのアーンドラ・プラデーシュ州でも、ムラリダハランが同州政府と連携し、生体認証カードの導入にランダム化の手法を取り入れた。(31) インドは2010年から、国民一人ひとりの指紋と顔写真を登録したスマートカードの発行を進めている。カードは新規に開設された銀行口座とも紐づいている。ムラリダハランらの調査では、このプログラムはまさしく意図した効果を出していることが確認された。カードを受け取った市民は福祉プログラムへのアクセスがしやすく、補助金の受け取りも迅速で、行政側の汚職によって吸い上げられてしまうお金も少なかった。いずれの結果についてもきわめて精度の高い推計が出ている。それもそのはず、実験が網羅する対象はなんと1900万人。国家人口でいえばチリ共和国と同じ規模でRCTが行なわれたのである。

＊

健康障害は、世界の貧困を示す最も具体的な指標と言えるかもしれない。安全な新薬開発のためにRCTを行なうのと同じく、途上国に安全な環境を生み出すため、公共衛生の研究者も昨今では積極的にRCTを行なっている。なかでも以前から重点的に対策が追求されている疫病が、マラリアだ。世界で最も残忍な殺し屋と呼ばれる病気である。感染者の血を吸ったハマダラ蚊の体内に病原菌が寄生し、その蚊に刺された人間がマラリアを発症する。[32] マラリアは2分に1人の子どもの命を奪っている。あなたが本章を読み始めてから、すでに5人がマラリアで死んでいるという意味だ。[33]

蚊は夜間に最も活発になるので、寝るときには蚊帳を吊るというのが簡単にとれる対策だ。難しいのは、その蚊帳を普及させる最善の方法を特定することである。蚊帳を無料で提供すると、受け取った人々は蚊帳に価値を見いださないだろう、という意見もある。ニューヨーク大学経済学部教授ウィリアム・イースタリーは、無料の蚊帳の「多くは闇市場に回ってしまう。その結果、必要とする診療所に蚊帳は届かず、漁網に転用されたり、時に花嫁のヴェールにもなっている」と批判した。[34] そこで2000年から2005年にかけて、世界保健機関（WHO）は蚊帳の無料配布ではなく、蚊帳購入代金の補助を行なうことに集中した。[35] 蚊帳を2、3米ドルで流通させ、代金の一部が地元販売者の手元に残るようにした。

しかし結局のところ、蚊帳普及率を最大化する価格設定という点で、経済理論はたいして役に立っていない。確かに、その商品を最も必要とする人は積極的にお金を払う可能性もあるだろう。商品にお金を払うという行為は、品質を示すシグナルになるので、買った人は積極的に活用するということもあるだろう。その一方で「無料の力」に着目する理論もある。こちらは値段がゼロに近づくと消費が増えると考える。あなた自身の生活でもこれらの説を実感することがあるかもしれない。ビュッフェでついつい食べ過ぎてしまうのは、無料の力にやられている。食事のときにまっさきに一番高いワインを開けているのなら、値段を品質のシグナルとして受け取っている。前述したとおり、理論だけで決定的な答えは導けないのだ。

正解を導き出すためには一連のRCTが必要だ。[36] 無料で蚊帳を配布すれば、ほぼ例外なく全員が1枚を受け取る。蚊帳の値段をゼロから少しずつ上げていくと、たった60セントでも、蚊帳の普及率は3分の2も下がる。研究者が村に足を運んで調査したところ、無料で蚊帳を受け取った人が蚊帳の下で寝ている割合と、補助金付きの価格で買った人が蚊帳の下で寝ている割合は、同等だった。また、最もマラリア罹患リスクの高い人々を守るという点では、無料配布のほうが成果が出ることがわかった。

ＲＣＴの結果が明白になると、ＷＨＯも方針を切り替え、蚊帳の無料配布を選んだ。[37] サブサハラ・アフリカでは、現在では子どもの３人に２人が、殺虫剤処理をした蚊帳の下で寝ている。２０００年の時点では50人に１人だったのだから、大きな違いだ。蚊帳の普及は年間に数十万人の子どもの命を救っている——蚊帳導入の目的を満たす最善の道を、ＲＣＴが示したというわけだ。

開発経済学において、適切な価格設定の問いは重大な問題だ。蚊帳以外のさまざまな介入についても、無料が最善なのかという問いの答えを出すべく、ＲＣＴが活用されている。子どもに飲ませる虫下し剤は無料で配布するのがよいのか。家庭の飲料水に使う殺菌剤は無料で配布するのがよいのか。この２例については、いずれも無料が最善であることが明らかになった。家庭の負担額がゼロになると、普及率は大幅に上昇した。[38]

実のところワクチンに関しては、理想的な負担額はゼロではなくマイナスであるらしい。インドで行なわれた実験では、予防接種と引き換えに３米ドル相当の食糧と金属製の皿を渡す仕組みにすると、子どもに予防接種を受けさせる家庭が多くなることが明らかになった。[39] 予防接種を受ける子どもが増えれば、そうしたお土産を渡すコストを差し引いても、医療機関にとっては子ども一人あたりにかかるコストの削減になる。

だが、ものを渡す取り組みがつねに吉と出るわけではない。ブレイク・マイコスキーというアメリカの起業家は、アルゼンチンを訪れた経験から、途上国にはまともな靴が少ないという問題に行動を起こそうと考えた。マイコスキーは30歳の誕生日までに４社を創業し売却した有能な起業家だ。ブエノスアイレス郊外の村々で見た貧困が彼の心を離れなかった。「世界には貧しい子どもたちがいて、たいてい裸足で暮らしているということは、頭の隅では知っていました。けれどそのとき初めて、靴がないというのはどういうことか、まざまざと理解したのです。靴がなければ、あの子たちの足にまめができ、傷ができ、感染症になってしまうのだ、と」[40]

こうした子どもらに靴を提供するために、マイコスキーは「シューズ・フォー・ベター・トゥモロー（よき明日のための靴）」という企業を立ち上げた。社名はまもなく短縮して「トムス」になった。トムスは一つの約束を掲げている。消費者がトムスの靴を一足買えば、トムスが恵まれない子どもに一足贈るのだ。2006年の創業以来、トムスが寄付した靴は6000万足にのぼる[41]。他の企業もこれに刺激を受けて、ワン・フォー・ワン（一つ買えば一つ寄付）の仕組みを眼鏡、サッカーボール、コンドーム、歯ブラシ、懐中電灯、手術着といった商品に採用した[42]。

6年後、トムスは自社がもたらしたインパクトを知りたいと考え、経済学者にRCTを依頼するという勇気ある決断をした。エルサルバドルのコミュニティ18カ所で無作為に靴を配布して効果を調べたのである。すると、トムスのキャンバス地のローファーは、無駄にはなっていないことが確認された。大半の子どもはおおむね新しい靴を履いていた[43]。しかし子どもの健康状態には特に改善が見られなかった。基本的には、それまで履いていた古い靴を新しいトムスに履き替えているだけなのだ。無料の靴で子どもの自己尊重感が伸びることはなく、むしろ他人への依存心が強まっていた。

衝撃的な発見だ。企業として慈善活動を行なうというのは、トムスにとって付け足しの活動ではなく、それこそが創業理由の価値理念だったのだ。それなのにエルサルバドルで靴を受け取った子どもにとって、無料の靴は健康増進には貢献せず、むしろ依存心の増長につながってしまったらしいことが、RCTで浮き彫りになったのである。トムスはこの評価を否定するのではなく、速やかに行動を起こした。研究主任を務めた経済学者ブルース・ウィデックが、自身のブログにこうつづっている。

トムスは私たちがこれまでかかわってきた中でも、最も鋭敏な組織ではないかと思う。自社の活動について真摯に考え、プログラムの結果をエビデンスベースで求め、結果を最大化するために自分たちの取り組みの本質を見直している。キャンバス地ローファーは一番欲しい靴というわけではない、という子どもらの声に応えて、今はスポーツシューズの寄付も多く行なうようになった（…）依存心を植え付けるという問題への対応として、登校や成績に対する褒美として靴を渡す道を模索している（…）私たちは研究者として、トムスに望ましくない光を当てるであろう結果を隠匿せねばならない、というプレッシャーを一度も感じなかった。契約上、私たちの研究でトムスの社名を伏せるという選択肢もあったのだが、彼らはそれを選ばなかった（…）こうしたトムスの姿勢とは正反対の態度をとる団体は実に多い。信念にもとづく活動にせよ、取り組みの効果を外部の研究者に詳細に調べさせようとしない団体が、どれほど多いことか。そうではないにせよ、取り組みの効果を、寄付を検討する人々にきちんと開示しようとせず、厳密な評価を避けながら、マーケティングの決まり文句と自己満足をくすぐる活動で寄付金を集めている。トムスは違う。逃げ隠れしない彼らの態度と、貧しい人々のためにエビデンスにもとづく活動をしようという志を、私たちは心から称賛している。(44)

トムスのRCTが導き出したのは、究極的には失敗ではなかったようだ。ブレイク・マイコスキーが会社設立時に抱いた目標は、貧しい子どもたちの健康状態を改善することだった。そのために実施していたアプローチの評価を行なったら、効果が出ていなかった。だから彼らは方針転換したのである。すべての慈善活動がトムスと同じ広い心と柔軟な精神を持っているのなら、世界の貧困はきっと少なくなっていくに違いない。

人の命や健康に関するＲＣＴとしては、交通事故死者数を低減する方法に着目した研究もある。自動車事故の恐ろしさをはっきり理解したいなら、それを教えるＷＨＯのウェブページにアクセスしてみるといい。ページを開いたとたん、「交通事故で人が死ぬまで、あと…秒」というキャプションのもと、タイマーのカウントダウンが始まる。[45] 25秒でタイマーがゼロになるたび、死亡者数の合計が一人増え、タイマーがリセットされる。年間で１２５万人が交通事故で命を落としているのだ〔数字は原書執筆時点〕。

世界全体でみると、全大陸の中でアフリカが最も交通事故の死亡率が高い。危険運転の横行が一因だ。ケニアでの移動はだいたいマタツと呼ばれるミニバスを使うのだが、このマタツで命の危険をおぼえる経験をしたという通報は、一般の乗客から3カ月に1回のペースで寄せられている。

ある研究では、危険運転に関する通報を奨励する狙いで、マタツ運営会社数社と連携し車内にステッカーを貼ることにした。「不注意なマタツ運転手に泣き寝入りをしないで！　立ち上がりましょう。声をあげましょう」というスローガンが書いてある。[46] メッセージが伝わらない人がいるといけないので、スローガンだけでなく、切断された脚の写真も添えた。このステッカーを貼ったマタツ１０００台と、貼っていないマタツ１０００台を無作為に選んで比較したところ、ステッカーのおかげで、乗客が危険運転を告発することに対する社会的後押しが醸成されていたことが確認された。ごくシンプルな掲示――コストは事実上ゼロだ――で、交通事故発生率を半減できたと研究者は推定している。ランダミスタが自分たちの功績を宣伝するとしたら、車のバンパーステッカーに「安全シールが命を救うと研究で判明 Study Shows Safety Stickers Save Souls」とでも書くかもしれない。

スピード超過で走るバスと比べれば、野外で排便するのはそれほど危ない行為ではないかもしれないが、実のところ命の危険があるという点では同等だ。世界人口の3分の1はトイレへのアクセスがないため、多くの人が屋外で用を足している。これが付近の湖、川、飲用の井戸を汚染する。そして下痢や寄生虫感染症につながり、幼い子どもならば命にかかわる。

屋外排泄を減らすための戦略は、当初はもっぱらトイレ建設に集中していた。しかし新設したトイレが村人たちに使用されない状況が多いことがすぐに明らかになった。そこで登場したのが「コミュニティ主導型総合衛生管理」（CLTS）という活動だ。この戦略では、まず地元住民とCLTSファシリテーターが「恥ずかしい場所めぐり」をする——村の人々が排便をしている場所はどこなのか、具体的にみなで確認するのである。それからファシリテーターが、屋外に残された糞便がまわりまわって食べ物や飲み物に入ってくる経緯を説明する。村人たちに嫌悪感を抱かせ、（キャンペーンソングの歌詞の表現を借りれば）「うんち《プー》はべんじょ《ルー》で」するべきだと納得させることが、このプロジェクトの狙いだ。

インド、インドネシア、マリ共和国、タンザニアの400以上の村を網羅してRCTを行なったところ、こうした衛生教育で野外排泄をする割合が低下し、自宅にトイレを設置した世帯の割合が上昇したことが確認された[47]。驚いたことに、介入を受けた村の子どもは、そうでない子どもと比べて背が高くなっていた。糞便が媒介する病気で成長が阻害される影響を回避できていたからだ。4カ国すべての実験で同様の結果が得られているため、このプログラムは他の国々でも有効だとかなり自信をもって言うことができる。

*

ビジネス、行政、健康に続いて、次は低所得国家における学校教育の形成にRCTがどう寄与するか見ていきたい。よい教育を受けた子どもは大人になって多く稼ぐ。だが、子どもに家事をさせるため親が学校をやめさせる傾向をどう回避すればよいか、その点が積年の課題だ。親が子どもを通学させ続けたくなるような、優れたインセンティブを政府が作るには、どうしたらいいだろうか。

説得力のある答えの一つが、1997年にメキシコで実施されたRCTから導かれている。当時の大統領エルネスト・セディージョ下の政権は、貧困世帯に対する助成金の給付方法を変更することにした。食料やエネルギーの代金を安くするのではなく、貧困世帯に現金を渡す試みを実験してみることにしたのだ。給付の条件は、子どもに病院で定期健診を受けさせること、そして学校に通わせること。このプログラム――当時は「プログレサ」という名称だった――が、メキシコの村500カ所に導入された。ただし単なる一斉導入ではなく、元経済学教授でメキシコ財務省副大臣を務めていたサンチャゴ・レヴィの考案で、短期間ながら実に的確なRCTが行なわれている[48]。1998年5月の時点ではあえて半分の村だけにプログレサを開始し、残りの半分には1999年12月に開始することにしたのだ[49]。これにより、1年半という短期間だけのRCTが成立し、2グループを比較することが可能となった。

子どもたちに生じたインパクトは絶大だった。プログレサが導入された村では、中学生の就学率が15％高かった。幼稚園児が病気にかかる割合は12％低かった。幼児が発育阻害となる割合も小さかった。さらに、プログレサが導入された村のほうが、家族が健康的な食事をして、しかるべきタイミングできちんと病院に行っていた。2000年に政権交代が起きると、プログレサはメキシコ初の本格的な社会福祉制度として、政権を超えても存続することとなった。ビセンテ・フォックス新大統領はプログラムを「オポルトニダデス」に改名したが、その後に運用規模の拡大を推進した。現在、このプログラムは「プロスペラ」という名で知られている。同様のプログラム――「条件付き現金給付」と言われる――は、現在60カ国以上に導入されている[50]。

開発途上国の政府と、支援団体にとって、プログレサは条件付き現金給付が効果的であるというエビデンスになっただけでなく、RCTは迅速かつシンプルに実行できるという証明でもあった。メキシコ政府の立場から言えば、プログレサをすべての村に同時に導入することなど不可能だったので、導入をランダムにばらけさせて効果を調べるのは好都合というわけだった。

その他のRCTでも、サンプルサイズという点では大胆とは言えないものの、実験など不可能だと思われていた物事を試したという点で、実に野心的な取り組みが行なわれたことがある。たとえばアフガニスタンで近頃行なわれた実験では、教育についての一つの問いと対峙した——村の学校を作ったらどうだろうか。それまでの一般的な通念としては、低品質とならざるをえない村の学校で学ぶよりも、複数の村の生徒をまとめて受け入れる高品質な地域学校で学んだほうが、子どもはよい教育を受けると考えられていた。

だが、それを調べるために無作為で村に学校を建てたり建てなかったりするのは、はたして倫理的と言えるだろうか。この研究を実施したチームは、アフガニスタン北西部に拠点を置く慈善団体と連携することにした。その団体はもともと2年をかけて31カ所に学校を開く計画があった[51]。すべてを同じ年に開校するのは不可能だとわかっていたので、無作為に選んだ半分の学校を初年度に、残りの半分の学校を次年度からスタートすることに同意したのである。

実験開始の時点で、村の学校へのアクセスがある生徒はゼロだ。そして2年後には、実験対象となった村の子ども全員に学校へのアクセスがある。効果を調べるのは2年後ではない。1年経った時点で、最初に導入した村が介入群になり、次に導入する村が対照群になるからだ。最終的には調査地域の子ども全員が村の学校へのアクセスを得るので、倫理的な課題は解消されている。RCTを実施したせいで導入に遅れが出るということにもなっていない。

現実問題として、地域学校のほうが、村に建てられる学校よりも人材が充実していた。村の学校はたった一人の教師で運営することが多く、その教師自身も高校を出ていないことが少なくないのだが、地域学校には正規の訓練を受けた複数の教師がいる。ただし、地域学校に通うためには、生徒は片道平均5キロを歩いていかなければならない。

実験結果は予想外のものだった。村の学校のほうが高い学業成績が出ていることが確認されたのである。出席率が大幅に高いというのが主たる理由だった。女子生徒では特に顕著で、村に学校ができると、学校に通う比率が52%ポイントも高くなっていた。ある村の年長者が語っている。「距離が遠くてね。だから女の子の登校には、家族の中で誰か一人か二人、付き添ってやらなきゃならない（…）下校にも付き添うことになる。学校へ行かせないのはそれが大きな理由なんだよ」。出席率にこれほど大きな差が出たことで、成績にも大幅なプラスの影響がおよんだと考えられる。村の学校へのアクセスができたおかげで、生徒たちの成績は地域学校と比べて、なんと1学年分に相当するほど高かった[52]。映画監督のウディ・アレンがかつて言ったように、「人生の8割は、その場にいるかどうかで決まる」のである。このアフガニスタンでのRCTで、村の学校に関する通念が間違っていたことが証明された。

教育において最もタブー視されやすい分野、性教育の指導方法においても、RCTが活用されている。生徒には避妊方法を教えたほうがいいのか、それとも性行為はすべからく慎むべしと教えたほうがいいのか、アフリカではこれは特に身近な問題だ。この国では2000万人がHIV陽性で、さらに毎日4000人以上が新たにHIVに感染している[53]。

2009年、アフリカのカメルーン共和国を訪れたローマ教皇ベネディクト16世は、HIV／AIDSという悲劇は「コンドームの配布では克服できない、むしろコンドームが感染を広げている」と発言した。対策として、教皇が避妊具のかわりに提唱したのは「性の問題ではなく人間の問題とすること、精神的な目覚めによって行動を改めること」だった。[54] この発言に対して、数日後には国連およびフランスとドイツから非難の声があがった。医学誌『ランセット』の論説は、ローマ教皇の発言を「悪質、そして著しく不正確」と断じ、撤回を要求している。[55] しかし、多くのアフリカ人にとって、カトリックで世界の頂点に立つ教皇の発言は、アフリカの学校が教える性教育となんら変わりがなかった。ケニアでは「ニメチル Nimechill」というキャンペーン（アメリカ政府が一部後援している）が、指を2本立てたピースサインをシンボルとして、結婚までは性交渉をもちたくないという意思表示を若者に推奨しているからだ。不特定多数と性交渉をしがちな若者には、禁欲を促す「チルクラブ」に加入を勧めるか、もしくは「性欲は閉じ込める」誓いを立てるよう促す。学校で使われる公式な性教育の教科書でも、「性交渉はしない」「結婚前の性行為にはNOと言おう」と告げている。

それで効果は出ているのだろうか。ローマ教皇のカメルーン訪問から6年後、ケニアの禁欲キャンペーンに対するRCTの結果が発表されている。ABCDキャンペーン——慎む（Abstain）、貞操を守る（Be faithful）、コンドームを使う（use a Condom）、さもなければ死ぬ（or you Die）——と銘打った禁欲キャンペーンは、実のところ、妊娠率に何のインパクトももたらしていなかった。[56] 10代のうちにこの教育を受けた少女は、5年後の時点で、3割ほどに妊娠経験があった。性教育をしなかった対照群の学校とまったく同じ割合だ。ケニアの禁欲キャンペーンは、第3章で見たアメリカの禁欲プログラムと同じく、効果がなかったのである。

「ノーセックス」を求める単純なメッセージに、ケニアの少年少女たちは反応しなかったらしい。しかし、より細かい機微に踏み込んで情報を伝えるキャンペーンは、行動の方向付けに成功している。ケニア西部では、生徒に、大人の男と交際することのリスクを教えるビデオを見せた。いわゆる「シュガーダディ」と呼ばれる年配男性のことだ[57]。教師はビデオを見せ、それから黒板に、男性のＨＩＶ罹患率を年齢層ごとに書き出す。10代の少年なら４％だが、30代の男性では32％だ[58]。つまり同年代の少年と比べて、シュガーダディからＨＩＶを伝染される可能性は８倍なのですよ、と少女たちに説明する。無作為に選ばれた学校で、シュガーダディと交際する甘くない現実について教えたところ、少女が10代のうちに母となる割合が３割ほど低くなっていた。コンドームを使用する割合は高くなっていた。ベネディクト16世のあとを継いだ現ローマ教皇フランシスコは、コンドームではなくシュガーダディへ、非難の矛先を変えたほうが得策ではないだろうか。

＊

「どんな問題であろうと、あなたの考えが、他人から見て予想のつくものであるとすれば」と、エステル・デュフロは言う。「その考えは間違っている可能性が高いでしょう[59]」

デュフロは幼い頃から、世界の苦境を何とかしたいという思いを抱いていた。パリで育った彼女は、１９８０年代にテレビでエチオピア大飢饉に関する報道を見ていたときのことを、今もよく憶えているという。デュフロの母ヴィオレーヌは小児科医で、毎年アフリカに足を運び、帰国しては治療した戦争犠牲者の子どもらの写真を見せていた。

デュフロは当初パリのエリート校、パリ高等師範学校で歴史学を学んでいた。だが、モスクワに１年間滞在し、ロシア政府の経済顧問となった経済学者ジェフリー・サックスのサポートを務めた経験が、彼女のターニングポイントとなった。「二つの世界それぞれの良い点を生かせばいいのだ、と経済学者として即座に理解しました。自分の原則は損なわず、なおかつ自分の考えをはっきりと主張して、ここにいることができる。もし追い払われたなら自分の研究に戻る――それでいいのだ、とわかりました。その仕事には意味があり、問題に迫るものであり、そしてもしかしたら何かを変えていけるものなのだ、と」[60]

デュフロが経済学者として頭角を現すまで長くはかからなかった。29歳でテニュア〔大学の終身地位保障〕を取得し、ジョン・ベイツ・クラーク賞（この受賞者がノーベル賞を受賞することが多い）や、マッカーサー基金の天才賞と言われる奨学金も取得した。経済学者アビジット・バナジーとともに、マサチューセッツ工科大学でアブドゥル・ラティフ・ジャミール貧困アクション研究所、通称J-PALを設立している。彼女がこれまでに指揮してきたRCTは数百件にのぼる。本章で取り上げた途上国における職業訓練、マイクロクレジット、マラリア対策の蚊帳の購入補助金、ワクチンのインセンティブに関する実験も含まれている。

デュフロの趣味はロッククライミングだ。大胆さ、粘り強さ、そして柔軟性が報われるスポーツである。そう考えれば、物事に対して一般人が単純に考える〝最善の登頂ルート〟を彼女が却下する傾向にあるのも、なんら不思議ではないのかもしれない。デュフロは多様な戦略を考案し、それを実験していく道を好む。「善意の人が現れて、教育や、女性の役割や、地方政府を変えるための何らかのことをしたいと言ってきたら、私は彼らが実験できるさまざまな選択肢を示します」[61]。彼女自身も認めるとおり、政策の失敗は当然起きる。しかし、それは貧困層を騙そうとする巨大な陰謀《グランド・コンスピラシー》があるからではなく、総じて人間というものが複雑であるせいなのだ。

デュフロは自身の母と同じく毎年かなりの日数を開発途上国で過ごす――インド、ケニア、ルワンダ、インドネシアといった国々で研究の協力者と連携し、J-PALが行なう実験をじかに調べる。貧困撲滅プログラムの効果が確認されることもある一方で、欠陥が浮き彫りになる場合もあることを彼女は知っている。「私が持つ大きな強みの一つは、当初から多くの見解を持たないことです。私にあるのは一つの意見、すなわち、物事はしっかりと評価すべきだという強固な意見です。ですから結果に失望しません。結果を見て気に入らなかったということは一度もありません」[62]

このエステル・デュフロのようなランダミスタたちが、ビジネス、行政、健康、教育といった領域で、アフリカやラテンアメリカやアジア太平洋地域のスラムや村々における貧困撲滅の一助になるような答えを導き出している。ＲＣＴで導かれる答えは、先行する壮大な理論《グランド・セオリー》のようなきれいなものには決してならない。それが私たちが生きる世界の現実だ。

だが完全なるカオスというわけではない。生物学者や物理学者が個々の実験の結果を積み上げ、より大きなシステムの働きを示したモデルを築き上げていくように、ランダミスタは複数の実験を組み合わせて、政策立案に役立つ情報を追究する。Ｊ－ＰＡＬもＲＣＴの遂行だけでなく、エビデンスの統合を行なっている。学校教育においては、開発途上国における学業成績向上を狙いとして設計された数十種類のプログラムの比較分析をしている。[63]地域の教育委員会の権限を強める、教師がきちんと出勤し授業をするよう促す（ある例では、毎日の授業を写真撮影させるという形で）、学業到達レベルで生徒を追跡調査するといったプログラムには、高い格付けをつけた。無料でノートパソコンを配る、少人数教育を行なう、フリップチャートを導入する〔イラストなどの描かれた大きな紙をめくって見せながら、教師が授業を行なう。教科書が高価で入手しにくい地域では、教室にフリップチャートを導入することが成績向上につながると考えられた〕といったプログラムは低い格付けだ。

イェール大学で設立された非政府組織「貧困対策イノベーション」、通称ＩＰＡも、ＭＩＴが設立したＪ－ＰＡＬと同様の役割を担い、ＲＣＴの実施と、意思決定者のために結果を要約する作業を行なっている。最近発表された研究では、ファイナンシャル・インクルージョン（金融包摂）を高める方法を検証している。[64]たとえば、月１回のテキストメッセージで貯金目標をリマインドする手法は、貯蓄額の増加に結びつく。ＡＴＭで使うキャッシュカードを女性に与えても、女性たちの貯蓄行動にインパクトはない。天候保険は農業従事者の生産性を高める。マイクロクレジットはスモールビジネスの増加にはつながらない。

こうした採点式アプローチ自体に批判がないわけではない。開発途上地域の各地で行なわれた研究を統合してしまうことで、重要な地域的差異を見逃しかねないという問題もある。私はたった今、教育におけるJ－PALの発見と、金融知識に関するIPAの発見を要約したが、これらがガーナ、ペルー、インドネシアといった異なる国々で実施された実験であることをあえて読者に伝えなかった。ガーナとペルーとインドネシアでは貧困レベル、人種的混合の状況、識字レベルなど、さまざまな条件が大きく異なる。実際のところ、同じ実験を異なる地域で行なうと、かなりのバラつきが生じるのが一般的だ。(65)

さらに別の課題として、一見似たような介入であっても、設計もしくは実施の段階で差異があった、とわかる場合もある。テキストメッセージで貯蓄の重要性を思い出させる取り組みは、特定の言い方だけが有効なのかもしれない。教育委員会の自由裁量を拡大する試みは、学校予算の検討ではなく、教師をクビにすることに結びつくかもしれない。

カリフォルニア大学サンディエゴ校の経済学者カルティク・ムラリダハランは、開発途上国におけるRCTの一般化可能性に潜む問題点を説明するにあたり、教科書の例を挙げている。(66)生徒たちが1冊の教科書をシェアしているのを見れば、多くの支援団体が当然の結論に結びつく。教科書を与えれば、生徒の成績は伸びるに違いない、と。

これを検証する4種類の実験が、無作為に選んだ学校の生徒に教科書を与えた。するといずれの場合も、教科書を与えなかった学校の生徒と比べて、成績の向上は見られなかった。しかしムラリダハランの指摘によれば、この4種類の研究を詳細に検証すると、教科書配布が奏功しなかった理由が4種類それぞれに浮かび上がってくるのだ。シエラレオネの場合は、教科書は学校に届いたが、配布されずに倉庫にしまいこまれていた。(67)インドでは、無料で教科書が配布されたことに反応して、親が教育費を削っていた。(68)タンザニアでは、教師にとって、授業で教科書を使用する動機がなかった。[69] ケニアでは、教科書は成績のよい5分の1の生徒の役には立っていたが、残りの生徒はそもそも教科書を読む力がなかった。[70]

こうしたことを知ったうえで、「無料の教科書で生徒を助けられるか」と問われたならば、いったいどう答えればいいのだろう。「助けられない」と答えるだけかもしれない。もしくは、「たぶん助けられる——教科書を倉庫にしまわず、保護者が学費を削らず、教師が教科書を使用し、生徒が文字を読めるならば」と返答するだろうか。この例は、有望に見えるプログラムでも、さまざまな失敗の道筋があることを示している。さらに、RCTから、より深い知見を掘り出す必要性を、あらためて強調するものでもある。プリンストン大学の経済学者アンガス・ディートンが言うように、最善の実験とは単にプログラムを調べるだけでなく、「他の状況に一般化可能な仮説」が見つかる実験のことなのだ。[71]

一部の地域で得られた発見を別の地域に適用することが困難なのは、RCTに限ったことではない。統計調査に限ったことでもない。私たちはこの世界で人類に関する物事を一般化して語るたび、人とプログラムは違う、と思い出さなければならないのだ。アフリカ系の人々に効いた医薬品は、ヨーロッパ系の人々にはさほど効果的ではないかもしれない。マダガスカルで有効な消火活動の戦略は、マリ共和国では使えないかもしれない。

再現性の問題については本書の第11章で考察する。だが、一つのエビデンスを使わないことにしたとき、だからといって、もっと優れた他のエビデンスがあるとは限らない点については、ぜひ指摘しておくべきだろう。コメディアンのスティーヴン・コルベアは、ジョージ・W・ブッシュ大統領について、こんな皮肉を言っている。「われわれは事実の国の住民じゃないからね。直感でまっしぐらだよ」。そもそも就任する理由がなかったポジションにいる人間を、そのポジションから落とす理由が見つかるはずもない。

ＲＣＴは完璧ではないかもしれない。だがＲＣＴを利用しない道を選んだとき、その先にあるのは、もっと優れた他の何かにもとづいた政策ではない。ある研究者二人組いわく「見解と、偏見と、逸話と、薄弱なデータ」をベースに政策が作られるだけだ。[72] 詩人のＷ・Ｈ・オーデンはかつてこう言った。「われわれは多くは知らないかもしれないが、いくつかのことは知っている。考えを改める意欲をつねに持ちつつも、自分が知っていることに照らして、可能な限り最善の行動を起こしていかなければならないのだ」[73]

8　農場《ファーム》と企業《ファーム》とフェイスブック

イギリスの科学者、ジョン・ベネット・ローズは悩んでいた。彼は骨粉やリン酸塩鉱物を硫酸で処理して作る「過燐酸肥料」と呼ばれる商品を開発し、１８４２年に特許を取得した。工場も建設し、この新しい人工肥料を製造する準備も整った。ところが「J・B・ローズ特許肥やし」という名前で売り出そうとしたところ、農民たちは、動物の糞でしっかり育っている作物のためにわざわざお金を出して肥料を買う理由がわからないと言うのだった。顧客となるべき人々を説得するため、ローズは実験を行なうことにした。ロンドンの北、ハートフォードシャー州でローズ家が代々受け継いできた土地を20区画に分け、肥料を使わない区画、ニワトリと牛の糞尿を撒く区画、硫酸アンモニウムを撒く区画に無作為に割り振ったのである。[1] そして各区画に冬コムギの種を播いた。毎年小麦を収穫し、それぞれの生産高を記録した。

目に見える差が生じるまでさほど時間はかからなかった。２年ほどで「実験区画は、あたかも異なる肥料ではなく、異なる品種を試しているのではないかと思うほどの光景になった」とローズは述べている。[2] ローズの肥料はたちまち売れ始め、彼が１９００年にこの世を去った時点では、土地の値段が56万５０００ポンド（現在で言えば５５００万ポンド）相当に上がっていたほどだった。以来、リン酸塩をベースとする肥料の世界的生産高は、年間10万トン前後から４０００万トン以上にまで伸びた。[3] ハートフォードシャーの農園は本格的な試験場となり、世界を代表する実験科学者たちが集まるようになった。本書前半で紹介したロナルド・フィッシャーもその一人だ。ローズが始めた実験は今も続けられ、世界最長で継続中の生態影響試験となっている。

洋の東西を問わず、RCTは農業の成功に欠かせない役割を果たしている。オーストラリアでは1890年に麦作の大半がさび病で壊滅的な打撃を受け、小麦を輸入せざるをえなくなったことがあった。このとき事態に対応したのが、数学者から農学者へ転身したウィリアム・ファラーだ。ファラーは実験を通じてさび耐性のある麦の品種を発見した。ファラーの「ハンカチくらいの畑」を冷笑する声もあった。[4] しかし数百種類の組み合わせで品種改良を試した結果、ファラーは評判や見た目ではなく純粋に生産高に重きを置いた新しい麦、「フェデレーション」を作り出している。

こうした農業試験は、しばしば「フィールド実験（圃場試験、現地試験、実地実験）」と呼ばれる。社会科学におけるRCTを指して、フィールド実験と言うこともある。現代の農業圃場試験では空間分析モデルを用いて区画を分ける。[5] 医療や開発支援と同じく、農業においても、重要なRCTは1カ国ではなく、複数の国にまたがって実施される。遺伝子組み換え作物、農業に対する気候変動のインパクト、そして干ばつ耐性に対する理解は、大半がこうした実験に支えられている。

＊

ゲイリー・ラブマンは30代後半のときに、アカデミックからギャンブルへの転身を決意した。ハーバード大学の経済学助教だった彼は、カジノ運営会社ハラーズ・エンターテインメントの最高執行責任者（COO）のポジションを提示され、これを受けることにしたのである。ハラーズ最高経営責任者（CEO）は退任の準備をしており、その座をラブマンに引き継がせたいと考えていた。元学者がカジノ経営者になるなどと想像する者はほとんどいなかったし、ラブマン自身、一般的なカジノ経営者になるつもりは毛頭なかった。彼が関心を惹かれた要素の一つは、賭けビジネスはデータが膨大に集まってくるという点だ。しかしカジノという産業はもっぱら直感に頼って回っている。「勘を制度化していることが、この業界の問題の多くを生み出している。私はそう感じた[6]」

ラブマンは可能な限り多くの問題にRCTを行なうことにした[7]。州外からの客に足繁く来店させるにはどうしたらいいか。答えを出すために、無作為に選んだグループにカジノホテルの料金割引を提供し、そうでないグループとの反応を比較する。大金をかけて遊ぶ客の機嫌をよくしておくためにはどうしたらいいか。無料の食事、無料の宿泊、会場への限定的なアクセス、無料のチップといったインセンティブの効果を無作為に比べてみる。ウェイターが押しつけがましくならずに多くのドリンクを売るにはどうしたらいいか。カジノスタッフに払うボーナスの額に無作為で変化をつけてみる。ビギナーズラックに恵まれなかった客が背を向けるのをどうすれば止められるか。残念賞の種類をRCTで調べてみる（ギャンブル依存症患者を狙い撃ちにするようなことはしていない、とラブマンは強調している[8]）。

次々と実験をするのは大変ではないのかと問われたとき、ラブマンはこう答えている。「正直なところ、私が唯一驚いているのは、思っていたより簡単という点だ。学問の世界にいた頃は、取り組むべき充実したデータセットを見つけることが非常に難しかった。今はビジネスにおける事実上すべてのことを測定しているが、それが本当に容易に行なえるので、衝撃を受けているくらいだ。やらない人が多いことをいささか不思議に思っているよ[9]」。ラブマンの説明によると、ハラーズには戒めるべき3つの大罪がある。「女性にハラスメントをしてはいけない、ものやお金を盗んではいけない、そして対照群のない調査をしてはいけない。

これを破ればハラーズでは失職の可能性がある。対照群は必ず必要だ[10]」

ラブマンのようなビジネス・ランダミスタは増えている[11]。1994年、クレジットカード会社キャピタル・ワンを設立したナイジェル・モリスとリッチ・フェアバンクもそうだった。彼らは徹底した実験主義を旨としていた。クレジットカード勧誘の手紙は白い封筒で送るべきか、青い封筒で送るべきか迷ったときは、それぞれ5万通ずつ発送し、どちらの反応率が高いか見極めた[12]。ウェブサイトを変更したほうがよいか迷ったときは、2バージョンを作って、アクセスした者を無作為に誘導し効果を比較した。

キャピタル・ワン最大のイノベーションは、大手金融会社として初めて、顧客に他のクレジットカードからの無料の残高移動を認めたことだ。これが最終的には大きな成功となったのだが、モリスとフェアバンクは、会社に成否の見えない賭けをさせたわけではなかった。無作為に選んだ少数の顧客に、無料の残高移行サービスを提供し、そうでない顧客の行動と比較したのである[13]。現在のキャピタル・ワンはアメリカで8番目に大きな銀行持株会社だ。共同創立者であるフェアバンクは、キャピタル・ワンのことを「科学研究所」と表現している。この「研究所」では、「商品設計、マーケティング、宣伝媒体、与信枠、顧客選定、債権回収方針、クロス・セリングの判断に至るまで、あらゆる判断が、多数の実験を使用した系統的試験の対象となる[14]」

アメリカ最大のデパート・チェーンの一つ、コールズ Kohl's も、営業時間に関する役員会の意見の分裂をRCTで解決したことがある[15]。同社は2013年に、コスト削減の目的で、営業開始時間を1時間繰り下げることを検討していた。一部の幹部はその案を支持したが、別の幹部からは、売上減少がコスト削減を上回るという予想が出た。そこで国内で展開する店舗のうち100店で実験したところ、売上がわずかに落ち込み、コストは大きく削減されるという結果が出た。この厳密なエビデンスに勇気づけられ、コールズは10

00店以上で営業開始時間を遅らせる決断をした。

出会い系サイト「オーケーキューピッド」も2014年1月15日に、サイトユーザーを対象として、抜き打ちの実験をしている。その日を「「恋は盲目」の日」と宣言して、顔写真をすべて非公開にしたのだ。するとユーザーの4分の3が即座にサイトを離れた。しかしその後、運営側は別のことに気づいた。利用を続けているユーザーは、ほかのユーザーからのメッセージに反応することが多く、会話も深くなり、連絡先の交換も増えていたのだ。人種や外見でふるいにかけることはなくなっていた。オーケーキューピッド運営会社の共同創業者クリスチャン・ラダーの言葉を借りれば、「端的に言えば、オーケーキューピッドは前よりもうまく機能していた」のである。(16)

非公開から7時間後、オーケーキューピッドは写真を公開に戻した。すると、それまで交わされていた深い会話は途端に消滅した。「良い状態は終わってしまった。単に消えたよりも悪かった。まるで深夜に輝く明かりをともしてしまったようだった」とラダーは表現している。(17)

オーケーキューピッドの運営側は、ラダーいわく「個人が会話するなどの場面よりも深く、より多彩な、人と人との交流のデータセット」の分析が可能だ。(18)実験を行なうこともできる。ただし「「恋は盲目」の日」はRCTではなかった。そのため、別の週の同時間帯におけるユーザーパターンと比較して、写真非公開のユーザーパターンを評価せねばならなかった。

ランダム化で行なった実験もある。ラダーは、「人間を知る実験」と題したブログ投稿で、相性スコアの影響を試した方法を説明している。(19)相性の悪い二人（マッチング率30％）に、その事実を告げた場合、二人が会話のやりとりを始める確率は1・4％だ。だが、あなたたちは素晴らしい相性です、とサイトが告げたらどうなるか（マッチング率90％だと提示する）。この場合に二人が会話を始める確率は2・9％だった。2倍以上だ。RCTの結果から、「相性に対する神話が、真実と同じくらいの威力を持つ」ことが明らかになったのである。[20]

ビジネスを知るための実験に後ろ向きな企業も存在する。経営陣が役所主義的体質に縛られていたり、自分たちに答えられない問題が出てくるのを恐れたりするためだ（答えられない問題は必ず存在するというのに）。[21]

それでも、RCTを活用する業界は多い。ビジネスにおけるRCTは、たいてい「A／Bテスト」と呼ばれ、オンラインオークションのイーベイ、会計ソフトウェアのインテュイット、健康保険会社のヒュマナ、自動車のクライスラー、航空会社のユナイテッド航空、配車サービスのウーバーやリフトといった企業では、事業運営の必須要素となっている。

送金サービス会社ウェスタンユニオンも、RCTを利用して、顧客に課金する固定手数料と外国為替取引手数料の組み合わせを検討している。Q&Aサイト「クオーラ」は、スタッフの10分の1を投じてRCTを行なっており、常時30種類ほどの実験を進行している。[22] あるウェブサイトの記事では、こうしたA／Bテストの普及について考察し、「グーグルのトップページやアマゾンの決済画面はそれぞれ一つのページだと思っているかもしれないが、正確に言えば、それはあなたが見たほうのグーグルのトップページ、あなたがアクセスしたほうのアマゾンの決済画面だ」と書いた。[23] 別の記事では「［アマゾンの］トップページのピクセル一つひとつは、別のレイアウトを何度もテストした上で選ばれている」と指摘している。[24] アメリカの大手レストラン、小売業者、金融機関のうち、少なくとも3割はRCTを導入している。[25]

ただし、これらの実験が計画通りに行くかというと、必ずしもそうとは限らない。

＊

２０００年、アマゾンを利用していたITに強い消費者が、ある奇妙なことに気づいた。映画の値段が変動しているのだ。たとえば『メン・イン・ブラック』のDVDの価格を見ると、23・９７ドルとなっている。ところがcookie（ハードディスク上に残される小さなファイル。ウェブサイト側がそのパソコンユーザーの閲覧履歴を追えるようにする）を削除して、ふたたびアマゾンのサイトに戻ると、同じDVDが27・９７ドルになっていることがあるのだ。金額差の出現はランダムだった——これは、価格に対する客の反応を見ようと、アマゾンが行なっていた実験の一部だったのだ。

アマゾンにとっては、価格反応を把握するためにある程度は実験を続ける必要があったのだろうが、あいにくと実験は短命に終わった。ランダムな価格変動をアマゾン・ユーザーがどう感じるか、ニュースが出た途端に思い知らされることになったからだ。アマゾン・ユーザーたちは「発想がおかしい」「ビジネスモデルとして間違ってる」と批判した。討論フォーラムには、「もう絶対にここじゃ何も買わない」という意見も書き込まれている。[26] ロサンゼルスで役者の仕事をしているジョン・ザイアクという人物は、取材に応えて、裏切られた思いだと語った。「ある会社を信頼していたら、こんな真似をしてると聞かされるなんて。信頼がぐらついたら、もうそっぽを向くしかない」[27]

アマゾンは１週間後に、５日間の無作為価格実験をしていたことを認めた。対象は68種類のDVD作品で、最大40％の割引率を試していたという。実験の中止を宣言したうえで、実験に関与させられたユーザー６８９６人に平均３・10ドルを返金すると発表した。[28] アマゾンはその後もウェブサイトのデザインなどに関してはRCTを行なっているが、顧客に対する価格実験はしないと約束している。

とはいえ価格実験自体は今も広く浸透している。[29] たとえば婦人服の通信販売カタログで、価格にランダムに変化をつけた実験では、下一桁が９のとき（９・９９ドルや39ドルなど）、需要が最大３割ほども拡大することがわかった。[30] 本来なら切り上げて考えるのが合理的なのだが、人間の脳は切り下げて考える傾向があり、9で終わる値段を実際よりも安く感じるのである。実際、買い物客は金額計算が不得手らしく、ある研究では34ドルよりも39ドルと値をつけたほうが需要が増していた。消費者価格調査では、世に出ている値段のおよそ半分が下一桁9の数字だということが明らかになっているが、こうした消費者心理を突いていると考えれば不思議ではない。

オンラインショッピングならではの誤認も起きるようだ。あるRCTで、イーベイで取引される商品の最低入札額を1ドル下げ、配送料を1ドル上げた場合の反応を調べた。すると、購入者は商品――CDやXboxのゲームなど――の値段だけを見て、配送料は無視する傾向があるとわかった。[31] あなたがイーベイで何か商品を見つけ、その後に配送料が馬鹿高いと気づいたとしたら、もしかしたらその出品者は今もRCTを続けているのかもしれない。

商品に特別なステイタスをまとわせるのも、売り手にとって利益追求の手段となる。インドネシアで実施された実験では、ある大手クレジットカード会社が、2種類のカード商品のアップグレードを用意して顧客に無作為で勧誘をした。一方のグループに提示したのは「プラチナ」カードで、空港ラウンジの利用と、国際的なファッションブランドの割引と、限度額引き上げという特典がある。もう一方のグループに提示したカード特典も同じ内容だが、「プラチナ」というブランディングを行なわなかった。すると顧客は明らかに、ステイタスの高いプラチナカードのオファーを受け入れる傾向があり、レストランなど、人目に触れる場面でカードを使いたがる様子が確認された。[32]

小売店内でもさまざまなRCTの例がある。あるアメリカの小売店は、16週間にわたって研究者チームと連携し、ハンドクリームの棚に「33%オフ」という宣伝を出したほうが売れるのか、それとも「割引を50%

拡大」のほうが売れるのか実験した。[33] この二つは値段としては同じだが、大きな数字を使った「割引を50％拡大」のほうが、調査期間中に商品が2倍近く売れていたことがわかった。

ただし、これは1店舗の調査だ。1店舗を調べただけでは、結果を一般化できるかどうかという点で限界がある。また、厳密に言うならば、この実験は宣伝をランダムに出したり引っ込めたりして調べる必要があった。その点では複数の店舗を利用すれば、同じ週に一斉に実験を行なうことが可能だ。86店舗を展開するスーパーマーケット・チェーンの実験では、商品1個に対する割引（たとえば「1個50セント」など）と、まとめ買いを前提としたプロモーション（「2個で1ドル」）のインパクトを比較している。[34] 実験店舗の半分では、1個の割引を提示した。残り半分の店舗では、まとめ買いのプロモーションを提示した。これをスープ缶やトイレットペーパーなど多彩な商品で実施し、売上を調べたところ、まとめ買いのプロモーションのほうが心理的な「アンカリング」効果〔その情報が基準となって判断が引きずられること〕があり、買い物客が3割以上も多く支出をすることが確認された。

しかし、世の中には使えない商品が存在するのと同じで、プロモーションが役立たずという場合もある。2003年、マーケティング専門家のチームが、アメリカ最大の薬局チェーンCVSと手を組んで、効果が出ていない商品プロモーションの特定を試みた。[35] CVSの了解を得た大規模な実験で、15種類の商品カテゴリーについて、無作為に選んだ400店舗で宣伝を一切行なわなかったのである。

3カ月後にはエビデンスが確認された。宣伝を行なわないと、売れる商品の数は少なくなるが、高い値段でも売れる傾向にあった。400店舗全体でみれば増益だ。当然ながらCVSはすぐに、展開している9000店舗すべてにこの変更を導入している。このシンプルなRCTで増えた年間利益額は5000万ドル以上。仮にあなたがCVSのお得な割引を気に入っていたとして、それが2003年に急になくなったのだとしたら、そのプロモーション価格が新規顧客を呼び込む力は大きくないとCVS側が判断したためだった可能性が高い。

投げ銭制を検証したRCTもある。ドイツの研究で、好きな金額を払うよう求められた客のほとんどは、店側が通常設定するよりも低い値段を払っていた[36]。しかし、奇抜な価格設定は新規顧客を呼ぶ力があるため、結果的に利益が増えて採算がとれる可能性がある。

＊

メルボルン中心地から数キロほど離れたホウソン・イーストという地区に、400豪ドル近い年商を誇るスーパーマーケット・チェーン、コールスColesの本社がある。敷地内にはコールスの制服を着た人々がいて、コールスの商品があちこちに置かれ、コールスの広告が飾られたアトリウム中央にコールス・ブランドのカフェがある。まるで小売業界のディズニーランドだ。

私がここを訪れた理由は、オーストラリア最大級のスーパーマーケット・チェーンであるコールスのRCTについて知るためだ。コールスには「フライバイズFlyBuys」という国内最大規模の会員特典プログラムがある。毎年オーストラリア人の3分の1が、このフライバイズ・カードを使う。コールスのほか、同じくスーパーマーケット・チェーンのターゲットやKマートでの買い物でポイントを貯められるうえに、買い物レシートに割引クーポンがついてきたり、メールで特別割引の案内があったり、自宅に郵送でクーポンが届いたりする。

いや、正確に言えば、これらを受け取るのはフライバイズ会員の全員ではない。会員の99％だ。

実はフライバイズ・カードにはRCTの要素が含まれている――私はコールスのデータ分析官から、詳細の説明を受けた。会員のうち100人に1人が対照群なのだ。カードの仕組みは他の会員と同じだが、プロモーションは送られてこない。

「じゃあ、このカードが対照群かどうかもわかりますか?」と私は尋ね、財布からカードを取り出した。

「もちろんです。番号の下二桁を見ればわかります」と、データ分析官の一人が答える。

「何の数字だと対照群なんです?」

「申し訳ありませんが、それは企業秘密です」

教えないのは当然だ。だが、知りたくてたまらない気持ちになってしまう。

コールスにとってフライバイズの対照群は、コールスが行なうプロモーションの効果を調べるうえで、明白かつ明確な比較基準になる。宣伝が奏功していれば、そのプロモーションを受け取った会員99%による1人当たりの売上が、受け取らなかった1%の会員の売上よりも、確実に伸びるからだ。宣伝効果が大きければ大きいほど、売上の差も広がる。

100人中1人の顧客に宣伝を送らないことで店として損をする可能性について、経営陣や役員会は心配はしなかったのか――と私が尋ねると、否定する返事が返ってきた。無作為に選んだ対照群がいなければ「インパクトがあるかどうか、確かめられるわけがありません」という考えなのだ。

コールスはほかにも、マーケティングのあらゆる場面にRCTを活用している。割引クーポンはちぎるタイプがよいか、束ねたタイプがよいか。Eメールの件名を「憎いほどお得!」のような、ちょっと奇抜な文章にしたほうが、メール開封率は高くなるか。特別割引は現金にするか、フライバイズのポイントで還元するか。特典は1000ポイント貯まったら出すほうがよいか、2000ポイントで出すほうがよいか。値引き有効期間のカウントダウンタイマーを表示したら、消費者は来店したくなるか。

コールス本社での取材を終えて帰路についた私は、フライバイズ・プログラムの対照群に関する私の質問に彼らがどう答えたか、何度も思い返していた。無作為に選んだ対照群がいなかったら、インパクトがあるかどうか、確かめられるわけがない。

＊

空の旅をする人は毎年30億人を上回る。そして飛行機は、世界の温室効果ガス排出の2―3％に寄与している。航空会社にとっても燃料は莫大な出費だ。経営コストの3割ほどがジェット燃料で生じている。しかし実のところ、飛行機1機が消費する燃料の多さは、パイロットによって大きく変わってくるのだ。燃料を積みすぎない、最新の天候情報にもとづいた最善のルートで飛ぶ、もしくは滑走路を走行する際にエンジンを切るといった工夫で、消費燃料を大幅に削減できる。

問題は、どうやってパイロットに燃料節約に取り組ませるか、という点だ。ヴァージン・アトランティック航空は経済学者のチームを起用して、パイロットに燃料使用量に関する詳しいフィードバックを行ない、効率のよい操縦につながるかどうか確かめるという実験をした。[37] 研究チームはパイロット労働組合を通じて、この実験でパイロット同士の序列を作るわけではない、という説明を行なった。「いかなる形においても、燃料使用量で優劣を決めるような試みではありません」と、パイロットに配布した文書で力説している。だが、それを知っていてもなお、自分の燃料効率について月間レポートを受け取ったパイロットたちは、受け取らなかったパイロットと比べて、燃料使用量が少なくなっていた。フィードバックは非公開で、本人だけに知らされるものであったにもかかわらず、操縦の改善につながっていたのである。実験にかかったコストはレポート郵送料が1000ドル未満だったが、ヴァージン・アトランティックにとっては年間の燃料使用量およそ100万リットルの削減となった。
　低賃金の職業でも同様の実験例がある。カナダのブリティッシュ・コロンビア州で植林作業を行なう労働者に、固定の日給か、もしくは植樹本数に応じた歩合制か、どちらかで給料の支払いを行なった。すると固定給の場合、植えた木の数は1日およそ1000本だった。歩合制ではおよそ1200本だった。[38]アメリカのワシントン州で実施したRCTでも、果樹園で働く労働者で類似の結果が出ている。[39]ただし、こちらはカナダの例とは異なる興味深い特徴も見られた。固定給の労働者は、仲間が歩合制で稼いでいると知ると、機嫌を悪くするのだ。歩合制の労働者は、不満たらたらで働く仲間と比べられるのだから、そのぶん仕事ができていたということだったのかもしれない。
　果実収穫の体験があるならおわかりだろうが、生産性は摘む者の努力だけでなく、作物自体の品質に左右される。[40]あるイギリスの研究チームは、適切な報酬レートを設定したいイチゴ農家と手を組み、実験をすることにした。ある設定では単純にキログラム当たりの固定単価で報酬を支払う。別の設定では、全員がその日に摘んだイチゴの総量に応じて、報酬単価が変動する。農園経営者にしてみれば、全員の収穫量が多いということは、そのイチゴ畑が豊作ということだ。そこで総量が多いときにはキログラム当たりの単価を下げた（ただし全員に最低賃金以上の報酬を支払っている）。だが、甘いイチゴを摘む労働者たちは、それに気づかないほど甘くはなかった。二つめの設定では、一生懸命働くと、みんなまとめて損をする。そこで彼らは作業のペースを落とした。特に、同じ作業グループ内に友達が多い場合は、ペースの遅れが顕著になった。総キロ数を少なくして、キログラム当たりの単価を下げさせないというわけだ。固定単価のほうは、こうした状況とは正反対で、いわゆる逆インセンティブを生み出さず、結果的に総収穫量が大幅に多くなっていた。[41]
　重要なのは報酬額だけではない。スーパーマーケットのレジ係、イチゴ摘みの労働者、そして自動車の排気ガス検査官を対象とした調査で、いずれも生産性の高い仕事仲間がいると全体のパフォーマンスが上がることが確認されている。[42] 社会的インセンティブも作用するという意味だ。ザンビア共和国の都市で、避妊具販売スタッフを対象として実施されたRCTでは、ボーナスの効果と、一流販売員として表彰されることの効果を比較した。[43] この状況では、皆の前で功労を認められるという約束のほうが、金銭的な褒美よりも2倍のインパクトがあると確認されている。「今月のコンドーム販売ナンバーワン」になることが、それほどのインセンティブになるとは、いささか意外ではあるのだが。

だが、「認められる」の種類によっては、正反対の影響をおよぼす。小売サイトのアマゾンには、ウェブサービスの一部として、「メカニカルターク」というクラウドソーシング・サービスがある。このサービスに登録している作業者に、他の作業者と比べた順位をフィードバックした。[44] すると、順位を教えられた作業者の生産性が減退していた。部下を持つ身なら、ぜひこの実験のことは頭の隅にとどめておいてほしい。職場で最も生産性の高い従業員の存在は、ある意味で諸刃の剣なのだ。彼らを「最も価値ある従業員」として表彰することにはメリットもあるが、比較されてやる気をなくす従業員が出るというデメリットも生じるのである。

ランダム化することの重要性は、調べる対象が従業員であるときには、いっそう顕著になる。人は自分が観察されていると知ると、行動が変わってくるからだ。私があなたに「今日のあなたの生産性を測定します」と告げたなら、おそらく仕事中にフェイスブックはあまり覗かなくなるだろう。これは、1920年代にアメリカのイリノイ州にあったホーソン工場で労働者を調べた有名な研究にちなんで、「ホーソン効果」と呼ばれる。[45] 実のところ現在では、ホーソン工場での厳密な研究経緯について疑問の目が向けられているのだが、ホーソン効果が存在することは間違いない。医薬品のプラセボ効果のようなものだ。たとえばヴァージン・アトランティック航空の実験では、個別に燃料使用量のレポートを受けとったパイロットと、そうでないパイロットとで、操縦効率に大きな違いが見られた。しかし、そこにはレポート以外の影響も介在している。実験開始時点で全パイロットが、会社が燃料使用量の調査をすると聞かされていたことだ。監視されていると意識しただけで、対照群のパイロットにおいても、効率よく操縦する確率が50％高くなっていた。

＊

ビジネスにおけるRCTは、こまかな修正の効果を調べるものが多いのだが、ときには、より劇的な変化に注目する場合もある。たとえば企業を昔から悩ます争点として、経営コンサルティング会社を起用すれば事業に変革を起こしてくれる――いわゆるチェンジエージェントになる――のか、それとも事業変革を起こすと大ぼらを吹いているだけなのか、という問題がある。自身も経営コンサルタントだったマシュー・スチュワートは著書『マネジメントの神話 *The Management Myth*』で、経営コンサルティングは科学というより手品に近いと看破した[46]。また別の批評家は、コンサルティングの仕事を「厳密に言えば10分の9が十八番芸の披露で、10分の1が表計算シート」と表現した[47]。

経営コンサルタントが業績にもたらすインパクトを知りたいなら、コンサルタントを起用した企業と起用しない企業を比較するだけでは充分ではない。そうした表面的《ナイーブ》な比較では、企業がコンサルタントを起用した経緯しだいでプラスまたはマイナスのバイアスがかかる可能性がある。コンサルタントを起用するという事実が、経営陣が大局を見据えているというサインだとすれば、そうした企業は外部の助けがなくても、競合他社を抑えて伸びていく可能性が高いだろう。反対に、経営コンサルティングを呼ぶのは医者を呼ぶようなものとするならば、表面的《ナイーブ》な比較では、コンサルタントの起用が業績不振と結びつくはずだ。

この問題を解決すべく、スタンフォード大学経済学教授ニコラス・ブルームのチームが、インドの繊維工場20カ所で実験を行なった[48]。無作為に選ばれた14工場が、国際的な経営コンサルティング会社アクセンチュアから、5カ月間にわたって経営アドバイスを受けた[49]。その後の生産性を比べると、経営アドバイスを受けていた工場のほうが生産性が10分の1高かった。アドバイスは無料だったが、生産性向上が多大だったため、仮に相場どおりの報酬を払ったとしても利益が出ていたほどだ。

だとすれば、中小企業経営者は今すぐこの本を読むのをやめて経営コンサルティング会社に電話すべきだろうか？　いや、そうとは限らない。世界各地の経営品質を調べると、インドの企業にはかなり低い評価がつくことが多いのだ。ブルームらの論文には、介入前の工場を写した写真も掲載されている。これを見ると、工具は床に散らばり、ごみも山積みで放置され、機械はメンテナンスされておらず、材料となる糸もずだ袋に突っ込まれたままであるのがわかる。外部のコンサルタントが入れば当然、管理者を促して工場を清掃させ、コンピューター管理のシステムを導入して、生産性を向上させられるだろう。最初からきちんと操業している会社なら、アクセンチュア、マッキンゼー、ボストン・コンサルティングといった大手コンサルティング会社の介入を受けても、恩恵は大幅に小さかったと考えられる[50]。

ブルームの経営コンサルティング実験は、RCTに関する興味深い事実も浮き彫りにしている。適切な条件のもとであれば、介入群と対照群の数をかなり少なくすることも可能なのだ[51]。実験対象はたった20工場だったが、条件がほぼ等しく、またそれぞれの工場がかなりの大型で、大規模な介入によって膨大なデータがアウトプットされていたため、統計的に有意な効果を測定したという確信をもつことができた――結果がデータのまぐれだった可能性は低いという意味だ。

このように、統計学では少ないサンプルでも有意な効果が認められることがある。困るのは逆の場合だ。

特に広告効果の調査ではこの点が悩ましい問題となる。テレビコマーシャルの例で考えてみよう。アメリカではI980年代初期から、ケーブルテレビ局が広告主に提供するサービスとして、「スプリット・ケーブル」と呼ばれる仕組みが存在している。同じ番組を視聴している別の世帯に、別のコマーシャルを流すのだ。1980年代ならばACニールセン社のような市場調査会社が、調査に同意した世帯の協力のもと、あるコマーシャルを見た世帯とそうでない世帯の購買内容をすべて記録することで、コマーシャル効果を比較することができた（現代では参加世帯に携帯型スキャナーを配布し、何か買うたびに商品バーコードをスキャンさせるという手法で把握する）。

テレビコマーシャルではなくネット広告ならば、RCTの実施はもっとシンプルだ。小売サイトが大人数のユーザーグループを定め、半分を無作為に選んで、そのユーザーが見る画面に商品広告を表示する。そしてcookieを利用してユーザーの行動を追跡調査する。ネット広告を見たかどうかという情報と、個人が何を購入したかという情報を、結びつけて把握することも可能だ。

とはいえ、ここで考えたいのはランダム化した広告実験を実施する容易さではなく、それで効果が測定できるのかという問題だ。消費者の買い物パターンは変動する。あちらのブランド、こちらのブランドと乗り換えることもあるし、衝動買いもするし、大きな買い物の頻度は低い（新しくクレジットカードを作ったのはいつだったか、掃除機を買ったのはいつだったか、思い出してみてほしい）。広告は巷にあふれているので、大半は消費者の多くに無視されている。真の広告効果を推定するのはほとんど絶望的に不可能だ。

実際、389件ものスプリット・ケーブル実験を統合した分析でも、「テレビ広告の増量と、売上増加のあいだに、単純な対応は見られない」という結論が出た[52]。全般的には広告効果があると推定されても、無駄になった広告と成功した広告の区別はつけられない。アメリカで最も視聴率の高い広告、すなわちスーパーボウルの中継で流れるコマーシャルについて考察した研究が、テレビコマーシャルの効果測定の難しさを実証した。スーパーボウルで流す30秒コマーシャルの料金は1本あたり500万ドル。視聴者1人あたり約5セントだ。ある企業がスプリット・ケーブル技術を利用して、スーパーボウルの全視聴者1億1000万人に対して無作為にコマーシャルを見せるとしよう。それでも、測定可能なインパクトを出すためには、コマーシャル枠を数十本も契約しなければならない。スーパーボウル広告の真の効果を調べるために、それだけの広告予算をかけられる商品などアメリカには存在しない――と、この考察を行なった研究チームは結論づけている。彼らはこの発見を「スーパーボウル不可能性定理」と命名した[53]。

ネット広告の効果測定はさらに厄介だ。最近の研究で、25件のネット広告実験の元データを集めて再解析したところ、効果的な広告の識別は「著しく困難」という結論が出た。分析した広告はもっぱらサンプルサイズが100万人だ。はっきりと利益につながったキャンペーンと、採算がとれた程度のキャンペーンを確実に区別するためには、900万人以上をカバーして調査する必要がある、と、この研究は考察している。

とはいえ、インパクトの測定が困難だとしても、ネット広告の効果を調べるならRCTをするのが最善の策だ。ランダム化しないとすれば、広告のターゲットとなった人々と、ターゲットになっていない人々を比較することになる[54]。特に検索連動広告の場合はこれが大きな間違いとなりうる。ナイキの広告効果をランダム化せずに調査すると考えてみよう。対象は健康な若者だ。その中で、「ランニングシューズ」とネット検索した人の画面に、ナイキの広告を表示する。彼らの購入パターンを、ランニングシューズを検索しなかった人の購入パターンと比較する。結果として購入習慣に何らかの違いが出たとして、広告のおかげと本当に言えるだろうか。ランニングシューズを検索した人は、そもそもナイキのシューズを買う可能性が高い（アシックスかもしれないし、ブルックスかもしれないが）と考えるのが、おそらく筋が通っている。トースターをネット検索した翌週、目の前の画面にトースターの広告が出てきた経験があるなら、マイクロターゲティングの普及ぶりが理解できることだろう。そんな環境でオンラインのマーケティングキャンペーン効果を真に把握するためには、ランダム化が一番よい選択なのだ。

＊

グーグルが初のRCTを行なったのは、2000年2月27日のことだ[55]。検索結果ページの表示件数を10件よりも増やすべきか確かめるため、1000人に1人のユーザーを無作為に選び、検索結果を20件表示した。また別の1000人に1人のユーザーには検索結果を30件表示した。すると、これ以上はないというほどの拒否反応が生じた。検索結果の表示件数が2倍、3倍になると、ロードに時間がかかるので、多くのユーザーがサイトを離れてしまうのだ。検索結果は10件で維持されることとなった。

現在のグーグルは、検索アルゴリズムや検索結果表示の微調整を目的として、ユーザーに対し常時数百種類のRCTを行なっている[56]。検索結果1ページめの周囲の余白スペースを増やす、検索結果で検索キーワードを太字にする、グラフィックにわずかな変更を施すなど、ごく微小な変更を調べることもある。

設計チームがツールバーの色を検討したときには、単純な青色とするよりも、緑がかった青で表示したほうが、ユーザーのクリックがわずかに増えることを発見した。クリックスルーが多ければグーグルの広告収入が増えるので、ささやかな変更が収益に対して重大な意味を持つ。この結果を見たグーグルの（当時の）バイスプレジデント、マリッサ・メイヤーの提案により、さらなる追究として、ユーザーを無作為に割り振って、同人数の4グループを作った。各グループに、青の色合いがわずかに異なるツールバーを表示する。そのクリックスルー率を比較すれば、採用すべき色が簡単に判断できるというわけだ。こうしてグーグルのツールバーの色は、単なる勘ではなく科学によって決定された。クリック件数は数十億にのぼるので、わずかな差が大金を動かす。ジャーナリストのマシュー・サイドの著書では、あるグーグル幹部の見解として、ツールバーに完璧な色を見つけたことで同社の業績は2億ドルのプラスになったと書かれている。[57]

新しい機能や新しいプロダクトなど、より大規模な変更をテストすることもある。ただし、グーグル内部で生まれたすべてのアイディアについて、本物のユーザーで実験しているわけではない。同社の説明によると、ユーザー実験を行なうアイディア1件の陰で、3件は検討の段階で却下され、実験段階に至らない。実験した中でも、実際にプロダクト変更につながるアイディアは5件に1件だけ。つまりグーグルで生まれるアイディアは20件中19件が頓挫するのだ。[58] 共同創業者エリック・シュミットは、「この会社は、きわめて困難なことを試し、成功させられず、そこから学びを得ることを絶対的によしとする会社だ」と語っている。[59]

サンプルサイズが真に大きければRCTは不要という意見もある。実験せずにパターンを探せばいいという考えだ。[60] だが、この世に存在するどんな組織よりも多くのデータを持つであろうグーグルは、内部で多数の実験を行なっている。およそ15エクサバイトのデータ、毎秒約4万件の検索にアクセスしているグーグルの科学者たちが、それでもRCTから価値を得ているのだとすれば、地球上に存在するすべての研究でも同じことが言えるはずだ。

ネットフリックスにも同様のデータ主導型文化が浸透している。たとえば最初の無料トライアルに登録したユーザーをそのまま有料会員に引き込むために、複数の対応を新規ユーザーに無作為に割り当てる。[61] 有料会員になってからも、ウェブサイトの新たな性能を試す実験にちょくちょく参加させている。ドラマ『ハウス・オブ・カード　野望の階段』を見終わったユーザーに次にどのドラマを勧めればいいか、勘で判断はできないとネットフリックスのデータ科学者たちは理解しているのだ。『ハウス・オブ・カード』に一番近いドラマを勧めるのがよいか、往年の一番人気のドラマを勧めるのがよいか、一番最近の流行ドラマを勧めるのがよいのか。「レコメンデーション・アルゴリズムにおける最善の変数は、勘では決められない。大勢の勘が一致していたとしても、往々にして間違った答えにつながる」と同社は考えている。[62] ネットフリックスは、優れたパーソナライゼーションとレコメンデーション機能があればこそ、多くの会員を維持している。ネットフリックスの推算によれば、アルゴリズムに磨きをかけることで、年間10億ドル相当の節約になっているという。[63]

グーグルの実験やネットフリックスの実験は、それぞれのウェブサイトの品質向上を目指すものだ。2社の実験がさほど批判を集めていないのはそのためだと考えられる。フェイスブックも心理学者のチームと連携して、フェイスブック・ユーザーを対象とした社会科学実験を行なったのだが、こちらは好意的には受け止められなかった。[64] フェイスブックは2012年1月の1週間、ユーザー70万人のニュースフィードにおいて、感情にかかわるコンテンツの表示を無作為に変更している。まず、ユーザーの友達が投稿した文章をソフトウェアが分析し、肯定的な言葉と否定的な言葉のリストに照らして、内容がネガティブかポジティブか、中立的かに分類する。そして介入群のユーザーが見るフィードにおいて、ネガティブな投稿を10%少なくする、あるいはポジティブな投稿を10%少なくする。[65] 影響がおよぶのはニュースフィードで目に入る内容だけで、友達のウォールやタイムラインに流れる投稿は引き続きすべて閲覧可能とした。

その後のユーザーの反応を観察していると、些細ではあるが明らかなインパクトが確認された。友人のネガティブな投稿を多く見るようになったユーザーでは、自分自身の投稿でも、ネガティブな内容が増えていたのである。しかも、ネガティブな文章を読まされることで人づきあいに対しても消極的になっていた。ネガティブな投稿を読んだ翌日にはフェイスブックへのアクセスが減るのである。この実験をする前の仮説では、フェイスブックの燃料は嫉妬とシャーロンフロイデ〔人の不幸を見て喜ぶ気持ち〕ではないか、という見解もあった。そうやって他人と比べることがフェイスブック利用の主たる動機なのだとすれば、友人の成功を見れば嫌な気持ちになり、不幸を見ればわが身の幸運をかみしめるに違いない。しかし現実はもっと単純だった。人の機嫌は友人の機嫌につられている。ポジティブな感情もネガティブな感情も伝染するというわけだ[66]。

アマゾンの価格実験と同じく、フェイスブックの感情操作実験は、メディアで激しい反発を集めた。英国心理学学会は実験に携わった研究者を非難している。アメリカ連邦取引委員会（ＦＴＣ）の捜査を要求する声も高まった。学術誌『米国科学アカデミー紀要』は「懸念を表明」する論説を発表した[67]。フェイスブックＣＯＯシェリル・サンドバーグは、フェイスブック・ユーザーに向けて、こう語っている。「コミュニケーション不足だったことを謝罪します。皆さんの気分を害そうという意図はありませんでした[68]」

私はＲＣＴを支持するランダミスタだ。そして元教授でもある。それを踏まえると、学者と手を組んで社会科学実験を行なう企業を私が肯定すると思われるかもしれない。だが私の目から見ても、フェイスブックの実験に対する拒否反応には一理ある。あなたがフェイスブック・ユーザーなら、あなたも知らず知らずのうちに２０１２年の感情操作実験に参加させられていたかもしれない。当時も、もしかしたら今も、それを知らないだけかもしれない。グーグルのアルゴリズム調整とは違って、フェイスブック実験がユーザーに何の害も残さなかったとは断言できない。大手企業がこの類の実験をするならば、「Ａ／Ｂテストの被験者」となってもよいという、ユーザーの主体的な承諾をとるべきではないか。引き換えとして、彼らのフロンティアスピリットに報いる何らかの特典を提示するのが妥当だろう。そうすればモルモットをモルモット本人にとって無自覚のまま迷路に入れることにはならないし、実験を「気持ち悪い」と感じるユーザーにはＮＯと言う権利が保証される。

9　政治と慈善活動の仮説を検証する

コネチカット州イーストロックはハロウィンの行事をきっちりやる町だ。例年、500人ほどの子どもが「お菓子をくれないと悪さするぞ《トリック・オア・トリート》」に応じる家々を訪ねて回る。しかし2008年のその日、お化けたちの前に奇妙な家が現れた。経済学者ディーン・カーランの家だ。ポーチの左側は、民主党の大統領候補バラク・オバマのキャンペーンポスターと等身大の写真が飾られている。ポーチ右側には、共和党の大統領候補者ジョン・マケインのポスターなどが飾られている[1]。

イーストロックは民主党支持者が多い。そのため、ポーチの左右どちらかからキャンディ一つを持っていきなさい、と言われた子どもの5人に4人が民主党側を選んだのは意外なことではなかった。その後、経済学者である家主は、別のことも試している。今度は子どもの一部を無作為に選んで、共和党側から取るならキャンディは2個、民主党側から取るなら1個持っていってよいと伝えたのである。政治的価値観に背かせる甘い誘惑を仕掛けたというわけだ。

結果を見ると、民主党支持の地域に住む子どもが民主党側からお菓子をとるかどうかというのは、年齢しだいだった。4歳から8歳までの子は自分の家族の主義を守ることにこだわった。それより年上の9歳から15歳では、ほとんどが、キャンディが2倍になるなら共和党に寝返るのはやぶさかでないと考えた。4年後の2012年のハロウィンでも同じ実験をしたところ（このときはバラク・オバマとミット・ロムニーだった）、同様の結果が出た。

若者は心で投票する、大人になると財布で投票する――という表現があるが、このハロウィン実験は、そのジョークにいくばくかの真実があることを示唆している。また、ディーン・カーランのようなランダミスタが、ランダム化を使った探究を独創的に実行し続けていることにも気づかずにはいられない。

実はバラク・オバマ自身、最初の大統領選のときに、RCTを使って選挙戦略の検討をしている。2007年12月、選挙ウェブサイトの最初の画面を複数用意して、初めてアクセスした人にその中の1種類を見せたのだ。ある画面では、オバマのカラー写真が表示される。別の画面では、オバマの家族を写した白黒写真が出てくる。また別の画面ではスピーチをするオバマの動画だ。(2) その後に、活動状況を知らせるメールの購読を促すボタンが出てくるのだが、これも複数の種類があり、「今すぐ参加」「もっと知りたい方は」「今すぐ登録を」などの中から一つが表示される。画像とボタンメッセージの組み合わせはどれが一番効果的か、読者のあなたもちょっと考えてみていただきたい。カラー写真か、白黒写真か、動画か。参加を促すのがよいか、詳細を知るよう求めるのがよいのか、登録を呼びかけるのがよいのか。

それぞれの組み合わせを気に入る理由はいくつか考えられる。オバマの選挙チームは、人々が直感的に、動画と「登録を」の組み合わせに惹かれるだろうと考えた。だが選挙の専門家であるチームの勘は軒並み外れた。ウェブサイトへのアクセス者30万人に、画像とメッセージの組み合わせを入れ替えて示したところ、白黒写真と「もっと知りたい方は」の組み合わせのときに、メールアドレスの登録が41%増えることがわかったのだ。選挙チームの計算によれば、この1回の実験のおかげで、選挙活動全体を通じてメール登録がおよそ300万件増え、ボランティアが28万人増え、寄付も6000万ドル増えた。動画を見たほうが登録したくなるだろう、と当初のチームは考えていたが、オバマ選挙運動のデジタルアドバイザーを務めたダン・シロカーは、あるインタビューで「想定は間違っていることが多い」と述べている。[3]

本章では、政治と慈善活動の分野で増えているRCTの利用について考察したい。まずは投票促進キャンペーンの例を紹介し、次に、寄付金調達に関するRCTを考察し、それから政治家が知らず知らずのうちにRCTの対象となる数多くの実験例を見ていきたい。

＊

投票が自由意思によって行なわれる国では、有権者に投票所に行くよう説得するさまざまな試みが行なわれる。政党とは関係なく、投票率向上を目指す市民団体が「投票推進運動 Get Out the Vote」を行なうこともあるし、自分への票が増えることを望む候補者が行なうこともある。

1924年のアメリカ大統領選で、ハロルド・ゴスネルという政治学者が、国民に投票させるために多大な労力が投じられていることに着目した。[4] 全国女性有権者同盟や、ボーイスカウトが、何百万という家のドアを叩き、投票は国民の義務であることを思い出させて回るのだ。実際に1924年の投票率は1920年よりも高かった。だが、1軒1軒回っての説得でどれだけ票が増えたかという疑問について、言えることはただ一つ、「わからない」だけだ。

ゴスネルはその問いの答えを明らかにすべく、おそらく政治学における初のRCTに乗り出した――シカゴに住む有権者の世帯に文書を送り、それが投票率にもたらすインパクトを調べたのだ。[5] ゴスネルいわく、信頼に足る対照群を設けなければ、文書が投票にもたらしたインパクトを真に知ることはできない。このときの調査では、ダイレクトメールを受け取った有権者で投票率が1―9％ポイント高くなっていた。

それからほぼ1世紀が経つ今は、ダイレクトメールの威力は当時と比べてかなり小さくなった。だがゴスネルの認識の正しさは変わらない。政治キャンペーンの効果的な手法を測定するなら、RCTが最善の道の一つなのだ（これを理解せずに選挙活動が行なわれることはいまだに多いのだが）。政治学ランダミスタの代表者、アラン・ガーバーとドナルド・グリーンが、ベストセラー著書『投票に行かせよう *Get Out the Vote*』で指摘したところによれば、長年に選挙活動にかかわっているベテランはインプット、すなわち繰り出す戦術についてはさまざまに心得ているものの、アウトプット、すなわち増やした票の数についてはあまり知らない。[6] 白髪頭の内側に多数の事例は持っているのに、対照群を持たないのだ。たとえば彼らの脳内には、電話で支持を呼びかけることに時間をかければ票を集められる、という説がある。だが、電話をかけなかったらどうなっていたかという反実仮想を知ることは困難だ。

同様に、選挙活動テントを多く立てた地域で支持率が高まる、という説がある。これも、その地域が別の理由で候補者を支持しなかったのかどうか、どうやって確かめればいいのだろう。これまでは、政治家とどのような接点があったか、その政治家に投票したかどうかを有権者に尋ねるというやり方で、活動のインパクトがかなり過大に見積もられていた。問題は、政治家と有権者との接点がランダムではないことだ。選挙活動はもっぱら投票してくれそうな市民に呼びかけるし、地元の候補者と会おうとする有権者はもともと投票に行く可能性が高い。ゆえに、選挙活動における接触と投票率の相関関係に注目しても、重要な知見は出てこない。[7]

それでも神話というのはしぶといものだ。私自身、政治家として、秘密の作戦をいろいろと心得た選挙活動のベテランと数多く出会ってきた。政党のダイレクトメールを戸別訪問と組み合わせると最強であるとか、電話での投票のお願いは選挙運動の最終週に行なうのが最も効果的であるとか、投票所の外にポスターを掲示すればかなり違うといった意見を、「専門家」から自信満々で聞かされたこともある。だが、エビデンスベースについて尋ねてみると、彼らの戦いの歴史に対照群は存在しなかったことがすぐに浮き彫りになってくる。

しかし選挙活動の手法は変わりつつある。対照群を確認しない作戦から、探究心とオープンな視野を備えたデータ重視のアプローチへと、少しずつシフトしているのだ。現代の政治ストラテジストは、自分がすべてを知っているとはあまり考えない。間違いだったと証明されることを受け入れる姿勢がある。特定の作戦に確信を持たず、効果的なキャンペーンとそうでないキャンペーンの識別方法を知っていることを重視する。ゴスネルの努力を受け継ぎ、投票率を伸ばすさまざまな選挙戦略のインパクトについて、現在では数多くの研究が発表されている。アメリカでは、個人が特定の選挙で投票したか否かというのは公開情報なので（誰に投票したかは秘匿される）、特に調査がしやすい。たとえば2万人の選挙人名簿を入手し、そのうち1万人にダイレクトメールを送り、選挙後の投票者ファイルを調べて、介入群・対照群で投票率に差があったかどうか調べる。

このような投票率実験によって、投票推進活動に関する幅広い知見が得られている。本書でも具体的にエビデンスを見ていこう。従来のアプローチ（テレビ、ラジオ、ダイレクトメール、電話、訪問）の効果を確認し、次に新しい手法（Eメール、テキストメッセージ、ネット広告）の効果にも注目したい。

２００６年のテキサス州知事選において、当時の現役知事リック・ペリーは政治学者のチームの力を借り、ラジオコマーシャルとテレビコマーシャルの配置についてRCTを行なった。期間は3週間だ。ペリーへの支持を呼びかけるコマーシャル――「テキサス人であることを、今ほど誇りに思ったことはありません」という台詞から始まる――を18のメディア市場に割り当て、電話調査でインパクトを調べた。(8) すると、ラジオコマーシャルは何の効果もなかったことがわかった。テレビの場合、コマーシャルを最大本数で放送したときは——コストは1週間で300ドル——ペリー知事の支持率が5％上がった。しかし翌週には、有権者の支持に検出可能なインパクトはなかった。一般的な商品のコマーシャルと違って、政治広告というのは少なくとも測定できるインパクトは出るものだ。[9] にもかかわらず、その効果が翌週には消滅するのだとしたら、やはり広告が記憶に残ることはほとんどないと認識せざるをえない。

歴史を振り返れば、過去にはいくつか有名になった政治広告も存在している。1984年に大統領選に出馬したロナルド・レーガンの「アメリカの朝」もその一つだ。ほかにも、1988年の大統領選で共和党大統領候補のジョージ・W・ブッシュが、民主党候補のマイケル・デュカキスに対するネガティブキャンペーンとして、ウィリー・ホートンという殺人犯に言及し、死刑制度反対のデュカキスがホートンを世に放つと糾弾したのも、忘れられない選挙広告だった。だが、それらは例外だ。テキサス人の誇りを謳ったペリー知事の例も含め、ほとんどの選挙広告はあっさりと忘れられる。ペリーの広告効果に関する調査は、選挙直前にテレビに露出すれば票を増やせることを示唆しているが、裏を返せば、選挙直前の1週間にテレビに露出しない「テレビブラックアウト」となっていると、それまでの選挙活動におけるテレビコマーシャルの効果を完全にかき消す可能性があるようだ。

ではダイレクトメールはどうだろうか。政治団体ではない組織が送った場合、ダイレクトメールは小さいながらも投票率にプラスの効果を生む。国家の運命を左右する選挙から、それほど重大ではない選挙まで、さまざまな選挙で8種類のダイレクトメールを世帯に送付する実験が行なわれている。『投票に行かせよう』の著者ガーバーとグリーンは、1998年から2014年にアメリカで実施された51件のRCTの結果を統合し、ダイレクトメールが1通増えると投票率が約0・5％ポイント伸びると結論づけた。[10] 言い換えると政

読者カード

みすず書房の本をご愛読いただき，まことにありがとうございます．

お求めいただいた書籍タイトル

ご購入書店は

・新刊をご案内する「パブリッシャーズ・レビュー みすず書房の本棚」（年 4 回 3 月・6 月・9 月・12 月刊，無料）をご希望の方にお送りいたします．

（希望する／希望しない）

★ご希望の方は下の「ご住所」欄も必ず記入してください．

・「みすず書房図書目録」最新版をご希望の方にお送りいたします．

（希望する／希望しない）

★ご希望の方は下の「ご住所」欄も必ず記入してください．

・新刊・イベントなどをご案内する「みすず書房ニュースレター」（Eメール配信・月 2 回）をご希望の方にお送りいたします．

（配信を希望する／希望しない）

★ご希望の方は下の「Eメール」欄も必ず記入してください．

・よろしければご関心のジャンルをお知らせください．
（哲学・思想／宗教／心理／社会科学／社会ノンフィクション／教育／歴史／文学／芸術／自然科学／医学）

（ふりがな） お名前　　　　様	〒
ご住所　　都・道・府・県　　市・区・郡	
電話　（　　）	
Eメール	

ご記入いただいた個人情報は正当な目的のためにのみ使用いたします．

ありがとうございました．みすず書房ウェブサイト http://www.msz.co.jp では刊行書の詳細な書誌とともに，新刊，近刊，復刊，イベントなどさまざまなご案内を掲載しています．ご注文・問い合わせにもぜひご利用ください．

郵便はがき

料金受取人払郵便

本郷局承認

4150

差出有効期間
2022年5月
31日まで

113-8790

東京都文京区
本郷2丁目20番7号

みすず書房営業部 行

通信欄

（ご意見・ご感想などお寄せください．小社ウェブサイトでご紹介させていただく場合がございます．あらかじめご了承ください．）

治団体ではない組織が、投票所に行く人間を1人増やすためには、200通の案内を送る必要があるというわけだ。

ミシガン州で2006年に行なわれた興味深い研究では、「社会的圧力」でダイレクトメールの影響力を高められることがわかった[11]。投票したかどうかが公になるという事実を活用し、社会的圧力を高める3種類のダイレクトメールの効果を実験したのである。一つめの文書では、投票の有無を大学の研究者がモニタリングします、と告げた。二つめの文書では、その世帯の投票履歴を明示し、今回の選挙後に履歴を更新してお知らせします、と告げた。三つめの文書では、隣近所に住む住民の投票についての情報を示した。この3種類のダイレクトメールはいずれも投票率を大きく伸ばしていたのだが、特に近隣の様子を知らせた文書が、12通で1人という、かなりの確率で投票する有権者を増やしていたことがわかった。

その他の研究もほとんどがこの発見を裏づけているのだが、テキサスの小さな町で実施された調査では、社会的圧力の影響を認めることができなかった[12]。理由を説明する興味深い仮説として、ある状況においては、投票したかどうか近隣住民に知らせるという脅しが恥の意識で投票に向かわせるのではなく、むしろ怒りをかきたてるらしい。別のRCTでは、前回の選挙で投票したことへの謝辞を述べる、あるいはきちんと投票し続けている人を「成績優秀者」として公開すると約束するなど、よりポジティブな文面を試した[13]。この手のダイレクトメールも投票率を上げていたのだが、投票しない人を晒すという脅しほどには、大きな効果はなかった。

ただし、ダイレクトメールで有権者に投票を促すことは可能だとはいえ、どうやら効果があるのは市民の政治参加を促進する団体が送った場合だけのようだ。選挙結果に具体的な利害関係のある団体や人物が送ると、効果は少ししかない、もしくはまったく効果がない。ガーバーとグリーンは、アメリカの民主党候補者からのダイレクトメール、共和党候補者からのダイレクトメール、そして市民団体からのダイレクトメールを調べた19件のRCTをまとめて分析した。すると、政治団体からのダイレクトメールで1票を増やすには1万通の送付が必要であることがわかった。[14] この確率はほとんどゼロと変わらない。ガーバーらは「党派的なダイレクトメールは投票率に影響をおよぼさない」と結論づけている。[15]

もう少し手ごろな値段で実行できる選挙テクニックとして、「ロボコール」がある。コンピューターが自動で電話をかけて、応答した人間または留守番電話に録音メッセージを聞かせるのだ。ガーバーとグリーンは、100万人以上をカバーした複数のRCTを分析し、ロボコールでおそらく1000人にメッセージを聞かせれば1人の投票が増えると考察した。[16] だが、政治団体からのダイレクトメールと同じく、この効果はあまりにも小さいので、実質的なインパクトはゼロに近い。

もう少しパーソナルなアプローチをとるならば、人間が実際に電話をかけることになる。一部屋に集められた大勢の選挙ボランティアが、ピザを片手に電話をかけまくるというのが、この手法の常だった。だが、ときには民間のコールセンターを起用して電話をかけさせることがある。一連のRCTを分析すると、ボランティアでもコールセンタースタッフでも投票率向上にはつながるが、インパクトにはかなりのバラつきがあることがわかった。たとえばフォーマルなしゃべり方で簡潔に話すよりも、多少の雑談を入れたほうが、効果が高くなるらしい。[17] 選挙が迫った頃に電話したほうが、インパクトは大きくなるらしい。そしてどうやらボランティアのほうがコールセンタースタッフよりも高い成果を出すようだ。ガーバーとグリーンの考察では、平均38本の電話（切られずに最後まで話し終えた本数で数える）で1票を増やすことができていた。[18]

一方、他人の家のドアを叩いて投票をお願いするというのは、なかなかに厳しい仕事だ。私自身、他人や自分の選挙活動で有権者の世帯に足を運ぶという活動を、長年のあいだにかなり経験した。あるときは凍え、あるときは日に焼け、あるときは雨でびしょ濡れになり、そうかと思うとおしゃべり好きな人につかまったりする。ノックに応えてくれた人はたいてい気持ちよい態度で接してくれるのだが、荒くれ者の犯罪者だって尻尾をまいて逃げ出したくなるほど数多くの侮辱も受けてきた。

ダイレクトメールや電話と比べて、有権者の家を回るほうが過酷な作業であることは間違いない。だが、効果はこのほうが高いのだろうか。カリフォルニア投票イニシアチブという団体は、マイノリティ市民の投票率を高める狙いで、100件以上もの実験を行なった。投票を呼びかけるために接触した市民の数は1万人以上だ。[19]実験の3分の2で、接触した市民の投票率は上がっていた。アメリカで民主党候補者と共和党候補者が絡む大型選挙でも、イギリスで行なわれた非政党団体の選挙でも、フランスの政治団体における選挙でも、同様の結果が確認されている。[20]ガーバーとグリーンの考察によれば、顔を合わせて投票をお願いした世帯、平均14軒につき、1票が増えていた。[21]候補者にしてみれば、戸別訪問のほうが電話よりも3倍近く効果が高いというわけだ。ダイレクトメールと比べればおよそ700倍である。政治学の世界からは、この点を踏まえて、人間の直接的な運動に選挙活動予算の20分の1しか投じられていない現状をいぶかしむ意見が聞かれている。[22]

最後に、インターネットを使った選挙活動はどうだろうか。選挙報道の決まり文句として、21世紀に入ってからの選挙はどれもこれも「初めての本格的ネット選挙」と言われてきた。確かにEメール、ウェブ、ソーシャルメディアから情報を得ることに人々はどんどん慣れてきているものの、だからといってこうしたプラットフォームで行なう選挙運動で特定の票（もしくは投票全体）が増えることにはなっていない。

メールの場合、市民団体が投票率全体を上げようとして行なうキャンペーンは、概して効果は出ていない。たとえばアメリカの大学生における投票率を上げたいと考えた非営利団体が、20万通以上のメールを送って呼びかけたが、投票率に統計的に有意な上昇は見られなかった[23]。同様に、政治団体がニューヨーク市在住の民主党支持層に送ったメールも、受信者が投票したかという結果に何のインパクトももたらさなかった[24]。RCTの結果を見る限り、メールが人を投票所へ送り込む効果を発揮する唯一の状況は、そのメールが友人から、もしくは選挙管理委員会から送られてきた場合だ[25]。テキストメッセージにも似たようなパターンが見られた。有権者があらかじめ受信を承認した相手から来た場合、もしくは、選挙の公式責任者から来た場合に、テキストメッセージの効果が表れるようだった[26]。

ネット広告もほぼ同様だ。ここ数年のフェイスブックは、フェイスブックに掲載された政党広告は5人に1人の有権者を動かす効果があると豪語しているし、グーグルはグーグルで、グーグルに選挙広告を出せば上院選で大きな差がつくと謳っている。ジャーナリストたちも、選挙のあり方を変えるネット広告のパワーについて、こぞって記事を書いている[27]。最近では共和党全国委員会の広告ディレクターを務めたゲイリー・コビーが、2016年の大統領選の際、トランプ支持を訴えるフェイスブック広告を毎日4万種類から5万種類も展開して実験を行なった[28]。

しかし、フェイスブックは簡易なA／Bテストをサポートしているものの、それで測定される結果は閲覧数とクリック数であって、投票数ではない。実際に民主党の実験でも共和党の実験でも、フェイスブック広告は候補者の知名度は上げていたが、有権者がそれぞれの党に多く投票する結果にはつながっていなかった[29]。また、投票率向上を促す非営利団体として有名な「ロック・ザ・ヴォート」が、30万人以上の有権者に対してフェイスブック広告を出した際も、投票行動には何のインパクトも与えられなかった[30]。

メールと同じでネット広告も、自分の友人がかかわっている場合には、行動を促される効果があるらしい。2010年の中間議会選挙の当日、アメリカのフェイスブックユーザー6100万人を対象とした大規模な実験が行なわれている。[31] このときユーザーが見た広告は３種類あった。一つは「私は投票しました」というボタンとともに、先にその広告を見てボタンをクリックした友人のアイコン画像が表示される（社会的圧力を与えるメッセージ）。もう一つは、同じく「私は投票しました」のボタンとともに、何人がクリックしたかという統計値が表示される（情報《インフォマーシャル》メッセージ）。そしてもう一つはボタンのみで、メッセージは何もないというもの（対照群）だ。この３種類のクリック数と投票記録を調べたところ、社会的圧力のメッセージでは受信者２５０人につき１人の割合で、投票者が増えていたことがわかった。反対に情報メッセージの場合は、対照群と比べて、投票者が増える様子はなかった。人は大勢が投票しているから投票するのではない——親しい友人が投票しているから、投票するのである。

全般として、選挙キャンペーンに関するＲＣＴの結果には、投票の有無や票の行き先を変えるのは難しいと再認識させられるばかりだ。だが、ＲＣＴを賢く活用し、僅差の選挙を動かすことは不可能ではない。過去数十年間でも、地方選挙または全国選挙で、１０００票に１票未満の得票差で勝敗が決まる事態は数十件も起きてきた。２０００年の大統領選もそうだった。ジョージ・Ｗ・ブッシュは、当落を左右する重要な州フロリダで、わずか５３７票差でアル・ゴアを破った。政治においては、ごく小さな優位であっても、それが明暗を分けることもある。

*

ＲＣＴは寄付金調達にも活用されている。研究チームが慈善団体や政治団体と手を組んで、寄付の呼びかけにどの戦略が最も効果的か、一連の実験で調べるのである。アメリカのノースカロライナ州での実験では、慈善団体のスタッフが、地元の大学の環境研究所設立に対する支援を呼びかけた。[32] シンプルに寄付をお願いするスタッフと、寄付をすれば賞品が当たると説明するスタッフを、無作為に分けた。すると賞品がある場合は寄付者の数がほぼ2倍、金額も約50％増となった。

このとき支援のお願いを受けた世帯の行動には、ほかにも違いが見られた。訪問したスタッフが魅力的な女性だった場合、男性は、より寄付をする傾向があった（アリストテレスが言ったように、「美はどんな手紙よりも優れた推薦状」だ）。そんなこと、RCTで得られる発見の中で最も意外性がないと思うかもしれないが、賞品の影響と美の影響がほぼ同等の規模だったことは興味深い[33]。

慈善団体のスタッフの訪問を受けて、喜ぶ人もいるのかもしれない。だが、ある興味深い実験は、寄付のお願いをしに来る訪問者は歓迎されざる存在だと示唆している。シカゴの小児病院で募金活動を行なうのに先立ち、無作為に選んだ一部の家庭にお知らせを送付して、家を訪問する正確な時間を知らせた[34]。すると、今この時間にドアをノックしてるのは誰だか知っていることによって、その家庭がドアを開ける確率は最大で4分の1も減少した。お知らせの一部には「訪問しないでください」というチェックボックスを記載し、家主の意思表示ができるようにしたところ、寄付は3分の1減った。この実験も、理論だけでは出てこない考察を導き出している。人が寄付をする主な要因は、温かい気持ち《ウォームグロー》になりたいという欲求だ――と主張する学者もいるが、もしそれが真実だとしたら、ドアをノックする訪問者が寄付をお願いしに来たと知っている家庭は、なおさらドアを開く傾向があるはずだ。募金活動だとわかっていて居留守を使うということは、寄付をするのは単に社会的圧力に屈している場合が多いという意味になる[35]。

キリスト教の慈善団体である救世軍《サルベーション・アーミー》は、クリスマスシーズンに「レッドケトル」という募金活動を行なう。人がどの程度、罪悪感を避けるという理由から寄付をするものなのか、経済学者のチームがこの募金活動で実験を行なった[36]。ボストンのスーパーマーケット1店を選び、2カ所ある出入り口のうち無作為で片方に、募金活動のスタッフを一人配置した。すると平均して1分間に33セントが集まった。次は救世軍スタッフが、通りかかる買い物客一人ひとりに、「ご協力をお願いします」と声をかけた。このときの効果は2種類あった。集まった額の平均が1分間に55セントへと上昇した一方で、この出入り口を避けて別の扉から出ていく買い物客の数が3分の1増えていたのである。今度は、2カ所の出入り口の両方に救世軍のスタッフを立たせた。礼儀正しく寄付を求める顔に直面し、罪悪感なしでスーパーマーケットから逃げ出す道もふさがれたことで、ボストン住民が出す金額は1分間99セントになった。罪悪感を最大化し、罪悪感回避の機会を最小化することによって、集まった額は3倍。レッドケトル活動を支えているのは3分の1が寛大さで、残りの3分の2は罪悪感を逃れたい気持ちだったというわけだ。

その他にも、RCTを経たことによって、慈善団体の寄付金調達活動が改善された例がある。たとえば「先導的寄付者《リード・ドナー》」がすでに寄付を済ませたことを聞かされた人は、寄付をする可能性が高くなるとわかった。[37] ドイツのオペラ団の寄付金調達から、フロリダの環境政策研究所の資金集めに至るまで、多種多様な状況において、リード・ドナーに言及した文書を受け取った人々の寄付金額は50%から100%増えていた。そうした種銭は、この慈善団体は支援する価値がある、というシグナルになるらしい。

ほかにも効果的な戦略として、マッチング・ドネーションという手法がある。あなたが1ドル寄付すれば、そこに企業が1ドル（2ドルや3ドルかもしれない）足して寄付をします、という仕組みのことだ。アメリカの市民権利団体が無作為にダイレクトメールを使った実験を行なったところ、自分の寄付がマッチングで増えると知った人は寄付をする傾向が5分の1高くなっていた。[38] しかし、マッチング率が上昇しても――1ドルではなく3ドル足すなど――気前良さに変化はなかった。経済学者を困惑させる結果だ。マッチング率が高いほど、寄付をすることの「値段」は実質的に下がるからだ。たとえば1ドル・マッチなら、1ドル出せば2ドル寄付される、つまり50セントで1ドルの寄付ができるのに対し、3ドル・マッチなら、たった25セントで1ドル寄付できることになる。経済学者だけでなく、寄付金調達の専門家が多く主張する内容に照らしても、この実験結果は意外だった。たとえば、「アメリカで最も成功し最も尊敬される寄付金調達専門家の一人」が執筆したハンドブックは、1対1のマッチングと比べて、「より気前のいいチャレンジ（1ドルに対して2ドル）のほうがマッチングとして魅力が増す」と主張した。(39) 理屈としては筋が通っているが、ランダム化評価によれば、その主張はまったく的外れだった。

意外なことに、成功率が高かったのは、「一回限り」式のキャンペーンだ。慈善団体スマイル・トレインは、「一度寄付をすれば二度めの寄付を求めない」という約束をした。(40) 一般的な寄付金調達の知恵としては、寄付者とできるだけ太い絆を作ることに集中すべきだと言われるが、この戦略はその逆を行ったというわけだ。ところが蓋を開けてみると、人々は今後の勧誘がないという選択肢があることを気に入っていたが、では実際に「今後の勧誘は不要」のチェック欄にチェックを入れるかというと、ほとんどそうしていなかった。この「一回限り」アプローチで寄付金総額はおよそ50％増えた。

反対に、RCTによって、慈善活動の一般的な説の裏付けがとれたこともある。ある国際的支援団体は、ささやかなプレゼント（バングラデシュで路上生活をする子どもが描いた絵ハガキ4枚）で、寄付がほぼ倍に増えることを発見した。(41) ある経営大学院は、人気の経済学者を招いた講演会に卒業生限定で聴講募集をすることで、卒業生の寄付を倍以上に増やした。(42) ニュージーランドの画廊は、空っぽの募金箱を置いた日よりも、最初から数枚の紙幣を入れて設置した日のほうが、寄付が50％多くなることに気づいた。(43)

では、具体的な額を提示するという方法は、寄付金の増額につながるだろうか。大道芸人がひっくり返した帽子を差し出し「お札だけ、お願いします！」と言うのを見た経験があるなら、もらいの合計が増えるか減るか、なんとなく察しがつくかもしれない。寄付についての実験で、ラジオでリスナーと電話をしてさまざまな金額を提案して寄付を呼びかける場合と、1種類の金額を指定して募る場合と、ダイレクトメールで3種類の金額を提案する場合を比べた。すると、人は提案された中から適した金額を選ぶのが苦手である、ということがわかった。選ばせる形式にすると、その選択肢しだいで、寄付金総額は上がったり下がったりするのだった[44]。

慈善団体の寄付金調達活動が科学的な手法になってくると、人はなぜ、どのように、誰に寄付をするのか、それを解明する高品質な調査も求められるようになった。シカゴ大学は2012年に、ジョン・テンプルトン財団から約500万ドルの資金提供を受け、「サイエンス・オブ・フィランソロピー・イニシアチブ」という機関を設立した。研究所長となったジョン・リストは次のように説明している。「寄付金調達活動の効果を測定する実験を請け負うときは、必ずパートナーにわれわれの実験についての考え方を説明している。依頼状のランダム化についてどう考えるか、電話のランダム化についてはどうなのか、多人数の寄付者をさまざまな手法でランダム化する際にはどうするのかなどだ[45]」

政治分野での実験では、悪いことの阻止を掲げたほうが寄付を集められるか、それとも善いことの促進を掲げたほうが寄付を集められるか調べた研究がある。妊娠中絶の権利を主張する団体によるRCTでは、中絶が認められない場合の脅威を訴えたほうが、寄付が集まる傾向があると確認された[46]。バラク・オバマの2012年の選挙戦でも同様の結論に達した。メール件名をRCTで調べたところ、「ミシェルの活動をご支援ください」という件名で寄付金を募ったときにはおよそ70万ドルが集まったが、「このままでは資金不足になります」という件名では260万ドルが集まった[47]。政治はゼロサムゲームなので、政治資金調達方法に関する発見は多くが非公開となりやすいのだが、理念を共にする仲間内では策が共有されることもある。2

０１２年の選挙でオバマ陣営のデータサイエンス・チームを率いたダン・ワグナーは、その後にシビック・アナリシスという企業を立ち上げた。進歩派の議員などに分析サービスを提供しており、たとえば２０１５年のカナダ総選挙で当選し首相となったジャスティン・トルドーも、ワグナーの分析を取り入れている。

＊

２００１年2月2日、西アフリカのベナン共和国にあるティシールーという村で、共和国大統領候補サッカ・ラフィアの選挙運動チームによる公開集会が開かれた[48]。この地域から候補者が出るのは１９６０年以来だ、と選挙運動員は村人たちに説明した。「もし当選したら、彼は必ずやボルグーとアリボリ〔ともにベナン共和国内の県の名前〕のお役に立ちます。新しい学校、病院、道路を作り、何より重要な点として、行政機関にバリバ人〔ボルグーとアリボリに住む人々のこと〕の起用を推進します」。縁故主義にのっとってコミュニティに利益があると訴えるアピールだ。

翌日、同じ選挙運動チームが最寄りの村アラフィアルーを訪れた。ここでもラフィア支持を訴える集会を開き、当人に代わって選挙演説を行なったが、今回はメッセージの内容を変えた。「もし当選したら、全国規模の教育改革と医療制度改革に取り組み、新しい学校や病院の建設、そして予防接種の推進活動に力を入れます。他政党のリーダーとも協力し、汚職を撲滅して、ベナン共和国のあらゆる民族集団や地域間に平和を促進します」。こちらは、よりよい国家構築のための優れた公共政策を訴えるという、いわゆる意識の高いアピールだった。

選挙運動チームはベナン各地で同様の遊説をした。このときの大統領選に出馬した主な政治家たちは、事前に社会科学者による調査に同意し、それぞれ選挙演説を2種類用意していたのである。利益誘導型か、それとも、優れた国造りを謳うか。この種の政治運動のどちらが効果的か、政治科学の世界では数十年前から研究が行なわれてきたが、ここで実際に試してみたというわけだった。

選挙後、それぞれの村の有権者に調査すると、奇妙な結果が浮かび上がってきた。利益誘導型の演説は、主に男性有権者で支持される傾向があったのに対し、国造りを謳うほうは女性有権者の支持を獲得する傾向があった。一つのユニークな実験が、それまでの研究ではほとんど俎上にのぼらなかった発見を掘り出したのである――ベナンの男性は地域レベルで思考する一方で、女性は国家レベルの視野をもって思考することが多かったのだ。

政治家と協力した――もしくは政治家を対象とした――実験はその後も続々と実施されている。ベナンの選挙演説実験のあと、シエラレオネでも、選挙討論のインパクトを調べる研究が行なわれた。無作為に選んだ地区で、候補者による討論会を開催するというものだ[49]。シエラレオネの選挙活動は昔からもっぱら「米袋かTシャツの配布」が中心だったので、討論をするというのは目新しい試みだった。公の場で一度も演説経験のなかった候補者が、実に巧みに主張をすることもあった。反対に大失敗をすることもあった。討論オーガナイザーを務めたサア・バダブラは、「討論の仕方がまずいと、人々は「議会に行ったら法のことを話すんだ。この人にそれが務まるのか？」と考えた」と述べている[50]。

討論会が開催された選挙区では、候補者たちは、よりいっそうの努力をした。市民は、争点となっている問題について、より多くを理解した。討論会を見聞きした有権者では、自分たちが重視する問題を最優先事項に掲げる候補者に投票をしに行く確率が、9％ポイント高まっていた。選挙を経て当選した政治家の行動にも変化が見られた。討論をした地区から出馬し当選した政治家は、任期1年目に市民集会を開く件数が2倍だった。特に民族紛争で疲弊した地域において、重要な問題について暴力に逃げずに意見をぶつけあえる風土を促進するにあたり、選挙討論は必須の手段ではないかと研究者らは考えるようになっている。

アメリカの政治家が人種差別主義者かどうか調べた研究もある。州議会議員数千人に簡潔なEメールを送って、有権者登録について質問するという実験だ。(51) 人種的バイアスの有無を確かめるため、メール送信者の名前に無作為で変化をつけた。白人によくある名前、ジェイク・ミューラーとするか、それともアフリカ系アメリカ人によくある名前デショーン・ジャクソンとするか。すると、黒人名前で出したメールに対し、返信がある確率は全体で5％低いことが明らかになった。(52) 白人の政治家は白人有権者の問い合わせには反応する傾向があり、黒人の政治家は黒人有権者の問い合わせに反応する傾向があった。南アフリカで行なわれた別のRCTでも同様の結果が出ている。(53)

アメリカの選挙はここ数年で、涙なくしては語れないほど、カネがかかるようになった。実例から言って、選挙で当選し下院で議席を獲得するためには100万ドル以上、上院で議席を獲得するためには1000万ドル、そして大統領の座を獲得するためには10億ドルほどかかる。(54) ある選挙資金専門家が皮肉をこめて指摘したとおり、こうした資金は、学校の慈善バザーで手作りクッキーを売って集めるものではない。(55) だとすれば考えたいのは、寄付をすれば誰がどれだけ政治家から見返りを受けるのかという点だが、専門家の見解は分かれている。この問いに対し、あるロビー団体は、アメリカ連邦議会の議員191人と面会を取り付けようとする実験をした。(56) 地元出身議員に対する寄付者だけで構成されるグループを作り、その代表として、ロビー団体が当該の議員に面会を求めるのだ。ただし、面会要請は「有権者より」とする場合と、「寄付者より」とする場合に分けた。すると、寄付者だと名乗った場合のほうが、3倍から4倍も面会にこぎつけられるという結果が出た。

政治家に追加の情報を与えることで、法案に対する彼らの支持・不支持が変わるか調べた例もある。アメリカのニューメキシコ州の実験では、一部の州議員に、有権者の考えについて情報を送った。(57) ニューハンプシャー州の実験では、同じく一部の政治家に、ある陳情メールを送った。(58) どちらの実験でも、議会での姿勢に影響が生じていた。このことは、たった一つの世論調査や、たった一件の陳情活動によって、議員は立場を変えうると示唆している。アメリカの上院議員に警告書を送るというRCTも、ささやかな介入に結果を左右する力があることを裏付けた。警告書の内容は、ミスリーディングな演説を行なった場合に生じる影響を教えるというものだった。これを受け取った政治家は、発言の信憑性を検証するファクトチェック・レーティングでマイナスの評価を受けることが少なかった。(59)

私は政治に携わっている。政治家が、政治に関する実験について語るなんて、ケージの中のラットが「このケージの迷路、なかなか使えるんだぜ」と言っているに等しいと思われてしまうだろうか。政治家を対象とした実験を奨励するなどと言えば、私の議員仲間も、きっと眉をひそめるだろう。だがRCTは実際に、政治プロセスの進め方に新しい光を当てる。もし政治家がマイノリティの有権者を冷遇し、寄付者を優遇しているのだとしたら、大衆はそのことを知る権利があるのだ。

＊

2008年、アメリカ初の黒人大統領を圧倒的に支持したカリフォルニア州の有権者は、同年に同性婚を禁止する法案に票を入れた。同性愛者の活動家たちはこれに衝撃を受け、激しく動揺した。住民投票で敗北したあと、LGBTコミュニティのリーダーたちは、偏見を減らす最善の方法を探り始めた。

多くの案が出たが、彼ら・彼女らが最終的に選んだのは、身構えずに誠実に対峙して会話をするという戦略だった。地域の住宅を1軒1軒訪ね、自分たちが受ける差別について説明し、ぜひ差別反対の活動に参加してほしいと訴えかけたのである。このアプローチは「ディープ・キャンバシング（深い戸別訪問）」と言われる手法で、同性愛者に対する共感意識を深めることで差別を取り除いていくのが狙いだった。現在ロサンゼルスLGBTセンターでリーダーシップ・プログラム統括者となっているデイヴィッド・フライシャーは、この手法が奏功した理由として、人々の価値観を結びつけたからだと語っている。「相手の意見を否定せず、こちらの弱みや弱音もさらけ出し、同性婚や同性愛者に関する実体験を互いに話し合うことで、人々の考えも変わり始めた(60)」

2014年末の時点で、このディープ・キャンバシングに絶大な賛同が寄せられた。世界一流の学術誌『サイエンス』に掲載された論文が、カリフォルニアで実施したRCTの結果を報告したのである。同性愛者当人が住民の家を訪ね、顔を合わせて20分間の会話をした場合、同性婚を支持する方向へ態度が変化していたというのだ(61)。メディアはこぞってこの結果を報じた。

その後フロリダで、デイヴィッド・ブルックマンとジョシュア・カラという若き研究者二人が、同様の調査に乗り出した——ディープ・キャンバシングでトランスジェンダーの人々に対する認識を変えられるかどうか試したのである。ところが『サイエンス』誌に掲載された論文のデータを詳細に調べてみると、いくつもの研究不正が見つかった(62)。最終的にブルックマンとカラが出した結論は、もとの論文執筆者の一人——大学院生——が結果を捏造したというものだった。もう一人の執筆者で、指導的立場だったドナルド・グリーン教授は、『サイエンス』誌に論文撤回を申し入れ、「データは存在しなかった。データを集めるための妥当な作業も行なわれていなかった」と、悲嘆に満ちた宣言を出している(63)。

同性愛者の権利のために30年以上も活動してきたデイヴィッド・フライシャーは、彼らの活動の効果を認めた論文が捏造だったと知って、ショックを受けた。そして、その論文について報じたジャーナリストたちに自分から電話をかけて、ディープ・キャンバシングの効果にエビデンスはなかったと告げた。「(研究にあたった大学院生は）私たちを騙した。私たちを利用した。けれど、私たちが決してあきらめるつもりはないことも、記者たちに伝えておきたかった」[64]

カリフォルニアでの実験の信憑性はこうして失われたが、不正を暴いたブルックマンとカラは、さらに彼ら自身でも調査をしている。彼らのフロリダでの調査が、ディープ・キャンバシングに対する初の正式なRCTとなった。戸別訪問の3カ月後、訪問を受けた世帯に電話調査を行なった。データを分析したブルックマンは、思わずパソコンの画面から少し身を離して、こう言ったという。「おい、これはなかなかユニークじゃないか」[65]

フロリダでの研究は、ディープ・キャンバシングの価値を証明していた。それどころか、捏造されたカリフォルニアの結果よりもしっかりした結果を示していたのだ[66]。効果の規模を評価する方法の一つは、この場合で言うと、トランスジェンダーの人々に対する態度の変化を、年月を経て生じた自然な変化と比べることだ。トランスジェンダーについての自分の見解を、0から100の目盛りで示すという調査で、平均的なアメリカ人の態度が過去15年間で9ポイント軟化してきたことがわかる。ところが、戸別訪問の効果は、それをさらに上回っていた。1回の会話で、トランスジェンダーに対するフロリダ住民の態度は、肯定的へ10ポイント進んでいたのである。顔を合わせた会話を10分間もつだけで、15年分以上も態度が変わっていたというわけだ。

ブルックマンらの新しい調査では、さらに、戸別訪問に赴いた人物の背景よりも、会話のスタイルのほうが、社会の意識変化を促していたことも浮き彫りになった。カリフォルニアの不正調査では同性愛の活動家による効果だけを調べたことになっていたが、フロリダの調査では、戸別訪問をする活動家がトランスジェンダーでも、そうでなくても、人々の意識を変えることができていたとわかったのである。フライシャーが

「有権者の気持ちと考えを、私たちの努力で変えていけることが確認された。今回は本当に」と語っている。[67]

研究不正のエピソードがつねにこうしたハッピーエンドを迎えるわけではない。しかし、捏造が明るみに出た理由の一つは、ＲＣＴが本質として、きわめてシンプルであるからだ。シンプルであるがゆえに、他の研究結果とまたがった比較も容易にできる。そのため発見に疑わしさがあれば明るみに出るのだ。仮にカリフォルニアの分析が、巧みな統計技術をあれこれ駆使したものだったとしたら、不正は埋もれていたかもしれない。ＲＣＴはきわめてシンプルなので、誰でも実行できる。あなた自身にも可能だ。どんなふうに活用できるか、次の章から見ていきたい。

10 あなたも実験台

2017年7月の数日間、グーグルで「ランダム化実験 randomised trial」「A／Bテスト A/B testing」「RCT」と検索した人は、サイドバーに広告が出たのを見たかもしれない。広告の下に「2018年発売予定」と出て、私が本を出す出版社のウェブサイトにリンクがはられていたはずだ。

完成前だった本書の宣伝だ。ただしこの広告は、宣伝のほかに、もう一つの役割を担っていた。ウェブユーザーが見た広告には、本のタイトル候補12種類のどれかが無作為で表示されていたのである。『ランダミスタ――世界を形作った実験』『ランダミスタ――A／Bテストの知られざるパワー』『ザ・ランダミスタ――シンプルなテストが世界を作る』などなど。私にも編集者にもそれぞれ気に入ったタイトルがあったのだが、最終判断はRCTで決めることで同意した。人々が猫の動画を見たり、アイスバケツ・チャレンジを回したり、キム・カーダシアンの日常を眺めたりするために使っている媒体に、この本のタイトルを委ねたのである。

1週間後、4000人以上がこの広告のどれか一つを見て、勝者が明らかになった。『ランダミスタ――ラディカルな研究者たちがいかに世界を変えたか *Randomistas: How Radical Researchers Changed Our World*』〔本書原題〕というタイトルを見たウェブユーザーの広告クリック数が多く、『ランダミスタ――実験の知られざるパワー』

と比べると2倍もの差があったことがわかった。一番反応が薄かったのは『ランダミスタ――パワフルなツールがいかに世界を変えたか』で、誰もクリックしなかった。実験準備にかかった時間は1時間、私が払った代金は50ドルほどだ。

私は数年前に、同じ出版社で不平等に関する本を書いたことがある。担当編集者は『充分に公正か？ *Fair Enough?*』〔「OK」「わかった」という軽い返答にも使われる表現〕というタイトルを勧めた。私の母は、『ふつうの人と金持ちの人 *Battlers and Billionaires*』がいいんじゃないかしら、と言った。そこで数日間のグーグル広告実験をしてみたところ、母の案にほぼ3倍のクリック率が発生していたことがわかった。編集者はエビデンスを寛大にも受け入れ、かくして翌年には『ふつうの人と金持ちの人』が書店に並ぶこととなった。

これらは完璧な実験だったのか、と問われるならば、答えは「まさか」だ。本を売ろうとしていたのだから、本当に理想的な実験をするとしたら、アマゾンや書店などに無作為で異なる表紙を並べるべきだった。だが、それをするとなると、私がかけられる時間とお金では間に合わない。だから、ネットで何らかの話題を検索する人と、同じ話題の書籍を購入する人は、充分に同等であると考え、それを合理的な想定としたのである。

昨今では、Eメールのキャンペーン効果を高めたり、ウェブサイトのデザイン変更を決めたりする際に、そのための実験をするツールがネットで何十種類も簡単に手に入る（AB Tasty, Apptimizm, ChangeAgain, Clickthroo, Kameleoon, Optimizely, SiteSpect, Webtrends など）。アマゾンをプラットフォームとして利用し商品を売る小売業者も、「スプリットリー Splitly」というツールを使えば、商品説明や画像を無作為に入れ替えて実験できる。第8章で述べたとおり、アマゾン自体は２０００年に価格実験はしないと約束したが、今ではこうしたツールを通じて、サードパーティのリテイラーが価格を無作為に変動させているのだ。スプリットリーのサイトに書かれている説明によると、A／Bテストを通じて、これまでに約100万ドルの新たな売上をアマゾンで発生させてきたらしい。表示価格が大きく揺れ動く理由の一つが、こうしたアルゴリズムの存在なのだ。どれだけ動くか知りたいなら、キャメルキャメルキャメル・ドットコム CamelCamelCamel.com というサイトにアクセスしてみるといい。アマゾンでサードパーティが売る商品の価格履歴が表示されている。ボードゲーム「クラシック・ツイスター」の値段は、2014年から2017年のあいだで、3・48豪ドルから49・80豪ドルの範囲で変動した。(1)

私はオーストラリア国立大学で経済学入門を教えていたときに、学生たちを対象として、ちょっとしたRCTを行なった。私がフォーマルな服を着るかどうかで、講義に対する評価にインパクトが生じるか調べたのだ。1学期間を通じて、あるときはジャケットとネクタイを着用し、あるときは少しカジュアルな服装で教壇に立った。毎回の講義の終わりに、内容を1から5で評価するよう求めた。1学期間の最後にデータを集計したところ、学生はネクタイつきの講義を好むというエビデンスは見られなかった。教壇に立つ者への教訓は次のとおりだ。身に着けるべきはファクトであってファッションではない。

医療の世界では昔からさまざまな自己実験が行なわれている。(2) アメリカの外科医エヴァン・ケーンは、盲腸手術に全身麻酔が不要だと証明するため、自分で自分に局所麻酔を打って、盲腸を摘出した。ポリオワクチンを発明した医学者ジョナス・ソークは、ワクチンが安全であると証明するため、自分に、その後には妻と子どもらにも注射をした。オーストラリアの科学者フランク・フェンナーは、ウサギを死に至らしめるミキソーマウイルス（兎粘液腫ウイルス）が人体に無害であると証明するため、ウサギ数百匹を殺傷する量のウイルスを自らに注射した。確かに彼の身体に害はおよばなかったが、その後「ウサギ男」というあだ名がついた。

さらなる限界に挑戦した例もある。1983年、ラスベガスで開催された米国泌尿器科学会に登壇したジャイルズ・ブリンドリーという生理学者は、局部への注射で勃起を引き起こすことが可能であると発表した。そして、登壇直前に自分のペニスにパパベリンと呼ばれる勃起促進注射をしたと告げた。スクリーンには、彼の弛緩した状態のペニスの写真が何枚か表示されている。ふつうの人にとって人前で講演をするのは性的経験とはならないでしょう、とブリンドリーは語った。その後の展開を目撃した人物の話によると、「彼は間髪いれずにズボンとパンツを下ろし、長細く、明らかに勃起したペニスを披露した。会場は水を打ったような静寂だった。誰もが息を呑んでいた」(3)

介入をする、しないを入れ替えられるのであれば、たった一人を対象としたRCTも可能だ。こうした単一被験者法（N of 1 実験ともいう）は、希少な病気のために開発された医薬品や、特定の患者の遺伝子に合わせて調整された医薬品を調べる場合に、少なからず行なわれている。(4) たとえば、10万人に1人が罹患する希少な神経筋疾患に対する治療薬の試験が、今現在もオランダで進行中だ。(5) 希少疾患の治療に使われる薬は、ほぼ例外なく、きわめて高額になる。(6) 年間何十万ドルもする薬で望ましい効果が出るかどうか、保健機関が判断するためには、往々にして単一被験者法が欠かせない。

第8章で紹介した価格実験――1店で週ごとに価格を変えて実験した例――と同じく、単一被験者法は、私たちが世界を知るためにランダム化を活用する新しい手法の一つなのだ。

＊

広く知られているRCTには、大人数を対象とするもの（メキシコの条件付き現金給付など）や、多額のコストがかかるもの（ランド医療保険実験など）、何年もの年月を要するもの（ペリー幼稚園の実験など）があるため、

RCTは実行がかなり難しいと見られることがある。そのため現代の研究者にとっては、短期間かつシンプルに、そして安価に行なえるRCTを提示することが重視されている。

2013年、オバマ政権のホワイトハウスは主要な財団から数多くの協力を得て、低コストのRCTのコンテストを立ち上げた。莫大な予算をかけなくても社会プログラムの評価は可能だと証明するのが狙いだ。50件以上の応募の中から最終的に3件のプロジェクトが選ばれた。そのうち一つは、連邦政府の1部門が労働環境の健康・保安検査を抜き打ちで行なうという内容。もう一つはボストンの非営利団体によるもので、身内に大卒者のいない低所得層の若者が大学卒業を目指す際に、集中的なカウンセリングを提供するという内容だった。[7]どちらもコストは20万ドル未満だ。コンテストはその後も非営利団体を通じて継続されている。審査委員会から高い格付けがついたプロジェクトすべてに助成金が出る。[8]

ここ数年、調査を通じて人の行動を理解し、政策に役立つ情報を導き出す「行動インサイト・チーム」が、世界各地の中央政府機関に続々と発足し、いずれもシンプルを旨としたアプローチを活用している。最初に導入したのはイギリスだ。イギリス政府は2010年に、心理学と行動経済学の法則を政策形成に活用することを目的として、「ナッジ・ユニット」と呼ばれる機関を設立した。ユニットが行なう介入はほとんどが低コスト――既存のダイレクトメールを調整するなど――で、可能な限りRCTを通じて効果を確認する。わずか2週間ほどの実験をした例もある。この小さな機関が実施したRCTの数は、イギリス政府が過去に行なった実験の総数をすでに上回っている。[9]

ナッジ・ユニットが主眼を置くのは「低コストで迅速」な実験だ。[10]たとえば自動車税の支払い通知書に、違反車両の写真を掲載し、「税金を払わないと車を失います」というキャプションを添えると、支払いを促す効果が9％ポイント高くなるとわかった。[11]封筒に「アンドリューさん、必ず開封してお読みください」と手書きで書いて郵送したときは、支払う人の割合が４％ポイント高くなった。大量送付するダイレクトメールに手書きの文章を添えるのは骨が折れるが、その手間にかけたコスト1ポンドあたり、支払額が２００ポンド増えていたのである。[12] 納税遅れの問題に対しても、催促の方法をさまざまに実験し、最も効果的なメッセージをつきとめた。「あなたのお住まいの地域では、圧倒的大多数の人が、期日通りに税金を納めています。あなたと同じく債務のある方も大半はすでに納めています」という2文を加えたところ、納付率は５％ポイント上昇した。[13] 事実上コストゼロの実験で、納付金額が数百万ポンド増えたというわけだ。

ナッジ・ユニットはほかにもコスト効果の高い介入方法を見つけている。たとえば裁判所から支払督促を受けた人に、強制執行人が自宅を訪問する予定日の10日前にテキストメッセージを送ると、支払いをする確率が2倍になった。[14] テキストメッセージによって、執行人の自宅訪問を15万人分も回避できたことになる。[15] また、海外から来ている居住者に、ビザの失効日前に文書を送れば、有効期間内に出国する確率が20％高くなった。[16] 求職者に求人・求職イベントへの参加を促すテキストメッセージを、事務的な一斉同報メールではなく個別にあてた内容にして、幸運を祈る旨を書き添えると、参加率がほぼ3倍になった。[17] 自動車免許の更新時には、あわせて臓器ドナー登録について意思表示の確認を行なうのだが、登録を促す最善の方法をオンラインで調べたこともある。[18] このときナッジ・ユニットは、登録を呼びかけるウェブサイトに8種類のメッセージを無作為で表示した。一つは、誰かの笑顔の写真と、「このページを見た人が、毎日数千人も、ドナー登録をする決断をしています」という文章を添えたもの。別のページでは写真は掲載せず、「もしあなたが、臓器移植を必要とすることになったら、誰かに提供してほしいと思いますか。そう思うなら、ぜひあなたも誰かのためにドナーになってください」という文章だけを添えた。ナッジ・ユニット責任者デイヴィッド・ハルパーンが指摘するとおり、どちらが効果が高いか、即座に判断するのは難しい。ＲＣＴをしたところ、「あなた自身が提供してほしいと思うなら」と訴えかけるメッセージで、ドナー登録が年間10万人増えたことが確認された。

　こうしたイギリスのモデルを踏襲して、オーストラリア、ドイツ、イスラエル、オランダ、シンガポール、そしてアメリカの政府もナッジ・ユニットを設立した。カナダ、フィンランド、フランス、イタリア、ポルトガル、アラブ首長国連邦も採用する方向で検討中だ[19]〔日本でも２０１９年に経済産業省にナッジ・ユニットが設立された〕。オーストラリアのニューサウスウェールズ州のナッジ・ユニットが実施した実験では、交通違反の反則金支払い通知書のトップに「今すぐお支払いください」という赤いスタンプを押すという簡単な工夫で、納付率が３％ポイント上昇し、州政府の歳入が１００万豪ドル増え、同時に８０００人以上が運転免許失効を免れた[20]。同じくニューサウスウェールズ州のシドニーにある聖ヴィンセント病院で実施した実験では、受診予約をリマインドするテキストメッセージを８種類用意して、無作為に送信した。すると、予約不履行は病院にとって１２５豪ドルの損失となることを告げたメッセージのとき、一般的なメッセージと比べて、受け取った患者の受診率が３％ポイント伸びたことが確認された[21]。

　オーストラリア政府が立ち上げたナッジ・ユニットは、その名称を「ＢＥＴＡ」という。ＢＥＴＡは外務省、国税庁、全国障害者保険制度など、省庁や連邦機関と連携した10件以上の実験をこれまでに行なっている。イギリスのナッジ・ユニット責任者デイヴィッド・ハルパーンと同じ立場に就くのが、ＢＥＴＡ設立責任者マイケル・ヒスコックスだ。ヒスコックスは、できるだけ既存のプログラムを工夫することで、迅速かつシンプルに実験をしていくことに主眼を置いている[22]。データ収集はＲＣＴの中で最もお金がかかる部分となりやすいので、なるべく新たな調査は行なわず、既存の行政記録を活用するのだ。

　「ビッグデータ時代」とも言われる現代では、政治が（そしてビジネスも）、過去に例のないほど膨大な市民情報を持っている。出生時の体重、試験成績、福祉給付金の支払い、納税申告、入院記録、犯罪記録など、政府のデータベースは個人情報であふれている。国によってはこうした情報の紐づけが行なわれており、スカンジナビア政府はすでに国勢調査をやめて、行政データからの把握に絞っているほどだ。もちろん市民は、自分たちの情報が非公開で扱われることを期待する。しかし、だからといって、政府機関が既存データを活用してRCTのインパクトを測るのをやめさせるべきだ、ということにはならない。ビッグデータで情報が低コストで手に入るなら、RCTはいっそうシンプルになるからだ。

＊

もう一つ、シンプルなRCTがしやすいのは、くじだ。ここまでの章でも見たとおり、応募倍率の高い学校やベトナム戦争への徴兵で実施された抽選について、RCTという観点からさまざまな研究が行なわれてきた。経済学者は現金の当たる宝くじにも注目し、思いがけない大金が人の人生をどれほど変えるかを研究している。それに対する大雑把な答えは、「思ったほどではない」だ。たとえばオランダの宝くじ当選者を調べた研究では、年収の3分の2に相当する金額が当たった場合、人は自動車を買い替え、新しい家電を購入する傾向があった[23]。だが半年が過ぎると、当選した世帯の幸福度は、当選しなかった家庭の幸福度と変わりなかった。アメリカで、宝くじ当選者は子どもを大学へ入れる確率が高くなるかどうか調べたところ、当選金額がきわめて高額だった場合のみ、その効果が確認された[24]。スウェーデンでも、宝くじ当選者は働く時間を減らす傾向があったものの、その差はかなり小さかった[25]。

世界の大半の人々にとっては、自国よりリッチな国に引っ越せるというのが、人生最大の宝くじ当選である。世界人口およそ80億人のうち、約60億人が開発途上国に住んでいる。調査によれば、そのうち少なくとも20億人が、可能であれば先進国に移住したいと考えている。[26] 移住の需要過剰に直面した先進国の一部では、誰にその枠を割り当てるか、抽選で決めるようになった。抽選ならば、その人の事情、財産、人脈に左右されず、希望者が全員対等な条件になるというのが、ビザ抽選システム賛成派の意見だ。

ビザが抽選制となれば、奇しくも研究者にとっては、ある国から別の国へ移住することのインパクトを推定する有効な手段が得られる。[27] 移住する人は自分でその道を選んでいるのだから、移住した人と母国にいる人の結果を比べただけでは、結果が不適切にゆがむ可能性が高いからだ。のちに俳優と政治家になったアーノルド・シュワルツェネッガーは典型的なオーストリア人ではない〔オーストリアからアメリカへ移住〕。テニス選手のマルチナ・ナブラチロワは典型的なチェコスロバキア人ではない〔チェコスロバキアからアメリカへ亡命〕。映画監督のアン・リーは典型的な中国人ではない〔台湾出身でアメリカ国民〕。別の国で暮らし始めることで人生がどう変わるか知りたいなら、移住した者と、母国に残った人々とをただ比べるのは間違いだ。条件がほぼ等しい人々が移住に応募し、その中から偶然のみによって移住者が決まる、というシチュエーションが必要なのである。ビザ抽選はまさにこれに相当する。

ある研究では、インドのソフトウェア開発会社からアメリカのソフトウェア開発会社に転職した社員を調べた。[28] ビザ抽選に応募し当たらなかった人と比べて、当たって移住した人は、年収が6倍になっていた。別の分析では、ビザ抽選に当たってトンガからニュージーランドに移住した人は、年収が事実上4倍になっていた。[29] ただし、当選には対価が伴った。この研究では、当選者と落選者それぞれの拡大家族も含めて追跡調査をしている。すると、ビザ当選者の家族は不幸になっていたことがわかった。移住するのは家族の大黒柱であることが多いので、その人がニュージーランドに移住すると、トンガに残された家族は収入減となるのだ。

ここで重要なのは、ＲＣＴで確認されたインパクトと、表面的《ナイーブ》な分析で推定されたインパクトの比較もできたという点だ。ビザに応募した人と、応募しなかった人を比べただけの場合——調査はこの方法で行なわれることが多い——当選者を輩出した家族は貧困が軽減されたことになっていた。つまり、ランダム化していないデータでは、結果が正反対になるというわけだ。

宗教行事についても、抽選から見えてくることがある。毎年、１００万人以上のムスリムが、サウジアラビアでハッジと呼ばれる巡礼を行なう。メッカを詣でることで団結が育まれると当人たちは言うが、これが非ムスリムに対するヘイトの増長につながることを恐れた批判の声も聞かれる。そこで経済学者のチームが、ハッジ抽選に応募したパキスタンの人々を調査した。[30] 抽選に応募して外れた人々と比べて、当選した人々は、より熱心に平和を望み、他の宗教に対してもより受容的で、女性に対しても良好な態度をとる傾向があった。信心深さの面でも上回っていたが、それと同時に、他者に対して寛容でもあった。巡礼を通じて世界各国から来た人々と接触するのが主な理由だったようだ。

ＲＣＴをシンプルに活用する例としては、財務監査も挙げられる。アメリカでは１９６３年以来、納税推進戦略のターゲティングを改善する目的で、内国歳入庁が無作為に納税者の監査を実施するようになった。[31] この背景には、税金逃れは役所の目を日常的に意識していないために起きる、という考えがある。そこで内部通報者や専門家だけに頼って摘発するのではなく、納税申告２０００件のうち1件を無作為に選んで徹底的に調べ上げることによって、コミュニティ全体の法令遵守レベルを高めることに主眼を置く。これは摘発側の謙虚な姿勢が表れている。車のキーをなくしたときに、自分ではなく友達に見てもらうと見つかることがあるように、新しい見方、すなわち納税義務違反を一つひとつ洗い出すのは難しいと認めることによって、新しい知恵が生まれる。それが抜き打ち監査の実施というわけだ。

無作為の監査は政治的に賛否が分かれている。そのためオーストラリアとスウェーデンでは一時期導入したものの、継続はされなかった。アメリカでは実施と廃止を揺れ動いている。[32] だが重要なのは、より多くの違反者を発見できるようシステムを改良することだけではない。不正をしていない人に監査が入る件数を減らすことにも意義がある。ある研究によると、法令遵守を広める取り組みのターゲットを改良すれば、税務当局とのやりとりが発生する人の数が数万人も少なくなる。[33]

そもそも、どういう人が役所に対して所得を過少申告する傾向があるのか。研究者にとっては、無作為の監査は、この問いの答えを出す最善の方法だ。最近の調査では、上位1％の富裕層では真の所得のうち17％が申告されず、低・中所得層では真の所得の4％が申告されていないことがわかった。[34] 高額納税者のほうが4倍も所得の過少申告をするという事実は、RCTでなければ突き止められないことだった。

ブラジルでも監査をシンプルな形で実施している。連邦政府が地方政府に対して無作為に財務監査を入れ、連邦補助金の使い道を確認するのである。[35] すると、連邦補助金総額のうち、ほぼ3割が汚職で消えていることが明らかになった。長年かけて監査を重ねるうちに、多くの市長が職権乱用で逮捕され、汚職は減ってきている。この地方政府監査はブラジル国民からの支持が高く、国営宝くじと並んで今も実施されている。

＊

シンプルなRCTを通じて、私たちは世界について多くを知ることができる――ただし、現実世界とまったく無縁な状況で実施される実験には、充分注意しなくてはならない。かつてシカゴ派の経済学者フランク・ナイトがこう語った。「未来は過去と異なるという想定のもとで、問題の存在が認識される。一方、未来は過去と類似するという想定のもとで、問題解決の可能性がある[36]」

本書ではここまで、膝の手術からドラッグコートに至るまで、基本的には現実世界の取り組みの効果を試すRCTを考察してきた。科学研究室の中で実施される、その研究に特化したRCTには、あまり紙面を割いてこなかった。試験管を使う人々は自分をランダミスタだとは思っていないかもしれないが、多くの場合、彼らの作業は紛れもないRCTだ。

ただし、社会科学における「実験室実験」については、やや判断が難しい。たいていは大学生を被験者として雇い、仮定にもとづく質問に答えさせたり、コンピューターゲームをさせたりして調べる実験だ。ゲームといっても、Xboxやプレイステーションで遊ぶゲームのような面白いものではない。仮定の状況における行動を調べるため、社会科学者が設計する実験のことだ。

経済学者のグレン・ハリソンとジョン・リストは、実験の分類に関する議論で、RCTの4種類のカテゴリーを提案している[37]。第1のカテゴリーは「自然フィールド実験」だ。この本で主に取り上げてきたタイプで、被験者はいつも通りの行動をしているだけで、自分が実験に加わっているとは知らない。この手法で、恵まれない境遇にある学生への支援提供から、マーケティング文書の文言の変更など、あらゆることを調べることができる。

第2のカテゴリーは「枠組み型フィールド実験」だ。被験者は自分が実験に参加していることを知っているが、状況や、扱う商品などは実際に存在しているものを使う。たとえばスポーツカード〔いわゆるトレーディングカード〕のイベント会場にブースを設置して、ファン垂涎のカードを競売にかけ、コレクターの反応を調べるという研究もあった[38]。スウェーデンで1970年代初期に行なわれた枠組み型フィールド実験では、最新のテレビ番組を一足先に視聴するために人はいくらまで払うか調べている[39]。

第3のカテゴリーは「人為的フィールド実験」だ。主に大学のコンピューターラボで実施される。ただし被験者に学生は使わない。たとえばゲームを使って、株式市場トレーダーのリスクに対する態度や、大衆の信頼性などを調べる。

第4のカテゴリーが、一般的な意味での「実験室実験」である。一連のルールと抽象的枠組みのもと、学生を被験者として実験を行なう。公平、利他的行為、不平等に対する意識についての経済理論を試す際にも、こうした実験室実験が行なわれている。

研究者の視点から言えば、ふつうの実験室実験は実施が簡単だ。被験者はすでにそこにいるわけだし――心理学科の学生は、入学条件として、実験被験者となることに同意を求められている場合が多い――たいていは時間当たりの報酬も安くて済む。しかし、この単純な研究の欠点を、ハーバード大学の心理学者スティーブン・ピンカーが看破している。「心理学者が「ほとんどの人」と言うとき、それはたいてい「小遣い稼ぎでアンケートに答えた25人程度の学生のうち、ほとんど」という意味だ」[40]

実験ボランティアになる学生は、その他大勢の学生とは違っている可能性が高い。比較調査によれば、実験室実験に登録する学生のほうが、金遣いが荒かったり、アルバイトよりも実験ボランティアを優先する傾向があったり、被験者になることに対して学術的関心を持っていたりする。[41] 学生と社会人でも立場が違う。たとえばコスタリカで行なわれた実験で、学生と企業CEOに、「信頼ゲーム」と呼ばれる同じゲームに取り組ませた。[42] すると企業CEOのほうが、学生よりも、はるかに信頼性が高いことが明らかになった。

また、実験室の環境で得られた結果は現実世界に一般化できるのか、という懸念も大きい。教授がゲームのルールを決めたなら、学生はふだんの生活とは違う反応もするだろう。たとえば、これまで寄付など一銭もしたことのない学生が、実験室実験では、手持ちの75%を慈善団体に捧げたこともあった。[43] 現実ではスクルージのようにケチな人物が、実験室に入ったとたんオスカー・シンドラーのような寛大な人物に変身するだなんて、そんな実験から世間一般に適用可能な結論を引き出そうとするのは危険なことだ。

もちろん、研究室で起きることが研究室でしか通用しないというのも、絶対そうだとは言いきれない。ある心理学実験で、人工的に人間関係を深めることは可能か調べた。[44] まず、被験者の大学生を無作為にペアにする。全体の半分の二人組には、適当に雑談をするよう指示する。残りの二人組には、「あなたにとって友情とはどんな意味をもちますか」「どんなことを一番嬉しく感じますか」「自宅が火事になったとしたら、何を一つ持ち出しますか」など、交流が深まることを意図した質問をし合うよう指示した。後者の交流は非常に効果的で、被験者となった学生ペアの一組が結婚に至ったほどだった。

化学実験と同じく、社会科学の実験室実験でも、その限界を認識してさえいれば、きちんとした結果を出すことは可能なのだ。研究所では効果的と見られた医薬品の10件のうち、9件は一般大衆への使用が認められるに至らないと述べたことを思い出してほしい。社会科学の実験室実験——心理学者によるものであれ、経済学者によるものであれ——も、全般としてはこれと同じく、有望ではあるが決定的ではないと考えるべきだろう。

＊

シンプルなRCTがおしなべて良いというわけではない。だが、優れたRCTの多くはシンプルだ。経済学者のウリ・ニーズィーは、カリフォルニアのワイン農園でワインの価格決定についての実験を行なった。[45] ニーズィーと農園オーナーは、まず通常なら10ドルで売るカベルネ種のワインを選んだ。それから、ワインセラーの扉に貼る価格表を3パターン作り、そのカベルネの価格に10ドル、20ドル、40ドルと変化をつけた。2週間ほど、この価格表のどれか一つを日によってランダムに選んで掲示した。すると、10ドルだったときと比べて、20ドルだったときのほうが、カベルネは50％も多く売れたことがわかった。準備に数分、実施は数週間という簡単な実験だが、これでワイナリーの儲けは11％も伸びた。小銭程度でフルボディのうまみを堪能したというわけだ。

あなたの日常生活でも、あなたの組織でも、ちょっとしたRCTを行なうことは可能だということが、本章でわかっていただけたことと思う。できれば実際にランダミスタになって、あなたが行なった実験の結果を私に知らせてほしい。

RCTはコストと時間もかかるという全般的な思い込みを、どうにか払拭していく必要があるのだ。ナッジ・ユニットの例が示すとおり、既存のプログラムを多少調整するだけでも、大きな差が出るかもしれない。そうした実験の例を見ると、私は、実業家ティモシー・フェリスの名言を思い出す。「難しいことじゃないと考えてみたら、どう見えてくる？」。私たちはしばしば、現実には実行しにくい完璧なスキームを描いて、物事を過剰に複雑にする。科学における「オッカムの剃刀」の指針〔何かを説明するにあたり、仮定を増やしすぎてはいけない〕を思い出してほしい。シンプルなRCTは、しばしば多くを教えてくれる。

ただし残念ながら、RCTに対する批判にも、「シンプル」という同じアプローチが採用されることが少なくない。「倫理的ではない」というシンプルな一言で切り捨ててしまうのだ。そこで今度は倫理に関する側面を掘り下げ、RCTができる限り人間的で、害をもたらさず役に立つにはどうしたらいいか、考えていきたい。

11 質の良いフィードバックループを作る

ルーク・ラインハートという男がいた。彼は青年時代に、すべての決断をサイコロで決めようと思いついた。定期的に、行動の選択肢をリストアップし、番号を振り、サイコロを振って出た目の数字に従うのだ。ある日、病院の前を車で通ったときに、二人の美人看護師が歩いているのを見かけた。恥ずかしさが勝って通り過ぎたのだが、サイコロで奇数が出たら戻ってみることにした。出た目は3。そこで車をUターンさせ、女たちのそばで停め、自己紹介をした。二人を車で送り、翌日にテニスをする約束をとりつけ、最終的に二人のうち一人、アンと結婚した[1]。

ラインハートはサイコロで物事を決めるという着想を忘れられなかった。そこで小説を書き始め、その中で、ランダムな生き方を徹底的に追求する人物を描いた。最も有名になった作品『ダイスマン』は、1999年に男性誌『ローデッド』で「今世紀最高の小説」と評されている。主人公はやることなすことを何もかもサイコロで決める。やがて殺人を犯し、精神病患者の脱走を手助けして、サイコロに耽溺する「ダイスパーティ」を立ち上げる。

フィクションの世界でランダム化に挑んだ作品は、これが初めてではない。1941年に、アルゼンチンの作家ホルヘ・ルイス・ボルヘスが「バビロンのくじ」という短編小説を書いた。ここに登場するバビロンの不思議な社会では、主な決断の一つひとつがくじで決まる。ある市民が高官になるか奴隷になるか、罪を告発された人物が無罪となるか死刑となるか。ボルヘスいわく、バビロンは「偶然の無限の戯れにほかならない[2]」。

ボルヘスが描いた世界は突拍子もなく思えるかもしれないが、現実世界の政治においても、実際に運が重大な役割を果たすことがある[3]。ときには偶然という要素が政治制度の一部に組み込まれている。たとえば古代アテナイ人たちは、「クレロテリオン」と呼ぶ石の装置を使って、その日の統治者を抽選で決めていた（クレロテリオンは現代におけるパワーボールマシンだ）。統治者が定めるルールはその日一日しか効力を持たない。そのためアテナイ市民の4分の1に、国家全体にまたがる重大なルールを決定した経験があったと考えられている。中世後期やルネサンス期にも「ブレビア brevia」や「スクルーティニー scrutiny」と呼ばれる、くじを使った選挙制度が利用されていた。今日の陪審員制度にもその形が受け継がれている。刑事被告人は、無作為に選ばれた市民のグループによって、判決を決定されるからだ。

大きな分岐点に直面してコインを投げた経験があるなら、おわかりになると思うが、決断を偶然に任せるのは一種の解放感があるものだ。数年前、経済学者のスティーヴン・レヴィットが、このコンセプトを掘り下げるウェブサイトを立ち上げた[4]。分かれ道に立つ人に、どちらを選ぶか運で決めるよう促すサイトだ。人生を分ける決断に悩む人はレヴィットのサイトにアクセスし、迷っている選択肢二つを申告する。するとウェブサイト上でコイントスが行なわれ、選ぶべき道を告げる。半年後に本人が満足しているかどうか調べる。2万人以上がこの趣向に挑戦し、約3分の2が、実際にコインの指示に従って行動した。

レヴィットはこのインパクトを調べるにあたり、一般的な生活満足度調査を利用している。自分の今の幸せの度合いを1（みじめ）から10（最高）の目盛りで判定するという調査方法だ。読者のあなたもぜひ考えてみてほしい。7から8なら、あなたは最も多い集団の一人だ。先進諸国に住む人口のほぼ半分がこの数字を答える。4分の1は6以下と答え、残りの4分の1は9から10と答える。つまり、たった10目盛りの採点でさえ、ほとんどの人が数ポイント差の範囲に収まるのだ。レヴィットの調査はRCTだったので、コインが表のグループと裏のグループの満足度に何らかの差が生じたとしたら、それはコイントスによって導かれた結果だと考えることができる。

ひげを伸ばすかどうか、お楽しみ程度のマラソン大会に出場するかどうかなど、さほど重大ではない決断の場合、その選択は満足度にさほど影響はおよぼしていなかった。だが、引っ越しや起業など、人生を大きく変える決断だった場合は、満足度が2ポイント上昇する傾向があった。実験に挑戦した人々が前もって申告した分岐の中で、最も多く見られたのは、恋人との関係を終わらせるかどうかという決断だ。コイントスで別離を選んだ人々では、満足度が約3ポイント高くなっていた。仕事を辞める決断では5ポイント高くなっていた。5ポイントも変わるということは、陰鬱な気持ちから上機嫌に切り替わったという意味だ。「勝者は決してやめない。やめる人は決して勝たない」という格言は、人生のアドバイスとしては最悪の部類に入るというわけだ——満足度で言うなら、やめるが勝ちなのである。

レヴィットの実験では、「殺人」「盗み」「自殺」などの単語を含む決断は申告できないことになっていた。[5] だが、それ以外では、いくつか人生の大きな判断に影響を与えたことは間違いないようだ。コイントスで100組ほどの恋人たちが破局を選び、また、別れていたかもしれない100組ほどの恋人たちが継続を選んだ。[6] 他人を無理強いして仕事を辞めさせたり、離婚させたりしたとしたら、それは確かに道義に反することだが、迷っている誰かのかわりにコインを投げる行為というのは、多くの人が友人のためにやってみることではないだろうか。

ＲＣＴの否定派に、否定する根拠を尋ねたとき、よく返ってくる答えの一つが、対照群を設けることが非倫理的であるから、というものだ。この点については本書でも、現実世界を利用したいくつかの実験の例で触れてきた。偽手術に倫理委員会の承認が下りる理由は、前提として、多くの外科手術の臨床効果が不確定であるからだ。膝の半月板断裂の手術のような一般的な処置についても、昨今ではＲＣＴによって、手術をしても意味がない可能性が示唆されている。同様に、犯罪発生率低減を目指すＲＣＴでは、修復的司法やドラッグコートは介入群によい結果が出ると確認されている一方で、青少年に刑務所を見学させるスケアード・ストレートや、自警団で地域を守るネイバーフッド・ウォッチといったプログラムは、対照群のほうが吉と出ることが明らかになった。途上国の例で言えば、アフガニスタンでは条件のよい地域学校よりも、村の小規模な学校のほうが成果があるとわかり、この国の教育専門家の多くを驚かせた。仮に、最初から明白な事実として、介入群のほうが得だとわかっているのであれば、それは確かに対照群を設けた実験をするべきではないと言える。

医療実験のほとんどはインフォームド・コンセントの原則のもとで実施されている。実験に参加することに患者本人が同意していなくてはならないのだ。だが、すべての研究がそのように行なわれるわけではない。２００５年から２０１１年にかけて、シドニーの研究チームが、１人の患者からも同意をとらずに実験を行なった——同意を得なかった理由は、当人たちが意識不明、もしくは深刻な頭部外傷を負っていたからだ。３人に１人が１カ月以内に亡くなる可能性の高い状況だった。

この頭部外傷治療実験を行なったのはアラン・ガーナーという神経外科医だ。ガーナーは、救急医療隊員ではなく専門の外科医によって治療を受けたほうが患者は回復しやすいかどうか、試したいと考えた。専門医が駆けつけるとなれば、ヘリコプターでの移動を要する。その高額な経費を社会に負わせることは見合うのかどうか、確かめるというのが目的だ。外科医が処置にあたるほうがよい結果になるわけではないのだとしたら、その余分な経費は、医療制度の別の部分に回すべきということになる。

ガーナーはシドニーの緊急通報システムの協力のもと、この実験を行なった。重症頭部外傷を知らせる入電があると、コンピューターが、コイントスに相当する作業をする。表が出たら、患者のもとには救急車と救急隊員が駆けつける。裏が出たら、ヘリコプターと専門医だ。

私は、この実験が半分まで進んだ2008年の段階で、ガーナーにインタビューをした。医学の道に入ってから、ずっとこの問題について考えてきたが、どんな答えが出るのかわからない――とガーナーは語った。(7)「この研究が役に立つことになる、とわれわれは思っています。いままではコホート研究からのデータしかありませんでした。ほかの医療処置と同じく、専門医を送り込んだことで結果的に凶と出ている可能性もあるのです。個人的にはそんなことはないと思っていますが、［実験が終わるまでは］どちらの可能性にもきちんとしたエビデンスがありません」

データで明らかにしようというガーナーの意欲に、私は感銘を受けた。社会プログラムの多くが強気な過信で作られてきたのとは正反対だ。ガーナーの実験は8種類の倫理委員会で承認されている。承認が下りた理由は、医学文献において答えの出ていない問いに向き合うものであったからだ。

その後に発表された結果では、コインが表（救急隊員と救急車）でも、裏（外傷外科医とヘリコプター）でも、患者の生存率に有意な差はなかったことが確認された。(8) 本当はもっと多くの患者で実験するのが理想的だったのだが、政府が方針を変更したため、実験は中止せざるをえなくなった。政府は、専門医を送るほうが救急医療隊員で対処するよりもよいという確信のもと、頭部外傷の患者にはできるかぎり専門医を送り込むことを決めたのだった。(9) 実験を中断させられた研究チームは、効果的な対策について、より適切な答えを導くため、頭部外傷治療に関するさらなるRCTの実施を訴えている。

この頭部外傷治療実験の倫理問題について、私自身もかなり考えをめぐらせた。私の兄弟ティムは、ちょうどこの実験が実施されていた時期に、バイク事故に遭い、頭部に重傷を負った（幸い後遺症もなく回復した）。ティムがアラン・ガーナーの実験被験者でなかったかどうか――実際に送り込まれたのは救急隊員だったが、それはコインが裏だったからなのか――私には知る由もないが、仮にそうだったとしても、私自身がそれを不快に感じたとは思わない。救急医療の質を高めるためには、治療方法に関する厳密なエビデンスを集めるのが最善の道だ、とわかっているからだ。

そう考えるのは私だけではない。オーストラリアおよびイギリスの政治家を対象とした調査では、10人のうち約7人が、比較対照実験を支持していた。大半は、RCTは将来的には今よりも一般的になると信じている。[10] オーストラリアでの調査を実施した研究者フィル・エイムズとジェームズ・ウィルソンは、共著論文において、2国の政治家のうちRCTのコストを懸念しているのは1割のみだと指摘した。つまり大半の政治家は、質の良い実験に予算を使うことを恐れていない、という意味だ。

議員の懸念について掘り下げていくと、大きく浮かび上がってくるのは公平性の問題である。オーストラリアの政治家の半分、イギリスの政治家の3割は、RCTが不公平となることを懸念している。[11] イギリスの調査結果を受けて、同国の医師で、医療について精力的に執筆活動を行なっているベン・ゴールドエイカーは、こう指摘した。「ランダム化比較試験の働きについて、もっと知ってもらえるよう、われわれはいっそうの努力をしていかなければならない（…）議員の多くは、無作為に選ばれた人々だけが新しい政策措置を受けるという理由で、ランダム化比較試験は「不公平」ではないかと心配している。だが、不公平とは「パイロット実験」でこそ起きることだ。しかもパイロット実験では、効果が出るもの、害をなすものについて、優れた品質のエビデンスを出すことができない[12]」

それに、公平性を欠くという理由でＲＣＴを拒否するのは、先進諸国で教育機関への入学や、住宅バウチャーや、医療保険の割り当て、さらに投票順序や徴兵の決定に、くじが利用されている現実と矛盾する。オーストラリア政府は第二次世界大戦後、復員兵にタクシー運転免許を与える際にもくじを利用した。[13]実際のところ、くじの政治的魅力の一つは、平等であることだ。引く前には誰にも同じだけのチャンスがある。それなのになぜかＲＣＴとなると、倫理的に許される水準がくじよりも高くなるらしい。

国によっては、実験実施に際し、さらに大きな壁にぶつかる。たとえばフランスの憲法は、すべての国民が平等に扱われることを定めている。そのためＲＣＴを実施可能とするために、まず憲法を改正する必要があった。[14]

私の経験から言って、ウェブサイトのレイアウトを無作為で試したり、スーパーマーケットの商品陳列を無作為に変更したり、選挙活動で無作為に電話をかけて支持を求めたりすることについて、ほとんどの人は倫理面での違和感を抱かないようだ。しかし、運転免許の試験監督に賄賂を渡したくなる金銭的インセンティブを出すとか、バイク事故で意識不明となった患者への処置を比べるといったことになると、倫理の問題はかなり難しくなる。こうしたケースでＲＣＴを行なう側は、研究の倫理面について厳格に考慮しなくてはならない。アメリカ行動インサイトチーム責任者のエリザベス・リノスの言葉を借りれば、「倫理を真剣に受け止め、それを口だけではなく実践で示していくことが重要[15]」だ。

大学で行なう実験の場合、主たる倫理的セーフガードとして、研究に倫理委員会の審査が必要とされる。機関審査委員会（ＩＲＢ）と呼ばれる制度だ。倫理審査が導入されたきっかけの一つは、１９４６年のニュルンベルク裁判だった。強制収容所の捕虜に同意なく人体実験を行なったナチの医師数十人が有罪となった。

また、アメリカ政府がアラスカ州タスキギーに住むアフリカ系アメリカ人400人を、意図的に梅毒に感染させていた件も、大きな後押しとなった。こうした残酷な倫理違反が起きた現実を受けて、世界医師会（WMA）は1964年に「ヘルシンキ宣言」という原則を採択し、インフォームド・コンセントと倫理審査の遵守を求めることとした。

1978年にはアメリカ政府が設立した委員会が「ベルモント・レポート」という報告書を発行し、倫理審査のガイドラインを定めた。すべての人間を尊重する、利益を最大限にしリスクを最小限にする、異なる集団に対して平等に対応するという3原則だ。オーストラリアやカナダをはじめとする各国も、今では同様の原則をそれぞれの倫理審査プロセスに適用している。(16)

私自身、オーストラリア国立大学で倫理審査の手続きを受けたことがある。納得のいく経験だった。委員会メンバーは私が提示した研究分野の専門家ではなかったが、被験者の負担を軽減し可能な限り同意を確保する方法について、入念に検討してくれた。

医療の世界の標準であるこうしたプロセスは、社会科学実験にも次々と導入されている。生じる影響の大きい実験をする際は、専門家パネルから定期的に実験の監視を受ける。結果が明白に出たならば、その時点で専門家パネルが実験中止を命じる。監督機関は「データ安全性モニタリング委員会（DSMB）」とも呼ばれ、場合によっては介入群が対照群と比べてはるかに良い状態だから、という理由で実験中止を命じる。介入群が対照群と比べて、予想外なほどに状態が悪くなったときも、中止させることができる。

新しい介入措置を、今ある適切な標準措置と比較するというのも、社会科学が医学をお手本として取り入れたアプローチだ。効果的な措置がすでに存在しているのなら、新しい措置を発明したとき、「何もしない」アプローチと比べるのではなく、既存の措置と比べるのが往々にして正しい。

実験を慎重に設計することによって倫理的懸念が解消される例は、本書でもここまでに多数紹介してきた。プログラムをすべてのコミュニティに一斉導入するのが困難ならば、導入をランダムにして、インパクトを確認できるようにすればいい。メキシコの条件付き現金給付、アフガニスタンの村の学校、インドの生体認証カードなどは、最終的に全員がプログラム対象となった。実験せずに導入した場合と何の違いもない。あるとすれば、政治的または事務的要件で導入スケジュールが決まるのではなく、まぎれもないランダムなスケジュールで実施された点、そして結果を見て政策に役立てられたという点だけだ。

継続中のプログラムの評価に使われるアプローチとして、対照群にも同じサービスにアクセスさせつつ、介入群では採用率を上げるというやり方もある。「奨励設計」と呼ばれるアプローチだ。たとえばオーストラリアのウーロンゴン大学は、学生支援サービスの価値を知りたいと考えた。ただし、サービスを望む学生の一部をはじいて対照群とするのは避けたい。そこで一部の学生に無作為でテキストメッセージやEメールを送り、ピア・アシスト型勉強会に参加すれば1000豪ドル分の買い物クーポンが当たると知らせた。[17] この奨励を受けた介入群の学生は、対照群の学生と比べて、一人当たり平均30分長く勉強会に参加した。こうして研究者は、このランダムに生じた差異を使って、生徒の成績に対するプログラムのインパクトを調べることができるようになった。すると、追加的なサポートがあっても、最終成績に有意な差は見られないという結論が出た。

RCTを行なうならば倫理に関する慎重な検討は必須だ。しかし歴史を振り返れば痛感するのだが、厳密な評価をしないこと自体が、最も非倫理的なアプローチとなる場合がある。1950年代のこと、西ドイツの科学者がつわりを抑制する薬を発明し、すぐに40カ国以上の妊婦が服用するようになった。「妊娠中および授乳中の女性にとって絶対に安心で、母子双方に副作用はありません」と製薬会社は請け合っていた。しかしアメリカでの市販認可を取得するにあたり、予想外の壁にぶつかる。食品医薬品局（ＦＤＡ）に入りたてだったフランシス・ケルシーという女性審査官が、この薬を使用した女性の一部に末梢神経の麻痺が見られることに気づいたのである。ケルシーは認可を出さず、副作用に関する追加調査を要求し、胎児への影響がないことを証明せよと求めた。できるだけ早く商品をアメリカ市場に出したい製薬会社にとっては腹立たしい事態だ。ケルシーがのちに語ったところによると、製薬会社は彼女に「人々から薬を剝奪している」と圧力をかけた。[18]ケルシーの判断を却下するよう彼女の上司にもかけあった。しかしＦＤＡ上層部は、正規の臨床試験を求めるケルシーの判断を支持した。

はたして１９６１年に提示された新たな研究結果は、この「魔法の薬」によって赤ん坊が手足のない状態、もしくは手足が極端に短い状態で生まれる場合があると示していた。すでに販売認可が下りていた国々――イギリス、ドイツ、カナダなど――では、先天的な肢体不自由で生まれた赤ん坊が1万人以上もいた。そのうち半分が亡くなっていた。だがフランシス・ケルシーがエビデンスを要求したおかげで、アメリカで生まれた赤ん坊におよんだ影響は実質的にゼロだった。その薬、サリドマイドの市販が許可されなかったからだ。現在のＦＤＡは、公共衛生保全に関する功績や勇気を称える賞に「ケルシー・アワード」という名前をつけ、毎年の表彰を行なっている。

フランシス・ケルシーの行動からは、ランダム化に関する倫理面の懸念に、実は二つの方向があることに気づかされる。介入が助けになるのなら、ＲＣＴは介入群の人々を対照群の人々よりも優遇したことになる。介入が害となるのなら、正しい評価を行なわないことが、全員に負の結果をもたらす可能性がある。エビデンスに対する断固たる要求がアメリカで数千人の赤ん坊をサリドマイドの害から救った一方で、政府がスケアード・ストレートを導入した際には、何の承認プロセスも要さなかった。このプログラムが非行に走る若者の割合を高めたことは、すでに本書で指摘したとおりだ。もしもフランシス・ケルシーが、導入前のスケアード・ストレートの評価を担当していたとしたら、犯罪に手を染めたり刑務所に入れられたりして歪んでしまう人生の数を減らせていたかもしれない。

優れたランダミスタは、社会問題の解決に情熱を燃やしながらも、プログラムが掲げた目標を満たすかどうかという点には、必ず疑いのまなざしを向ける。インドの非営利団体プラサムのルクミニ・バナージは、識字率向上を目指して立ち上げた旗艦プログラム「リード・インディア」の効果を調べるにあたり、こう訴えた。「当然ながら、［研究者によって］効果がないと発見されてしまうこともあるかもしれません。けれど、効果がないのであれば、そのことを知る必要があるのです。子どもの学習支援にならないプログラムで、私たちの、そして私たちに協力しているコミュニティの時間とリソースを無駄にしてはならない、という責任があるからです。このプログラムが機能していないことが明らかになったら、私たちはその先へと進み、機能するものを新たに作っていきます」[19]

高品質な評価実験を歓迎する態度を、誰もが持っているわけではない。テス・リーという人類学者が、オーストラリア先住民の読解力水準を上げたいという思いから、北部準州におけるRCTとして、読み書き能力向上のオンラインツールを導入したことがある。ところが、「アブラカダブラ」と名付けた彼女のプログラムには批判が集まった。先住民の子どもはコンピューターを使った学習などできないとか、先住民の子どもを非先住民が作った試験でテストするべきではないとか、カナダ人が作ったプログラムに意味はないとか、実験研究を行なうという前提そのものが人種差別であるといった批判だ。[20]結果的にこのプログラムで児童の読み書き能力は伸びていたのだが、リーは公式発言として、先住民の教育において自分は二度とRCTは行なわない、と宣言した。[21]先住民を対象とするプログラムの中で、RCTどころか、何らかの形できちんと評価が行なわれているプログラムは1割にも満たないことを鑑みると、これは実に不幸な結末だった。[22]

プログラムの効果を調べることの意義を伝えたルクミニ・バナージの主張と、効果を調べる実験を行なおうとしたテス・リーが浴びた批判は対照的だが、手段と結果を分けて考えることがいかに重要であるかを改めて実感させる。これは「ロッシの鉄則」とも言われる考え方だ。社会学者ピーター・ロッシは「社会計画の成果の評価がすばらしく設計されているほど、結果的には、正味の成果はゼロだと推定される可能性が高い」と述べた。[23]世界を変えられるという希望は捨てろ、という意味ではない。だが、魔法のような効果を謳う声は疑ってかかるべきなのだ。社会プログラムには欠陥品もあると信じるからこそ、より厳密な評価をし、本当に効果のあるプログラムを見つけるまで、忍耐強くエビデンスのふるい分けを続けるのである。

倫理的懸念が確固たる科学に根ざしている場合もある。たとえば、喫煙と肺がんの関係性については非常に頑健なエビデンスがあるので、RCTで無料の煙草を配るとしたら、それは確かに非倫理的だ。だが別の例では、倫理的ではないという批判が、実のところ煙幕だったことがある——単に、正しく評価すれば効果がないと証明されるプログラムを擁護するためだけだったというわけだ。

医学におけるRCTのパイオニアの一人、アーチー・コクランは、そうした懸念の実態を暴く斬新な技を考案した。冠疾患集中治療室に関するランダム化評価の結果を発表したときのことだ。彼の発表を聞くのは、入院ではなく在宅医療をすることに対して強硬に反対する心臓専門医たちだった。経済研究家のティム・ハーフォードによると、実験初期の段階で在宅医療に有利な結果が出ていた。しかしコクランは、あえて、結果をさかさまに発表した。入院治療のほうが在宅医療よりも安全性が高いと示すと、医師たちは、在宅医療の効果を試すなどという「非倫理的な」研究は今すぐ中止しろと要求した。「彼はそこで真実を明らかにし、心臓専門医に向かって、あなたがたの病院をただちに閉めろと言った。会場はお通夜のように静まり返った」[24]

＊

惣菜をセルフサービスでよそったことがあるならご存じのとおり、小盛りでおいしいものが大盛りでも同じようにおいしいかというと、必ずしもそうとは限らない[25]。ＲＣＴで何かを学びたいと思うなら、その介入が小規模な範囲のプログラムなのか、それとも大衆を広く網羅するものなのか、区別して考える必要があるのだ。たとえば就学前教育に関するＲＣＴでは、高度な訓練を受けた教育者を、著しく不利な状況におかれた幼児のケアにあたらせるというものが少なくない。しかし、こうしたプログラムの規模を拡大すれば、資格のレベルが低く、経験も浅い教師が雇われて、より裕福な家庭の子どものケアにあたるケースが増えてくる。ペリー幼稚園の絶大な費用便益比率（1ドルのコストで7ドルから12ドルのリターンがあった）が、人口全体をカバーするプログラムでも再現されると考えるのは、おそらく誤りだ。

実験の規模を拡大すると、ほかにも起きることがある。その成功がプログラムの外の成功を犠牲にしたものでなかったかどうかが見えてくるのだ。たとえば、若者が就職面接で堂々と目を見て話せるよう指導するプログラムを設計したとしよう。受講者が見事就職したのはプログラムのおかげかもしれないが、プログラムの受講者一人が職を見つけるたびに、他の求職者が一人空振りになっていたのかもしれない。もちろん雇用率全体が上がった可能性もあるだろう。２、３００人程度の被験者を対象とするＲＣＴで見えてくるのは、経済学者が「部分均衡」と呼ぶ効果だ。だが、労働市場全体で無作為割当をすれば――一部の都市でプログラムを導入し、他の都市には導入しないなど――「一般均衡」の効果を測ることができる。たとえて言うなら、部分均衡の結果では、被験者が順番待ちの列で２、３人を飛ばして前に進めたかどうかを調べている。

一般均衡の結果では、順番待ちの列自体が早く進むかどうか調べている。プログラムが被験者の役に立つのは良いことだが、そのメリットが他人を踏み台にしたものではないほうが望ましいのだ。

優れたランダミスタならば、対照群の行動も慎重に考慮する。薬の治験であれば、対照群の患者が回復していた場合、それは「プラセボ効果だった」とわかるかもしれない。だが社会プログラムにおいては、介入群に入らなかった人々が、似たような措置を探し求めてしまうことがある。就学前教育プログラム「ヘッドスタート」がそうだった。つい最近まで、このプログラムの効果をRCTで調べると、ほとんどインパクトが確認されていなかった。ペリー幼稚園のような、初期の幼稚園実験で見られた効果と比べると、大幅に小さな効果しか出ていなかった。[26]

違いは対照群にあった。ペリー幼稚園の実験が行なわれた1960年代初期には、低所得層の家族にとって、ほかの幼稚園に通うという選択肢は存在しなかった。だが、ここ数十年間で、就学前教育プログラムはアメリカの各都市に広く浸透した。そのためペリー幼稚園のような古いプログラムでは、家庭内育児と比べた幼稚園のインパクトを確認していたのだが、ヘッドスタートのような最近のプログラムでは、別の幼稚園と比べたインパクトを確認することになる。[27] 対照群が別の幼稚園児になっていた点に気づいたことで、ヘッドスタートの実験の真の費用便益比率は、それまで想定していた数字のほぼ2倍だったことが明らかになった。[28] 科学実験室の中の原子なら、対照群の試験管に入れられても気にしないが、対照群に入れられた人間は、別の選択肢を探しにいくこともあるというわけだ。

被験者が第3、第4の道を選んでしまうのは厄介だ。それでも実験的手法を用いない研究と比べて、ランダム化の発想をもつ研究者のほうが有利と言える理由は、彼らのほうが、より信頼性の高い反実仮想を持っているからだ。RCTを行なわない状況でも、そうした経済学者が反実仮想を考案する手法をいくつか簡単に説明したい。

　たとえば、ランダム化せずに評価を行なう形式の一つとして、地域差を調べることができる。ある政策が一つの州だけに適用されるのであれば、国内の他の地域に住む人々を反実仮想グループとして使うことができる。(29)これによって、政策が導入されたとき、その州の司法と、他の地域の司法の結果にどのような違いを生み出すか、調べることが可能になる。

　ほかにも、経済学者が類似の比較グループを見つける策として、明確な境界線に注目するという手がある。学校の品質が住宅価格に与えるインパクトを調べるなら、同じ道路の真ん中から左右で学区が分かれる状況を見つければいい。(30)片側に住む世帯の子どもは条件のよい公立学校に通えるなら、それは住宅価格にどう影響するか検証することができる。

　時間的不連続を利用することもできる。たとえば教育が収入にもたらすインパクトを評価するにあたり、学年の切れ目になる日に生まれた子どもと、その1日あとに生まれた子どもを比較する。(31)両方が学校に通って、どちらも同じ年齢で中退したとしよう。すると生まれたタイミングにおけるたった1日の差が、子どもの教育年数ほぼ1年分の差になるため、その差がもたらした影響を比べられる。

　自然発生のランダム性を利用するという方法もある。ある国で独裁政権が交代するかどうかで経済成長に生じるインパクトを知りたい場合に、農業に影響する外的要因として、年間降雨量の変動が経済成長にもたらす変化に注目する。(32)あるいは、公共事業計画でどれだけの雇用創出が起きるか知りたい場合に、地元のニーズではなく政治家の人気取りによって投資が行なわれている事例に着目する。(33)

　こうした「自然実験」が何の参考にもならないかのような印象は与えたくない。なぜなら、たった今紹介した二つの例は、どちらも私自身が研究者として携わったものだからだ。このようにランダム化の作業を行なわない実験を、私は長年のあいだに数多く手がけてきた。いずれの場合も論文共著者とともに、信頼性の高い反実仮想の特定に最善を尽くした。だがこれらの研究は、この手法をとったときに必要とした仮定そのものによって制約を受ける。一方、こうした古いアプローチと比べて、計量経済学におけるランダム化を伴わない新しい手法——機械学習など——は、総じてきわめて複雑に作りこまれている。[34] 経済学者オルレイ・アシェンフェルターが述べているように、評価者がプログラムを肯定したがるとしても、「研究者が偽りの肯定を出せないよう」、統計モデリングで「過度に多くの道を用意する」のだ。[35]

著名な計量経済学の教科書が、非ランダム化アプローチの解説をしつつ、そのつど「実験的理想」を引き合いに出すのも、同じ目的だ。[36] 学生に「ここでRCTを行なうとしたら、どのようになるか」と考えさせている。また、適切に実施されたRCTによるデータを入手したうえで、あえてランダム化しない評価を行なうというアプローチもある。こうすれば、自然実験でどれだけ真の結果に近づけるか、RCTの結果に照らして確かめられる。職業訓練プログラムの効果を調べた例では、非ランダム化評価では間違った回答が出ることが確認された。[37] 同様に、児童に家庭用コンピューターを無料配布するプログラムについて、成績へのインパクトをランダム化せずに調べるとプラスの影響が確認されたが、無作為に調べると、実はほとんどプラスになっていなかったことが明らかになった。[38]

よりよい反実仮想が得られるという点が、RCTがしばしば「黄金律《ゴールドスタンダード》」と言われるゆえんだ。真面目な経済学者なら、文字通りの金本位制《ゴールドスタンダード》への復帰など誰も望まないことを考えると、私はいつもこれが奇妙な賛辞だと感じてしまう。[39] 私が思うに、ものごとの評価方法の優劣を決める熾烈な競争において、RCTは金メダルなのだ。実際、多くの研究者はエビデンス階層という考え方を支持しており、その頂点にはRCTがある。[40] 超党派機関であるアメリカ議会予算局は、エビデンスの審査において、無作為割当研究を優先している。[41]

＊

学術的な発見についての記事を読み、驚いた経験は、きっと誰でもあることだろう。何かと何かの奇想天外な結びつきを見つけたり、通説的な知恵をひっくり返したりする研究の話は、ジャーナリストや編集者のお気に入りだ。朝食を食べながら「ねえ、知ってた？　こんな話があるんだって……」と言いたくなりそうな内容なら、話題になることは間違いない。

２０００年のこと。あるスーパーマーケットで行なわれた実験で、24種類のジャムを並べたときよりも、6種類のジャムの中から選ばせたときのほうが、買い物客は新しいジャムを実際に購入する確率が高いことがわかった。[42]この実験を解説した論文は、その後何千回も引用され、人間が選択肢に圧倒されやすいというエビデンスとして利用されている。[43]この研究が世に出たあと、「選択のパラドックス」に関する同様の実験が何十件も登場した。最初のスーパーマーケット実験から10年後、ある心理学者のチームは、こうした再現実験の報告をできるだけ集めて分析を行なった。[44]すると再現実験50件のうち、過半数が、最初のジャム選択実験とは正反対の結果になっていることがわかった。結果全体の平均を出した結論は、選択肢の数は買い物客の満足度や購入に「事実上ゼロ」のインパクトしか与えていなかったというものだった。

新しいもの、めずらしいものには、心が躍る。権威ある学術誌に論文を載せられるような学者でも、ときには奇想天外な結果を発表したくなる。編集者は意表をつく結果を伝える記事を出したがるし、研究者は一番良い媒体で論文を発表したがるので、名声ある学術誌ほど、度肝を抜くような発見を伝える論文で満載となる。

統計学者が調べたところ、既発表論文がいかに統計的有意性からかけ離れているか、決定的な証拠が浮上した。社会科学においては、実験結果が偶然の産物ではないかどうか判断する標準基準として、「有意性95%」というルールを用いる。この閾値によって、実際には存在しない統計的関連を誤って同定する可能性が5%になる。実験結果の統計的有意性が95%レベルの論文であれば、学術誌編集者の多くがその論文を信じる。結果が95%レベルを下回っていれば、応募された論文は編集者のゴミ箱に入る可能性が高い。

大学で学生を預かる身であれば、ほぼ例外なく、学生たちには単にテストに合格するだけでなく、もっと高みを目指してほしいと願うものだ。ところが統計的有意性に関して言うと、社会科学分野で発表されている論文のうち、驚くほど多数が、すれすれで合格しただけだったことが明らかになった。社会学、金融、会計、心理学、政治学の一流誌に掲載された論文を分析したところ、きっちり95%レベルという論文が膨大に確認されたのだ[45]。言い換えれば、95%をクリアしているかどうか調べるテストならば合格だが、96%で調べるテストなら不合格、という研究ばかりだったのである。この困った発見は、裏を返せばすなわち、発表されている研究結果のうち最大5%が統計的に有意ではなく、単なる偶然の結果にすぎないことを意味している。

さらに悪いのは、仮に研究者が95%レベルで有意な結果が出るまで条件を変えながら分析を繰り返したのだとすると（これを「P値ハッキング」という）、研究全体がエラー率の高いものになっている可能性があることだ。タチの悪い研究者がゴミのような仮説を20個ほど用意して着手し、そのうち一つくらいは単なる偶然によって95%レベルで統計的に有意となることも、当然考えられる。そしたら残りの19件を打ち捨てて、おや不思議、発表できる論文のできあがり。

ほかにも、社会科学分野で発表された論文の疑わしさが露呈するのは、同業者が再現を試みた場合だ。2

０１１年に心理学者ブライアン・ノセックの主導で、心理学を代表する専門誌数誌に掲載された論文内容を、他の研究者が再現するという試みが行なわれた。３年をかけて、ノセックの依頼を受けた２７０人の研究者が、１００本の心理学研究の再現に協力した。[46] すると再現が確認されたのはたった3割程度だった。

別の領域でも同様の憂慮すべき事態が発生している。遺伝学の下位分野の一つで、発表済みの研究論文の再現性を生物学者のチームが確かめたところ、９件のうち1件しか再現性が認められなかった。[47] 腫瘍学と血液学でも9件中1件だけ。[48] マクロ経済学では、選んだ研究のうち、再現に成功したのは半分だった。[49] こうした現状に対する批判派の一人、ジョン・ヨアニディスの指摘によれば、外部からの資金提供、学者間の競争、そして研究者のチェリーピッキング能力〔自分に都合のよいものを巧みに選び出すこと〕によって、研究結果はゆがむ可能性があるのだ。「発表されている研究結果の大半は偽だ」とヨアニディスは言い切っている。[50]

ヨアニディスが下した判決は悲観的すぎる、と私は見ている。とはいえ、再現性の「危機」が世間の話題になり始めたのは当然のことだ。[51] 学界が信頼性を取り戻すためには、発見ができるだけ覆らないような厳しい規律が敷かれなくてはならない。そのための採るべき手段は、たとえば積極的な再現研究を奨励すること。そして、最も再現を試みやすい研究はRCTなのだ。

再現のやり方もさまざまに考えられる。ある運動プログラムの効果が、単にカリスマ的トレーナーの存在によるものではないかと考えるなら、別のトレーナーで実験を再現してみる。暴力防止プログラムの効果が、犯罪に対する罰が厳しいせいではないかと思うなら、より寛容な司法制度をもつ州でプログラムを再現するのが有効だ。

具体的な手法としては、たとえば別の研究チームで同じ実験を行なう。ある財団はこのアプローチについて、「二度でだめならもう一度」〔「七転び八起き」に似た意味のことわざ〕にひっかけて、「一度成功したならもう一度」と表現した。[52]

また別の手法として、複数の研究チームが協力し、同じ調査を複数拠点で行なうというやり方もある。たとえば、ある生徒レベルに対するチューター・プログラムを無作為に行なう場合、同じ実験を複数の学校で同時進行する。それぞれの学校を担当したチームごとの効果を比較できるというわけだ。

分野によっては、こうした複数拠点での実験が強く推奨されている。オーストラリアの医学研究者デイヴィッド・ジョンソンは、自身の専門である腎疾患分野において、検出力に欠ける単一施設実験を撲滅したいと語っていた[53]。「単一施設実験は臨床業務の改善にほとんどつながらない」とジョンソンは主張した。「数字が小さくなりやすいからだ。充分な数で実験できたとしても、それが一般化できるかどうかは、はなはだ疑問だ」。腎臓病のような分野の医学研究では、複数の病院が連携して実験をするかどうかで未来が変わってくる――とジョンソンは考えている。

統計的に言っても、2カ国もしくは3カ国で実施されたRCTのほうに、1カ所で実施しただけの実験よりもはるかに重みを置くべきなのだ。その理由を説明するために、統計的有意性95％ルールの話に戻りたい。仮にゴミのようなプログラムでRCTをしても、5％の確率――20回に1回――で、その結果は統計的に有意となる。これは困った事態だ。

そこで、この発見に対して再現実験をしたらどうなるか。一般的な統計的有意性95％のルールにもとづき、新しい教育プログラムの効果を試したとしよう。そのプログラムは実際には効果がないものとしよう。それでもRCTでは、20分の1の確率で、肯定的な結果が出る。しかしRCTを2回行なえば、2回の実験でどちらも誤って肯定的な結果が出る確率は、400分の1になる。RCTを3回行なえば、3回すべてで誤って有意なインパクトが認められる確率は、8000分の1になる。複数の場所で実験し、なおかつ有意性が認められたなら、それがまぐれである可能性はかなり低いというわけだ[54]。

コクランレビューが医療におけるＲＣＴのエビデンスを集約しているように、社会政策分野でも、キャンベル共同計画《コラボレーション》（Ｃ２）と呼ばれるネットワークがエビデンスの「システマティック・レビュー」を行なっている。テーマごとに、関連するＲＣＴを一つのフォーマットにまとめて、社会プログラム実施者や政策担当者、そして広く一般人が参照できるようにしている。

ＲＣＴが世界に広まったことで、国をまたいだ再現実験にも新たな機会が生まれている。１９８０年代には、政策のＲＣＴは10件のうち９件がアメリカで行なわれており、多国間研究協力は困難だった。[55] しかし現在では、政策のＲＣＴ10件のうち、アメリカで行なわれるのは３件のみ。この傾向はアメリカ人にとっても、そうでない国の国民にとっても喜ぶべきことだ。社会プログラムや医薬品が複数の国でランダム化評価を受けていれば、その効果に対していっそうの信頼をもつことができる。

再現実験を行なうなら、重要なのはその結果を必ず報告することだ。従来の常識を否定する結果を研究者が隠蔽した場合、世に出ている実験結果の間違った印象が浸透する可能性がある。ゴルファーがすべてのホールでマリガン〔ミスショットの打ち直しをすること〕をしてスコアを出したようなもので、現実とは異なる数値が広まったままになってしまう。

こうした「出版バイアス」〔否定的な結果が出た論文が公表されにくいこと〕を避ける方法の一つは、実験開始前の登録を義務づけることだ。答えを求める問いをあらかじめ具体的に申請しておくのである。こうしておけば実験終了後に報告がなされやすい。医学においては、オーストラリア、ニュージーランド、中国、ＥＵ、インド、日本、オランダ、タイなどがそれぞれ臨床試験登録システムを運営しており、主要なものだけでも世界で15種類存在している。いずれのシステムに登録された研究も、のちにＷＨＯによって「国際臨床試験登録プラットフォーム」（ＩＣＴＲＰ）に集約される。このＩＣＴＲＰに現在では40万件ほどの臨床試験の詳細が登録されている。

開発経済学でも数年前に、「国際開発インパクト評価登録制度」（ＲＩＤＩＥ）が設立され、すでに１００件を超える研究が登録されている。政治学でも「行政・政治実験ネットワーク」（ＥＧＰＮ）が設立された（登録された研究はおよそ７００件）。同じく経済学にはアメリカ経済学会のＲＣＴ登録制度がある（登録件数およそ１５００件）。医学と異なり、社会科学の学術誌のほとんどは未登録を理由に研究論文を却下しないし、登録後の結果発表も義務づけられていない。しかし経済学や政治学のような分野でも数年以内に医学と同じように義務化される可能性は高いだろう。開発経済学ではささやかなインセンティブとして――多少の皮肉もこめて――実験を登録した研究者先着１００人にタブレット型コンピューターが当たるとしている。

医学においても、研究活動がつねに要件を守っているわけではない。アメリカ政府は２００７年からすべての治験にクリニカルトライアルズ Clinicaltrials.gov というデータベースへの登録を義務づけ、治験データ収集から1年以内に発表するよう求めている。だが最近の分析によれば、登録された治験のうち、発表の義務を果たしていたのは7件中1件だった。[56] データ収集完了から4年後で調べても、結果を公表しているのは半分以下だ。統計によってこうした憂慮すべき事態が暴かれることで、遵守率が改善すると期待したい。

プロザックと呼ばれる抗うつ剤では、２００６年に発表済みの治験すべてを分析した結果、10代の服用者における高い自殺リスクとの関連性が確認された。[57] 研究論文が少しでも早く報告されていれば、この穏やかならざる発見も、もう少し早く知られていたかもしれない〔プロザックが発売されたのは１９８８年〕。同様に、インフルエンザ治療薬として知られるタミフルを備蓄するという判断を先進諸国が下した時点では、タミフルに関して行なわれた研究の60%がまだ報告されていなかった。[58] こうした数字の分析から現在では、タミフルは以前に考えられていたほど入院件数の減少には効果的でないと見られている。結果が埋もれてしまっていたら、ＲＣＴで社会のよりよい選択を後押しすることも不可能だ。

実験の登録を義務づける主たる目的の一つは、研究者があとから条件や設定を変更してしまうのを防ぐことだ。だが、近年行なわれた多数のレビューにおいて、医学のRCTのうちかなりの割合が、「アウトカム・スウィッチング（結果のすりかえ）」をしていることが明らかになっている。つまり、登録した際とは異なる評価基準で実験を報告しているのだ[59]。最も厚顔無恥な例は、1998年、製薬会社グラクソ・スミスクラインがパキシルという抗うつ剤で提出した治験報告書である。登録時には8件の評価項目で分析すると述べていた。しかし、いずれの基準にもまったくインパクトが見られなかったことから、研究者が評価項目を19件増やしたところ、そのうち4件で、有意な効果が確認された。パキシルの治験結果は、その4件の評価項目に当初から主眼を置いていたかのような形で発表されている。グラクソ・スミスクラインは2012年に、パキシルを含む複数の治療薬における不正確な治験報告について、30億ドルの罰金を科せられた[60]。

*

「あの電話のことは、今でも昨日のように思い出すよ。血液検査技師からの電話で、『問題があります』と言ってきたんだ。『女子児童の一人に白血球の異常があるようです』と。1時間後、検査技師がふたたび電話をしてきて、その子が初期の白血病だと告げた。その日のうちにご両親がキャンベラからシドニーの病院まで車で彼女を連れて行き、治療を始めさせた。そして1年後、彼女の血液がんは消えていた」

このエピソードを語った人物は、名前をディック・テルフォードという。彼は私のオフィスで取材に応じ、2005年に始めた驚くべき研究について説明した。運動が子どもの長期的健康に影響するかどうか調べる研究だ。運動について語る資格がある者を一人挙げろと言われたら、このテルフォードのほかにはいない。彼は1960年代後半にオーストラリアン・フットボールの選手として活躍し、その後は陸上選手に転向した。フルマラソンの記録は2時間27分。ワールド・マスターズ・ゲーム〔中高年が出場する国際的な総合競技大会〕の陸上でメダルをとり、そしてメルボルン大学で運動学の博士号をとった。オーストラリア国立スポーツ研究所に初のスポーツ科学者として迎えられ、そこでロバート・ド・キャステラ、リサ・オンディエキ、マーティン・デント、キャロリン・スチュワロウといったオーストラリアを代表する陸上選手を育てた。

テルフォードは今では70歳代前半になるが、贅肉のない猟犬のような身体つきで、動作もしなやかだ。現在でも少人数のマラソン指導にあたっており、私もときどき練習に参加する。彼は研究熱心で、特にRCTを非常に重視している。自身の経歴に箔をつけることよりも、効果のある練習メニューとそうでないメニューを理解すること自体に情熱を注いでいる。

テルフォードが考案した学校体育プログラムの様子は、RCTの効果的な実施方法という点で、かなり参考になる。本書でここまでに見てきたとおり、対照群は必ずしも「何もしない」グループである必要はない。治験において「薬を投与する」「何もしない」で比べるのではなく、既存の標準治療と、新たに試したい薬の効果を比べるという手があると説明したのを思い出してほしい。このように2種類の処置を比較することで、被験者が対照群から介入群に移ろうとしてしまう可能性を減らせるし、政治的問題が生じる危険性も解消できる。ほとんどの状況において、このほうが倫理的にも好ましい。

医学以外の研究でも同様のアプローチが利用可能だ。テルフォードは２００５年に、オーストラリア国立スポーツ研究所とオーストラリア国立大学と連携し、彼の説を確かめる実験を開始した。学校体育について調べるからといって、対照群になった児童に体育の授業を受けさせないのは間違いだというのは誰もがわかっていた。そこで、運動させる児童と運動させない児童を比べるのではなく、高品質な体操教育と、一般的な体育の授業とを比べることにした。同級生のほうがいい授業を受けているのを見たら、児童は「ずるい」

と感じるかもしれないので、同じ学校の児童間ではなく、学校間でランダム化を行なった。

テルフォードの研究チームは校長たちと徹底的に話し合いを重ね、キャンベラの小学校29校を選び、無作為に2グループに分けた。学校名を書いた紙を帽子の中に入れて取り出すというやり方だ。13校では、専門のスポーツ講師が、児童を受け持つ教師たちの協力のもと、平衡機能や身体制御機能を鍛えたり、試合をさせたりする毎日の運動プログラムを指導した。対照群となった16校では、児童はいつもの担任教師から体育の授業を受けた。こちらのほうがセッションの回数が少なく、時間も短く、身体的に求められるレベルも低い。つまりこのRCTでは、運動をすることのインパクトと、しないことのインパクトを比べるのではなく、高品質なトレーニングと不定期的な運動とを比較したのである。

4年後、介入群に無作為に割り当てられた児童は、体脂肪が少なく、コレステロール値も低く、そして算数の成績がよかった(61)。研究チームは現在でも大人になった被験者たちの成長過程を追跡し、幼少期に多く運動することが人生全体の健康《ウェルネス》に影響するかどうか調べている。テルフォードの究極の願いは、実験に参加した子どもが仕事を引退する時期まで追いかけることだ。最終的な結果が出る頃には自分はこの世にいないとわかってはいるものの、学校における高品質なスポーツプログラムの長期的影響を知ることは、人類にとってきわめて重要だと考えている。

適切に行なえば、RCTは世界を変えるのだ。高品質な体育指導に効果があるというディック・テルフォードの直感は、少なくとも今のところは当たっているように見える。しかし、たとえ結果が彼の期待を打ち消したとしても、この研究の価値が消えるわけではない。私たちの知識を増やし、おそらく、別の研究者の背中を押して別のアプローチを追究させることとなるからだ。それに、結果をさておくとしても、キャンベラには今日、白血病に打ち勝った一人の少女がいる。おそらく、彼女が幸運にもディック・テルフォードの

RCTに参加したから、という一点が、その回復をもたらしたのだ。

12 次の変化を導く

歴史家デイヴィッド・ウートンは、科学史を論じた著書において、1600年の教養あるヨーロッパ人の大半が何を信じていたか紹介することで、人類がどれほど知的進歩を遂げてきたか明らかにしている[1]。当時の知識人は狼男の存在を信じ、嵐を起こす力をもった魔女の存在を信じ、一角獣の存在を信じていた。夢で未来がわかると信じ、太陽は地球の周りを回っていると信じていた。ネズミは藁の山から自然に生まれてくるもので、虹は神のお告げだった。殺された人の遺体は、犯人がそばに寄ると血を流すとされていた。シェイクスピアの時代に、こうした知識は異端の考えではなかった――当世における最も知恵のある人々が真実と理解する情報だった。

錬金術も、こうした時代に強く信じられていた技術の一つだ。鉛などの卑金属を、金などの貴金属に変えることが可能だと考えられていた。千年にわたり、錬金術は科学研究全体の中でかなりの割合を占めていた。アイザック・ニュートンでさえ、物理学よりも錬金術に多くの時間を費やし、経済学者ケインズに「(ニュートンは) 理性の時代の最初の人間ではなく、最後の魔術師だ」と言わしめている。

その錬金術が消え去ったのは何が理由だったのか。実験で真実を確かめる文化が生まれたから、ではない。むしろ錬金術は何世紀も実験に実験を重ねていた。重大な後押しとなったのは、きちんと設計されていない実験をひそかに行なう風潮から、厳密な実験を行なって世間に公表する風潮へと変化したことだ。デイヴィッド・ウートンは次のように考察している。

> 実験は出版物として公に発表せねばならぬ、事象の明確な説明を提示しなければならぬ、それから可能な限り第三者の監視のもと再現が確認されなければならぬ、という認識が、錬金術を葬り去った。錬金術は秘儀的な知恵を追求し、ひと握りの人間だけが聖なる秘密を知るに適していると確信し、金の供給が不足すれば社会秩序も崩壊すると信じていた（…）そうした秘伝の知識に入れ替わった新しい形態の知識は、出版と、公開もしくは公開に準じる形での実演を旨としている。閉ざされた社会が、開かれた社会と入れ替わったのだ。[2]

1750年には、ヨーロッパの知識人は錬金術を信じなくなっていた。魔女、一角獣、狼男のことも信じなくなった。現在の私たちもほぼ全員が、実験と、その結果をオープンにするという慣習があるからこそ、一見「なるほど」と思わせるさまざまな着想――骨相学〔頭蓋骨の形で性格や運命がわかる〕、虹彩学〔瞳の虹彩で身体の不調がわかる〕、占星術、レイキ〔手を当ててエネルギーを送り込む治療法〕、テレパシー、水脈占い〔杖や棒がひとりでに地下の水脈の位置を指し示す〕、ダイアネティックス〔無意識を探り精神的外傷を治療する〕、味覚地図〔舌の位置によって感じ取る味が違う〕など――を自信をもって退けることができる。イギリス、フランス、ドイツ、日本、デンマーク、スペインなど、先進諸国の大半で大多数の人が進化論を信じているのも、同じ理由だ（アメリカとトルコはここに含まれない）[3]。科学革命は世界に対する私たちの見方を変えただけでなく、医学研究にも大幅な進歩をもたらし、命の長さと質は大きく伸びた。

　にもかかわらず、現代生活のあまりにも多くの場面――ビジネスから政策決定に至るまで――が、今でも不安になるほど錬金術によく似た様相を呈している。低品質な評価が判断のベースとなり、実験結果が世界から隠されたままでいると、意思決定は厳密な分析によるものではなく、賢者の石〔錬金術で、鉛を金に変えるときに使う触媒〕を探す作業に近くなる。世界の一流企業幹部１１００人に、意思決定プロセスについて尋ねた調査では、データと分析に最も信を置くと答えた幹部は３人に１人にも届かなかった。[4] イギリスの経済研究家ティム・ハーフォードは、「マジシャンが煙と鏡を使うように、統計データを使う」政治家を批判している。[5] ハーフォードによると、最悪の場合、これが哲学者ハリー・フランクファートが呼ぶところの「大ぼら吹き」につながる。大ぼら吹きは嘘つきよりもタチが悪い[6]——何しろ真実なんて気にもしていないのだ。自分の発言が真実か偽りかということに無関心なのである。もちろん統計を駆使して嘘をつくことも可能だが、統計データがなければ、嘘をつくことはいっそう簡単になってしまう。

　政治にＲＣＴを取り入れるのは、心理学者ドナルド・キャンベルが「実験的社会」と呼ぶ世界を作ることにつながる。キャンベルは「実験的社会」を、「自己批判の（…）精神をもった正直な社会で（…）ものごとをありのままに語り、真実を直視し、自己防衛的にならない」と語った。[7] そうした社会ならば「独善的社会にはならない」とキャンベルは言う。「正直であること、批判をオープンに行なうこと、実験をすること。そして、かつては支持された理論でも、実験を行ない別のエビデンスが生じたならば、変更をいとわないこと。そうした科学的な価値観をもつ」。[8] 本書で紹介したように、シューズ・ブランド「トムス」の創業者たちは、このアプローチを実践している。彼らは途上国の子どもたちに６０００万足のシューズを寄付してきたが、ランダム化評価を積極的に受け入れ、本意ではない結果が確認されたときには、慈善活動の取り組み方を軌道修正している。

　科学の道に従うのは必ずしも容易ではない。物理学者リチャード・ファインマンは「第一に気をつけてほしいのは、決して自分で自分を欺かぬということです。己れというものは一番だましやすいものですから」

と看破した。(9) 優れた科学者はつねにエビデンスを提示する。自分のかわいい理論を裏づけるデータを示すだけでは充分ではないとわかっている。そして実験がどんな結果になろうとも、それを世間に発表する。ファインマンは、科学の高潔性について語るにあたり、「カーゴ・カルト・サイエンス」(科学のふりをした似非科学)という言葉を使った。かつて太平洋の島々に住む人々が、物資を運ぶ貨物《カーゴ》輸送機を引き寄せられると期待して偽の滑走路を造ったように、質の悪い科学も、一見すると本物らしく見えるかもしれない。いっときは名声と熱狂すら生まれるかもしれない。だが、そうした科学が示した結果は、最終的には打ち捨てられることになる。

開発経済学者エステル・デュフロとマイケル・クレーマーは、共著論文で「RCTは、20世紀の医学に革命を起こしたように、21世紀の社会政策に革命を起こすポテンシャルを持つ」と書いた。(10) 英政府ナッジ・ユニット責任者デイヴィッド・ハルパーンは「公共政策をアートからサイエンスへ転じていかなければならない」と表現した。(11) 効果測定にいっそうの注意を払うとともに、人間の直感は外れることもあると自覚するという意味だ。謙虚さと数学能力が手を組むとき、RCTの真価が現れる。

アメリカの社会政策における思想的巨人、ダニエル・パトリック・モイニハン上院議員は、社会政策を評価すれば、もっぱら度肝を抜く結果よりも堅実な結果になるものだと理解していた。新しい社会プログラムに出会うと、彼は好んでロッシの鉄則を引用した。社会政策のRCTにおけるパイオニア、ジュディス・ゲロンのことを、何度か「控えめに肯定的な結果を出す女王」と評していた。(12)

大ヒット映画は、正義の騎士や魔法の銃弾、大胆不敵な冒険や奇跡であふれている。だが現実において、ポジティブな変化はたいてい一気には起きない。社会改革でも経済改革でも、人類が有する優れたシステムは、どれも徐々に進化してきたものだ。RCTは科学、ビジネス、政府を、成功へと導く高速道路に乗せるわけではない。あくまで着実な進歩の道を歩ませる。健康的なダイエットと同じで、正しい選択の積み重ねを経ながら、少しずつ成果を出していく。こうした積み重ねのアプローチが一夜で世界を変えることはないが、一世代を通じてであれば、変化はきっと促されていく[13]。

医学の優れた思索に耳を傾ければ、同じ謙虚なアプローチがとられていることに気づくだろう。ある大学の医学部長は、新入生にこう語った。「きみたちに教えることの半分は間違っている。残念ながら、どの半分がそれに該当するのか、私たちにはわからない[14]」。エビデンスにもとづく医療（EBM）のパイオニアと言われるデイヴィッド・サケットは、こう書いた。「専門家が犯す第一の罪は、自分の意見に自分の名声や評判を足してしまうことだ。その意見に科学的根拠のみで得られる以上の説得力が生じてしまう[15]」。がん研究の世界的権威だったジューダ・フォークマンも、「私は自身の成功よりも失敗から多くを学ぶ」という言葉を遺している[16]。

同じことはビジネスの世界にも当てはまる。先進諸国ではスタートアップの半分以上が5年以内に廃業する[17]。ベンチャーキャピタル投資家は得られるリターンを、ごく少数の企業から得ている。変動する市況が影響をおよぼすことは確かだが、だからといって、成功している企業は単に幸運だったわけではない——彼らは厳密な実験と改善を重ねる腕に長けているのだ。「起業家精神とは、根本的には、実験精神のことである。成功に必要な知識は事前に仕入れることはできないし、いくつかの第一原則があれば演繹的に導けるというものでもないからだ」と、ある研究論文が考察している[18]。会計ソフトウェアメーカー、インテュイットの創業者スコット・クックは、「実験だらけの」会社を作っていきたいと考えている。「失敗をすることはまったく問題ない」と考える会社だ[19]。クックは社員に対し、「エビデンスを出している限り、その仕事は正しい。エビデンスは、誰のどんな直感よりも優れている」と告げているという。ジャーナリストのミーガン・マッカードルは、アメリカの経済的成功は「上手に失敗する」ことにルーツがあると論じた。リスクに挑戦することを奨励し、失敗を許し、失敗から学んでいく組織で、成功が育まれていくのだ。[20]

その点、政府の政策はどうだろうか。「専門家による判断」とされたものが、実はデータとは食い違っているという例は、掃いて捨てるほど存在している。たとえば新しい線路や道路の建設を検討する際、政府は一般的に、その線路や道路をどれくらいの市民が使用するかという予測を立てさせる。だが数年後、実際にどれだけの人数が使っているか調べてみると、交通量予測も鉄道乗客数予測も、実際の数と比べて過大だったことがわかる。[21]特に鉄道に関しては、専門家による乗客数予測は外れてばかりだ。10件のうち9件が過大に推定しており、平均して2倍の差があった。メキシコシティのアカユカンで行なわれた道路舗装実験の例でも見たとおり、インフラの提供もRCTで調べることが可能なのだ。たとえ政府がその道路はいらないと判断することになったとしても、それでもエビデンスを用いた質の良いフィードバックループを作ること自体に、重要な意味がある。

謙虚さがすべてのRCTの友であるように、過信はすべてのRCTの敵だ。スキルや判断に自信のある専門家ほど、データの活用を怠りやすい。しかも多種多様な研究で、過信は人間のごくありふれた特徴であることがわかっている。フランス人の84%は、自分は恋人としてのテクニックが平均よりも巧みだと思っている。[22]アメリカ人の93%は、自分の運転は平均より上手だと思っている。[23]オーストラリア人の97%は、自分の美しさは平均以上だと考えている。[24]人類の進化において、過大な自信をもつのは戦略として確かに有効だった。[25]日常生活においても、自信があれば打たれ強くなれる。人から失敗を非難されにくいし、手柄を自分のものと主張することもできる。[26]

だが、そこには穴がある。この世は失敗のほうが驚くほど一般的に起きるのだ。医療の世界では、研究室のテストで有望と思われた治療薬10件のうち1件しか、市販薬として承認を受けるに至らない。教育の世界では、教育プログラムを調べたアメリカのワット・ワークス・クリアリングハウス（WWC）のRCTにおいて、肯定的な効果が認められたのは10件中たった1件だった。ビジネスの世界においては、グーグルのプロダクトもRCTによって5件に1件しか改善の効果が認められない。社会政策を厳密な実験で調べてみると、肯定的な効果がはっきり確認されるのは、わずか4分の1程度だ。エビデンスのハードルを少し上げてみれば、決まってと言っていいほど、同じ発見が浮かび上がってくる――よさそうに思えるアイディアの大半は、実際には役立たずなのだ。法やテロ対策など、RCTが採用され始めたばかりの領域でも、同様にこれまでの通説が覆されていく可能性が高い(27)。

結局のところ、質のよい評価とは、真実を追い求めることにほかならないのだ。アインシュタインは「私は神の考えを知りたい。その他のことはすべて細部だ」と言った。質のよい評価を出すことに腐心した人がこの世を去って、生前の行ないを神の前でつまびらかにされるとしたら、きっと一歩踏み出して、こう尋ねることだろう。「それで、教えてください。あれは正解でしたか？」

ウディ・アレンの映画『アニー・ホール』で、アレン演じる主人公が別の男と、著名な哲学者マーシャル・マクルーハンの見解について口論をする場面がある。すると突然マクルーハン本人が画面に登場し、男に向かって「きみの理解は間違いだ」と告げる。アレンは言う。「いつもこんなふうに答え合わせができればいいのにね！」。RCTは、さまざまな重要な疑問に対し、こうした答え合わせの瞬間に限りなく近いものを導き出す。

今、研究の最先端にいる者にとっての主たる課題は、仮説とランダム化評価を効果的に組み合わせ、人間行動について、より正確なモデルを作っていくことだ。人は赤い封筒のほうが開ける気になりやすいか、それとも青い封筒のほうが開けやすいか調べるのもいいのだが、もっと深い考察《インサイト》をもたらすRCTにこそ最大の価値がある。経済学者クリス・ブラットマンは、認知療法の効果を調べたリベリア実験からの学びを語るにあたり、「『このプログラムは効果があるか』と問うのではなく、『この世界はどういう仕組みで回っているのか』と考える必要があった」と振り返っている。[28] 根本にある前提のほうを調べることで、さまざまなプログラムに一般化可能な考察を引き出せる――とブラットマンは言う。

同様の文脈で、経済学者のイェンス・ルドヴィグ、ジェフリー・クリング、センディル・ムッライナタンは、「割れ窓理論」の検証について説明している。割れ窓理論とは、軽犯罪（不正乗車、ゴミのポイ捨て、器物損壊など）の取り締まりに重点を置くことで、重犯罪の抑止につながるという戦略のことだ。[29] ルドヴィグら3人によると、ほとんどの研究者は、いくつかの都市を選び、そのうち半分に対して無作為に「割れ窓理論」の取り締まりを実行することによって、犯罪抑止効果を評価する。だが、根底にある問題を理解したいと思うなら、採るべきアプローチは中古車を20―30台ほど購入し、そのうち半分の窓を割って、無作為に選んだ地域に放置し、その地域で重犯罪が増えるかどうか調べることだ。[30] ルドヴィグらは、取り締まりで比べる実験を政策評価と考え、車で比べる実験をメカニズム評価だと考える。後者のほうは、そもそも割れた窓で暴力犯罪は増えるのか、という問いに踏み込んでいる。どちらの実験にもそれぞれの意味がある。警察署長ならば取り締まり方針が正解かどうかを考えるかもしれないが、社会科学者ならば、より根幹的な真実を追求する実験に主眼を置くべきだ、とルドヴィグらは主張している。

世界を見渡せば、数多くのRCTが独創的な方法で制度に組み込まれている。メキシコでは2005年に、社会開発政策評価全国審議会（CONEVAL）という機関が誕生した。貧困撲滅の効果的な対策について、エビデンス基盤を構築していく独立機関だ。先進諸国で政府中枢に設立されたナッジ・ユニットと同じく、れている。

この審議会には、開発途上国におけるRCTの実施を先導していこうというメキシコ国家の目論見が反映されている。

RCTを推奨する方法としては、成功したアイディアに奨励金を出すのも有効だ。2010年に起業家のモーラ・オニールと開発経済学者マイケル・クレーマーが手を組み、アメリカ合衆国国際開発庁を説得して、「開発イノベーション・ベンチャーズ」という部門を設立させた。[31] この部門は「効果が実証された成功の規模を拡大する」という原則のもと、3段階式で助成金を提供する。第1ラウンドでは、最大で15万ドルのプロジェクト資金を出す。当該プロジェクトが成功のエビデンスを示すことができたら――多くの場合はRCTを通じて――第2ラウンドに進む資格を得る。今度は150万ドルの助成金が出る。ここでも成功を証明したら、第3ラウンドに進み、最大1500万ドルの助成金が下りる。

ほかにも連邦政府によるシステムでRCTを推奨する策として、州政府への助成金プログラムに実験を組み込むというやり方がある。アメリカ連邦法で一般的に行なわれている仕組みだ。[32] たとえば、犯罪者のコミュニティ復帰を支援する戦略として施行された法律「セカンド・チャンス法」では、連邦政府が州政府に拠出するプログラム資金のうち、2％は効果測定に投じさせる。「可能な限り無作為割当による評価を行なって（…）どの更生アプローチや戦略が最も有効であるか、エビデンスを得ること」。同じく、子どもの落ちこぼれを防ぐ「ノーチャイルド・レフトビハインド法」も、効果の評価を行なわせている。「対照群と無作為割当を伴う厳密な方法論的設計および手法を活用し、可能な限り、効果について信頼できるエビデンスを得ること」。家庭訪問を通じた児童発達支援プログラムの助成金では、各州の保健福祉局に、「連邦助成金を活用し、適切に設計されたランダム化比較試験で効果が証明されたモデルを採用することで、虐待やネグレクトといった子どもの重大な問題の改善に対し、拡大可能かつ持続可能な効果を生み出す」ことを求めている。

慈善団体もRCT普及に重要な役割を果たす。イギリスでは教育関連のRCTが今も100件ほど進行しているが、その大半は、教育基金財団（EEF）の主導によるものだ。[33]この財団の主たる貢献として、効果のあるプログラムの特定だけでなく、既存の研究を世間がより分けて確認できるようにしている。研究に格付けをして、5（統計的検出力が強く脱落率が低いRCT）から0（対照群を用いない研究）のランクをつけているのだ。本書の第11章で提示したエビデンス階層と同じく、このEEFの格付けシステムは、個々の評価の信頼性をまとめるシンプルな手法となっている。[34]RCTを頂点に置くことで、エビデンスの水準を上げる追加的なインセンティブにもなっている。エドナ・マコーネル・クラーク財団、リザルト・フォー・アメリカ（RFA）、ローラ&ジョン・アーノルド財団、ブルームバーグ・フィランソロピーズなど、アメリカの財団も多くが同様のアプローチを採用し、RCTのプログラム、もしくはRCTで効果的だと証明されたプログラムへの資金提供に主眼を置いている。

目的のために方法はいくらでも修正していく人物と言えば、アメリカの小児科医デイヴィッド・オールズをおいて、ほかにそう多くはいないだろう。オールズは1970年代に「ナース・ファミリー・パートナーシップ」という独自のプログラムを立ち上げた。看護師が定期的に家庭訪問をして、慣れない育児に悩む保護者の指導や相談に対応するプログラムだ。オールズは20年間にわたりRCTを通じて改善を進め、1996年に複数のコミュニティでこれを導入した。だが、開始から数十年が経つ現在でさえ、さらなる実験に意欲的だ。彼が開発したプログラム導入についてアメリカ国外から要望があると、条件としてRCTの実施に同意させる。イギリス、オランダ、カナダなど、ところ変われば、看護師の家庭訪問によるインパクトも変わるからだ。オールズは、自身の理念を、こう言い切っている。「私の望みは問題を解決することであって、プログラムを広めることではない[35]」

*

2008年のこと。途上国支援団体「フリーダム・フロム・ハンガー」への寄付実績がある人のもとに、再度の寄付を依頼する手紙が届いた[36]。いずれの手紙も、リタという名前のペルー人女性のエピソードを紹介している。リタは夫に先立たれ、生活はとても貧しい。ただし文章は2種類あった。半分の手紙には、「リタのような人々のために私たちが行なう活動の効果を把握するには、単なるエピソードにとどまらないエビデンスが大切です。そのため外部の研究機関と連携して、プログラムのインパクトを調べる厳密な科学的調査を実施しています」と書かれていた。もう半分の手紙ではもっと単純に、「けれど、フリーダム・フロム・ハンガーは、飢えに苦しむリタのような女性たちの家族やコミュニティが、きっと救われると信じています」と書かれていた。

実は、この手紙自体が、経済学者によるRCTだった。プログラムがRCTによって裏づけられているという情報を、寄付者が重視するかどうか調べていたのである。全体の平均で見るとインパクトは生じていなかった——研究結果の報告によれば、寄付依頼の有効性に何の影響も見られなかった。しかし結果の内訳を調べると、インパクト評価に言及した手紙では、高額寄付者の寄付率が上昇していた一方で、少額寄付者では財布のひもを緩める効果が下がっていたことがわかった。温かい気持ち《ウォームグロー》になりたいという思いで寄付をしている場合、インパクト評価の話を聞かされると、もしかして支援の効果がないということもありうるのか、という不安が高まる——と論文では結論づけている。一方、利他主義で寄付をしている場合は、効果の確認を行なっていると聞かされたほうが、そのプログラムがより魅力的に感じられていたのである。

フリーダム・フロム・ハンガー実験から導かれる教訓がある。私たちは単に多くのRCTが必要なのではない。確固たるエビデンスを強く要求していく必要があるのだ。「エビデンスは？」と尋ねることで、何が効果的か判明する可能性が高まる。何が効果的でないかもわかる。懐疑主義は楽観主義の敵ではない。大きな問題を解決したいという願いを、実のある結果へとつなげていくための導管だ。真実に対する好奇心を解き放つなら、コインを1回投げるたび世界についてどれほど理解が深まるか、私たちはそのつど新しい驚きを味わうのである。

ＲＣＴ実施の10の掟

成功するＲＣＴを行なうには、いささか特殊な素質の組み合わせが必要だ。優れたランダミスタは技術的スキルのほかに、運用面での思慮深さ、政治的知識、そして勇気を備えている。(1)

次に示す10のステップを参考に、ぜひＲＣＴに挑戦してほしい。

1 何を調べるか決める

新しい介入のインパクトを、何も介入を受けない対照群と比較するのが、ＲＣＴの最もシンプルなアプローチだ。その他では、２種類以上の介入を比較することもある。複数のパターンで入れ替えて調べる実験はクロスオーバー実験という。たとえば自営業者を支援するにあたり、職業訓練を提供する場合、補助金を提供する場合、両方、もしくはどちらもない場合を比べる。インパクトが即座に生じるものであれば、ランダムな間隔で「介入する」「介入しない」を切り替えて調べてもよい。就寝時の習慣で不眠症が軽減するかどうか、１カ月のうち半分の日数だけに介入を行ない、スマートフォンアプリを使って毎日の睡眠の質を調べるなど。

2　無作為な差をどのように作り出すか考える。発想は独創的に

対照群に「あなたはこのプログラムを受けません」と告げることが現実的ではない、もしくは倫理的ではない状況もある。その際は標準的なRCTに代わる選択肢を検討する。たとえば、ある政策が2カ年以上で実施されるなら、初年度からの実施対象と次年度からの実施対象を無作為に分ける。[2] 採用率の低い既存プログラムを評価したい場合は、宣伝やインセンティブを通じて、無作為に選ばれた一部の人にプログラムへのアクセスを奨励する。

3　対照群の行動を予測する

対照群に入った人の気持ちになって考えてみる。自分なら何をするだろうか。アメリカの就学前教育プログラム「ヘッドスタート」の例を思い出してほしい。このプログラムの評価では、対照群の幼児が別の公立幼稚園に入園していたことを、当初のうちは認識していなかった。この点を考慮に入れるまで、費用便益比率は2分の1に過小評価されていた。

4　どのアウトカム（結果）を測定するか決める

行政データならば安価もしくは無料で入手できるだろう。実験対象の全員分のデータを集めることもできる。その点、調査を独自に設計する場合は、仮に対象者の1割しかアンケートに答えないとすると、サンプル数を10倍にして始めなければならない。追跡調査を複数回繰り返すやり方や、回答者に報酬を出すやり方もある（あるチェーン店の実験では、封筒に1ドル札を入れたところ、回答率が8％から16％へと倍に伸びた[3]）。介入

を評価する際は無作為割当に沿って行なうこと。最初は対照群に入っていた被験者が、自力で同じ介入を手に入れていた際にも、当初の振り分けにもとづいてデータを分析する。

5　どのレベルをランダム化するか決める

教育に関する介入を調べる際は、ランダム化を生徒間、クラス間、あるいは学校間で行なうことが考えられる。どのレベルを選ぶのが正解となるかは、実践面や倫理面、もしくは介入内容が介入群から対照群へどう波及するかという検討しだいで変わってくる。たとえばエイズ治療薬に関して行なわれた初期の実験では、介入群の患者と対照群の患者が、実際には薬を分け合って使っていた。当時、この病気に罹患することは実質的に死の宣告だったので、こうした行動に出るのも理解できることだった。[4] 全員が治療薬の半分を服用していたので、実験結果は意味のないものとなり、治療薬の承認が下りるまで長い時間がかかってしまった。この実験を患者間ではなく病院間でランダム化していれば、サンプル数は多く要するものの、成功する可能性は高かったと考えられる。

6　ある程度の実験規模を確保する

介入が、介入群と対照群にかなり大きな差を生むと予測されるなら、サンプルサイズは小規模でも充分だろう。育児支援プログラム「トリプルＰ」はインパクトが大きく、先住民わずか51世帯という規模でも確かな結果が確認された。だが、変化がかなり小さい事柄を試したい場合は、より大規模なサンプルが必要だ。テレビ広告の効果予測に関する問題を思い出してほしい。個々のコマーシャルが消費者の購入判断におよぼすインパクトは非常に小さいため、インパクトを確認するのはＲＣＴでもほぼ不可能だ。どの程度の実験規模が必要かヒントが欲しいなら、インターネットで「検出力計算 power calculation」と検索すれば、便利なオンライン計算ツールが見つかる。対象としたいサンプルの規模が充分でない場合は、他の都市や他の国の研究者と協力することを検討しよう。サンプル数を増やせることに加えて、結果が特定の場面だけでなく、場所を問わず当てはまると多くの人に考えてもらえるようになる。

7　実験を事前登録し、倫理委員会の承認を得る

結果を発表したいなら、まずふさわしい医学専門サイトもしくは社会科学サイトに実験を登録する。可能な限り倫理委員会の承認も得る。介入が被験者に害をもたらすものである場合は、倫理委員会の要請でデータ検証および安全性検証委員会が設立され、実験進行に対する監視を受けることとなるだろう。倫理委員会の承認を得るには時間がかかるが、何か問題が起きた場合の保険になる。２０１４年に、ある政治学実験が、アメリカのモンタナ州の有権者10万人にチラシを配布した。チラシは、州最高裁に対する選挙立候補者の思想スタンスを示すというもの(5)。しかし州の公式な印章が押されていたため、この実験はモンタナの選挙法に違反していた。研究チームがあらかじめ大学内部のレビュー委員会から承認を受けていれば、罪には問われなかったかもしれないが、あいにく承認を受けていなかった(6)。

8　ランダム化に対する関係者の理解と賛同を確保する

その実験を行なう理由について関係者全員の理解を得ること。実験実施者は、資金提供者や運用責任者などに対し、ランダム化の必然性を納得させなければならない。たとえば福祉プログラムのＲＣＴを行なう場合、現場のケースワーカーが無作為の割り当てにもとづき、貧しい人々への支援を拒否しなければならない

かもしれない。(7) こうした担当者がランダム化に従うことを拒否したら、おそらく実験は台無しだ。(8) オーストラリアのナッジ・ユニットBETAの責任者マイケル・ヒスコックスは、「実験に私が投じる労力の75％くらいは、協力関係を形成し、関係者全員の認識をそろえて始めることだ」と話していた。(9) 専門家が地位をかさに着て行動したり、専門用語を振り回したりして、現場を混乱させてはいけない。ＲＣＴで何が学べると予想しているか、それがサービス受益者や組織にとってどう役に立つと考えられるか、実験が倫理にかなっていると考える根拠は何か、充分に時間をとって現場担当者に説明すること。

9　確実に無作為でサンプルを分ける

介入群と対照群に人々を割り当てる方法は、コインを投げて決める、帽子の中に名前を書いた紙を入れて引く、表計算シートの乱数作成機能を使うなど。一つのリストを半分に分ける場合は、そのリストが順不同で並んでいるようにする。被験者に関する背景情報がある場合は、観察可能な特徴にもとづいて介入群と対照群のバランスをとり、統計精度をやや高めることができる。１９３０年代に青少年指導プログラムの評価を実施したときは、問題を抱えた若者の年齢、家族構成、非行行動の内容をもとに、条件の近いペアを作った。(10) それから研究チームが各ペアについてコインを投げて、ペアの片方を介入群に、他方を対照群に振り分けた。(11)

10　可能なら、小規模でパイロット実験を行なう

スポーツ選手が競技前にペースを確認するのと同じで、最初に控えめな規模で実験の完全性を確認するとよいだろう。このときは利用可能な結果を出すのが目的ではなく、ランダム化と実施・調査段階で生じる予

想外の問題を拾っておくのが狙いだ。経済学者ディーン・カーランとジェイコブ・アペルが共著書で指摘しているとおり、すぐにでも本格的な実験に着手したいと思っても、「普及率を予測し、実験中に発生しうる実施者側のヘマを明らかにしておくために、小規模のパイロット版で事前テストをするのが最善の策」だ。[12] バグをつぶし、正式なRCTの準備を整えるのである。

謝辞

私がＲＣＴに初めて関心をもったのは、２０００年代前半、ハーバード・ケネディスクールの学生だった頃だ。私の論文主査クリストファー・ジェンクス、指導教官のデイヴィッド・エルウッドとキャロライン・ホクスビーのもとで学んでいれば、きっと誰でも、彼らの科学的好奇心に影響を受けたに違いない。彼らの存在、そして私の両親バーバラ・リーとマイケル・リーの存在があったおかげで、私は問いを追究すること、可能な限り批判的な目でエビデンスを精査していくことの価値を知った。教授となり、のちに政治家に転身した身として、アメリカで上院議員を務めた故ダニエル・パトリック・モイニハンからも影響を受けた。公共政策にエビデンスベースで臨む彼の姿勢は、今でも私たちにとって学ぶべきところが実に大きい。

執筆の調査過程では、さまざまな分野の専門家、議員、そしてオーストラリアＡＣＴフェナー選挙区の熱意ある有権者からも、多くの知見を分けていただいた。特に私の取材に応じた次の方々にお礼を申し上げたい。アイリーン・アシュフォード、ジョン・バロン、ヴィッキー・ボン、ジェフ・ボーランド、ジョン・チャルマーズ、ピーター・チュン、タマラ・クランシー、トニー・デイヴィス、ジェーン・イーストゲート、アラン・フロスト、アラン・ガーナー、ケイト・グレーズブルック、スー・グリッグ、アリス・ヒル、マイケル・ヒスコックス、ベン・ハバード、デイヴィッド・ジョンソン、ガイ・ジョンソン、ブリジッド・ジョーダン、アン・ケネディ、テス・リー、ケイト・レスリー、ジョン・リスト、アンジェラ・メリアム、マシュー・モリス、グレッグ・レベツキ、ステファニー・シューラー、アダム・ストーリー、アンドリュー・サリヴァン、ディック・テルフォード、イーピン・ツェン、デイヴ・ヴィカリー、ジョー・ウォーカー、ヴァレリー・ウィルソン、マイケル・ウールコック。外科医ピーター・チュンと、彼のチームには、取材のみならず手術の見学もさせていただいた。

示唆に富むアドバイスをくださった方々にも、心から感謝している。アンドリュー・チャールトン、フィリップ・クラーク、アンドリュー・デビッドソン、トレヴァー・デューク、ニコラス・フォークナー、ローリー・ギャラハー、ニック・グリーン、ソニア・ロードン、エレノア・ロブソン、ピーター・シミンスキー、ロッコ・ウェグラーズ、ジェシー・ウー。草稿を読んでコメントをくださった方々にもお礼申し上げる。エステル・デュフロ、デイヴィッド・ハルパーン、イアン・ハリス、マイケル・ヒスコックス、ディーン・カーラン、バーバラ・リー、ジェニファー・レイナー、ニック・テレル、ダムヤン・ヴクチェヴィッチ、そしてメルボルン王立小児病院で開催されたセミナー参加者の皆さん。オーストラリアを離れ、ハーバード・ケネディスクール政策分析演習で政府のランダム化政策実験について研究することを選んだフィル・エイムズ、そしてジェームズ・ウィルソンの協力も得た。彼らの共著論文は一流だ。この二人のランダミスタが、これから数十年にわたってオーストラリアの政策形成を助けていくに違いない。

本書はそもそも、優れたフィードバック・ループによって私たちが失敗から学習できることを伝えようとしている。原稿のミスを見つけ、文章を整えてくれた比類なき編集者、クリス・フェイクとクリスティー・イネス゠ウィルをはじめとする出版社ブラック・インクの皆さん、イェール大学出版局の皆さんには、本書のためにひとかたならぬ尽力をいただいた。

ＲＣＴに関する先行文献の数々も大いに参考になった。関連する分野でほかにも読んでみたいあなたには、特に次の書籍をお勧めしたい。Ian Harris *Surgery, the Ultimate Placebo*（医療）、ディーン・カーラン／ジェイコブ・アペル『善意で貧困はなくせるのか?』、アビジット・V・バナジー／エステル・デュフロ『貧乏人の経済学』（開発途上国）、ウリ・ニーズィー／ジョン・A・リスト『その問題、経済学で解決できます。』（ビジネスと慈善活動）、Alan Gerber and Donald Green *Get Out the Vote*（政治）、David Halpern *Inside the Nudge Unit*（政策）、ティム・ハーフォード『アダプト思考』（実験哲学）。さらに深く掘り下げるなら、Esther Duflo and Abhijit Banerjee (eds), *Handbook of Field Experiments* の上下2巻で、このテーマに関する詳細な調査を知ることができる。

自分でもRCTをやってみたい場合は、次の書籍でヒントが得られる。Rachel Glennerster and Kudzai Takavarasha *Running Randomised Evaluations*; Dean Karlan and Jacob Appel *Failing in the Field*; the British Behavioural Insights Team *Test, Learn, Adapt handbook*; the Australian BETA Unit *Guide to Developing Behavioural Interventions for Randomised Controlled Trials*.

今から18年前のボストンで、一人のオーストラリア生まれの経済学者と、一人のアメリカ生まれの景観設計家が出会ったのは、ささやかな偶然という言葉では言い表せないほどの幸運だった。私の素晴らしい妻、グウェネスが私を信じ、笑顔と知恵とやさしさをずっと注ぎ続けてくれていることが、どんなにありがたいか。そして非凡なる息子3人、セバスチャン、セオドア、ザカリーが、疑問の目を併せ持つ楽観主義と、よりよい明日を求めつつ今日このときを愛する心をもって、人生の実験を重ねていってくれますように。

索 引

【アルファベット】

【あ行】

【か行】

【さ行】

【た行】

【な行】

【は行】

【ま行】

【や行】

【ら行】

【わ行】

原 注

第 1 章　壊血病、刑務所見学、そして、もしも電車に乗り遅れたら

1. 次の資料で引用されている。Stephen Bown, *Scurvy: How a Surgeon, a Mariner and a Gentleman Solved the Greatest Medical Mystery of the Age of Sail*, New York: Thomas Dunne, 2003, p. 34〔邦訳　スティーブン・R. バウン『壊血病　医学の謎に挑んだ男たち』中村哲也監修、小林政子訳、国書刊行会、2014年〕
2. Bown, *Scurvy*, p. 3〔バウン『壊血病』〕
3. Jonathan Lamb, *Preserving the Self in the South Seas, 1680–1840*, Chicago: University of Chicago Press, 2001, p. 117.
4. Bown, *Scurvy*, p. 26〔バウン『壊血病』〕
5. リンドは適切な方法で水兵を無作為に6グループに割り当てたと思われる。だが、数世紀後から検証するという有利な立場から言わせてもらうならば、患者の名前を書いた紙を帽子の中に入れて引くなど、フォーマルなメカニズムで決めていたならば、そのほうがよかったと言える。
6. リンドは、体内の発汗機能が阻害されると「排泄される体液」が「悪臭を放ち腐敗性を帯びる」ため、それによって壊血病になると主張した。Bown, *Scurvy*, p. 104〔バウン『壊血病』〕
7. アラン・フロストから本書著者へのEメール（2015年7月2日）。次の資料も参照。Alan Frost, *Botany Bay Mirages: Illusions of Australia's Convict Beginnings*, Melbourne: Melbourne University Press, 1994, pp. 120–5; James Watt, 'Medical aspects and consequences of Cook's voyages' in Robin Fisher & Hugh Johnston, *Captain James Cook and His Times*, Vancouver and London: Douglas & McIntyre and Croom Helm, 1979; James Watt, 'Some consequences of nutritional disorders in eighteenth century British circumnavigations' in James Watt, E. J. Freeman & William F. Bynum, *Starving Sailors: The Influence of Nutrition upon Naval and Maritime History*, London: National Maritime Museum, 1981, pp. 54–9.
8. ファーストフリート軍医総監がこう書き記している。「軍艦の1隻には、強力な抗壊血病薬である麦芽汁が大量に供給された。ザワークラウトも積み込んだ」。John White, *Journal of a Voyage to New South Wales*, 1790, entry on 6. July 1787.
9. Arthur Phillip, *The Voyage of Governor Phillip to Botany Bay with an Account of the Establishment of the Colonies of Port Jackson and Norfolk Island*, London: John Stockdale, 1789, Ch. 7.
10. Bown, *Scurvy*, pp. 170–84〔バウン『壊血病』〕
11. Bown, *Scurvy*, p. 200〔バウン『壊血病』〕
12. Bown, *Scurvy*, p. 198〔バウン『壊血病』〕
13. Sally A. Brinkman, Sarah E. Johnson, James P. Codde, et al., 'Efficacy of infant simulator programmes to prevent teenage pregnancy: A school-based cluster randomised controlled trial in

Western Australia', *The Lancet*, vol. 388, no. 10057, 2016, pp. 2264–71.

14. Carol Dweck, *Mindset: The New Psychology of Success*, New York: Random House, 2006〔邦訳 キャロル・S・ドゥエック『マインドセット――「やればできる！」の研究』今西康子訳、草思社、2016年。本文中の引用は本書訳者による〕
15. Angus Deaton, 'Making aid work: Evidence-based aid must not become the latest in a long string of development fads', *Boston Review*, vol. 31, no. 4, 2006, p. 13.
16. Chris Van Klaveren & Kristof De Witte, 'Football to improve math and reading performance', *Education Economics*, vol. 23, no. 5, 2015, pp. 577–95.
17. この実験は『ワシントン・タイムズ』および『ワシントン・ポスト』の2紙で実施した。『ワシントン・ポスト』紙の配達を受けるグループに無作為に割り当てられた世帯では、対照群に割り当てられた世帯よりも、民主党への投票率が8％ポイント高かった。驚くことに、『ワシントン・タイムズ』紙を受け取ったグループも民主党支持率が高かったのだが、こちらは統計的に有意というほどではなかった。Alan S. Gerber, Dean Karlan & Daniel Bergan, 'Does the media matter? A field experiment measuring the effect of newspapers on voting behavior and political opinions', *American Economic Journal: Applied Economics*, vol. 1, no. 2, pp. 35–52.
18. Luc Behaghel, Clément De Chaisemartin & Marc Gurgand, 'Ready for boarding? The effects of a boarding school for disadvantaged students', *American Economic Journal: Applied Economics*, vol. 9, no. 1, 2017, pp. 140–64.
19. 性能のよい調理コンロは、設置1年目にはその家の人々の健康状態向上につながっていたが、2年目以降はそうならなかった。Rema Hanna, Esther Duflo & Michael Greenstone, 'Up in smoke: The influence of household behavior on the long-run impact of improved cooking stoves', *American Economic Journal: Economic Policy*, vol. 8, no. 1, 2016, pp. 80–114.
20. Christopher Blattman & Stefan Dercon, 'Everything we knew about sweatshops was wrong', *New York Times*, 27 April 2017.
21. Coalition for Evidence-Based Policy, 'Evidence summary for Treatment Foster Care Oregon (formerly MTFC)', Washington, DC: Coalition for Evidence-Based Policy, 2009.
22. 刑務所見学プログラムに関する擬似実験およびランダム化評価のレビューは、次の資料を参照。Anthony Petrosino, Carolyn Turpin-Petrosino & John Buehler, '"Scared Straight' and other juvenile awareness programs for preventing juvenile delinquency'（Updated C2 Review）, Campbell Collaboration Reviews of Intervention and Policy Evaluations（C2-RIPE）, 2002. 次の資料も参照。Robert Boruch & Ning Rui, 'From randomized controlled trials to evidence grading schemes: Current state of evidence-based practice in social sciences', *Journal of Evidence-Based Medicine*, vol. 1, no. 1, 2008, pp. 41–9.
23. このリサーチは1982年に発表された。James Finckenaur, *Scared Straight and the Panacea Phenomenon*, Englewood Cliffs, New Jersey: Prentice-Hall, 1982.
24. 次の資料で引用されている。Matthew Syed, *Black Box Thinking: Why Most People Never Learn from Their Mistakes - But Some Do*, New York: Portfolio, 2015, p. 163〔邦訳 マシュー・サイド『失敗の科学――失敗から学習する組織、学習できない組織』有枝春訳、

ディスカヴァー・トゥエンティワン、2016年〕

25. Petrosino, Turpin-Petrosino & Buehler, '"Scared Straight' and other juvenile awareness programs'. 更新分について次の資料も参照。Anthony Petrosino, Carolyn Turpin-Petrosino, Meghan E. Hollis-Peel & Julia G. Lavenberg, '"Scared Straight" and other juvenile awareness programs for preventing juvenile delinquency: A systematic review', Campbell Systematic Reviews, Oslo: Campbell Collaboration, 2013.
26. Howard S. Bloom, Larry L. Orr, Stephen H. Bell, et al., 'The benefits and costs of JTPA Title II-A programs: Key findings from the National Job Training Partnership Act study', *Journal of Human Resources*, vol. 32, no. 3, 1997, pp. 549–76.
27. こうした研究の多くは次の資料で検証されている。James J. Heckman, Robert J. LaLonde & Jeffrey A. Smith, 'The economics and econometrics of active labor market programs' in Orley Ashenfelter & David Card (eds), *Handbook of Labor Economics*, vol. 3A, Amsterdam: North Holland, 1999, pp. 1865–2097. 最近のエビデンスでは、開発途上国において、職業訓練は若者には有効である可能性が示唆されている。Orazio Attanasio, Adriana Kugler & Costas Meghir, 'Subsidizing vocational training for disadvantaged youth in Colombia: Evidence from a randomized trial', *American Economic Journal: Applied Economics*, vol. 3, no. 3, 2011, pp. 188–220.
28. Roland G. Fryer, Jr., Steven D. Levitt & John A. List, 'Parental incentives and early childhood achievement: A field experiment in Chicago Heights', NBER Working Paper No. 21477, Cambridge, MA: NBER, 2015.
29. Marc E. Wheeler, Thomas E. Keller & David L. DuBois, 'Review of three recent randomized trials of school-based mentoring: Making sense of mixed findings', *Social Policy Report*, vol. 24, no. 3, 2010.
30. Raj Chande Michael Luca, Michael Sanders, et al., 'Curbing adult student attrition: Evidence from a field experiment', Harvard Business School Working Paper No. 15–06, Boston, MA: Harvard Business School, 2015.
31. この現象は労働経済学においては、プリンストン大学の経済学者オーリー・アッシェンフェルターにちなんだ「アッシェンフェルターのディップ」という名前で知られている。
32. その他の例として、次のようなものがある。2008年後半および2009年はじめに、私は経済学教授という当時の職業から、オーストラリア財務省の首席顧問という立場に鞍替えすることとなった。これが世界金融危機が起きた直後だったことに鑑みると、私の財務省顧問としての仕事ぶりと、オーストラリアの経済成長パフォーマンスとのあいだには、強い負の相関関係がある。そこに因果関係を見るのは、私の顧問としての影響力に対する極度の過大評価である。
33. Franz H. Messerli, 'Chocolate consumption, cognitive function, and Nobel laureates', *New England Journal of Medicine*, vol. 367, no. 16, 2012, pp. 1562–64.
34. Larry Orr, *Social Experiments: Evaluating Public Programs with Experimental Methods*, Thousand Oaks, CA: Sage Publications, 1999, p. xi, 次の資料で引用されている。Judith Gueron & Rolston, *Fighting for Reliable Evidence*, New York: Russell Sage, 2013, p. 1.

35. 次の資料も参照。Angus Deaton & Nancy Cartwright, 'Understanding and misunderstanding randomized controlled trials', NBER Working Paper 22595, Cambridge, MA: National Bureau of Economic Research, 2016.
36. Gordon C. S. Smith & Jill P. Pell, 2003, 'Parachute use to prevent death and major trauma related to gravitational challenge: Systematic review of randomised controlled trials', *British Medical Journal*, vol. 327, pp. 1459–61.
37. この実験で、落下したダミー人形を回収する前に、ニューメキシコの地元住民が発見してしまったことがあった。発見者は地元メディアに、宇宙船が地球に着陸しようとしたが、失敗して宇宙人が死んだ、と話した。'Air Force reportedly says aliens were crash dummies', *Daily Eastern News*, 23 June 1997, p. 2. 事件が起きたのは1947年のロズウェルという町だったので、これがヒントとなって同名のテレビドラマシリーズが生まれた。
38. Paul J. Amoroso, Jack B. Ryan, Barry Bickley, et al., 'Braced for impact'; David J. Wehrly, *Low Altitude, High Speed Personnel Parachuting*, PN, 1987; Raymond A. Madson, *High Altitude Balloon Dummy Drops*, PN, 1957.
39. たとえば次の資料を参照。Emma Aisbett, Markus Brueckner, Ralf Steinhauser & Rhett Wilcox, 'Fiscal stimulus and household consumption: Evidence from the 2009 Australian Nation Building and Jobs Plan', ANU CEPR Discussion Paper 689, Canberra: ANU, 2013.
40. 詳細な議論は次の資料を参照。Deaton and Cartwright, 'Understanding and misunderstanding'.
41. 次の資料で引用されている。Bernard Teague, Ronald McLeod & Susan Pascoe, *2009 Victorian Bushfires Royal Commission*, Melbourne: Parliament of Victoria, 2010.
42. アンディ・ウィランズの発言。次の資料で引用されている。Teague, McLeod & Pascoe, *2009 Victorian Bushfires Royal Commission*.
43. Teague, McLeod and Pascoe, *2009 Victorian Bushfires Royal Commission*, Vol. I, p. 149.
44. N. C. Surawski, A. L. Sullivan, C. P. Meyer, et al., 'Greenhouse gas emissions from laboratory-scale fires in wildland fuels depend on fire spread mode and phase of combustion', *Atmospheric Chemistry and Physics*, vol. 15, no. 9, 2015, pp. 5259–73.
45. R. H. Luke & A. G. McArthur 'Bushfires in Australia', Canberra: Australian Government Publishing Service, 1978; Andrew Sullivan, 'Towards the next generation of operational fire spread models', PowerPoint presentation, 16 May 2012. マッカーサーが開発した方程式で広く利用されている森林火災危険指数（Forest Fire Danger Index：FFDI）は、FFDI = 2e^（0.45 + 0.987lnD -0.0345H + 0.0338T + 0.0234V）。Dは乾燥レベル（燃料があるかないかで0から10で評価）、Hは相対湿度（%）、Tは気温（ºC）、Vは風速（km/h）を示す。この計算から火災危険指数を「低（0–5）」「中（5–12）」「高（12–24）」「かなり高い（24–50）」「極度に高い（50–100）」「壊滅的（100+）」と示す。次の資料を参照。Andrew J. Dowdy, Graham A. Mills, Klara Finkele & William de Groot, 'Australian fire weather as represented by the McArthur Forest Fire Danger Index and the Canadian Forest Fire Weather Index', CAWCR Technical Report No. 10, Centre for Australian Weather and Climate Research, Canberra: CSIRO, 2009.

46. 私がスタークの話を最初に知ったのは次の資料から。David Hunt, *Girt: The Unauthorised History of Australia, Volume 1*, Melbourne: Black Inc., 2013. 完全な解説については次の資料を参照。William Stark（revised and published by James Smyth）, *The Works of the Late William Stark, M. D. Consisting of Clinical and Anatomical Observations, with Experiments, Dietetical and Statical*, London: J. Johnson, 1788.
47. Alan Saunders, *Martyrs of Nutrition*, Australian Broadcasting Corporation.

第2章　瀉血からプラセボ手術へ

1. Peter F. Choong, Michelle M. Dowsey & James D. Stone, 'Does accurate anatomical alignment result in better function and quality of life? Comparing conventional and computer-assisted total knee arthroplasty', *The Journal of Arthroplasty*, vol. 24, no. 4, 2009, pp. 560–9; Nathaniel F. R. Huang, Michelle M. Dowsey, Eric Ee, et al., Randomistas 'Coronal alignment correlates with outcome after total knee arthroplasty: Five-year follow-up of a randomized controlled trial', *The Journal of Arthroplasty*, vol. 27, no. 9, 2012, pp. 1737–41.
2. Sina Babazadeh, Michelle M. Dowsey, James D. Stoney & Peter F. M. Choong, 'Gap balancing sacrifices joint-line maintenance to improve gap symmetry: A randomized controlled trial comparing gap balancing and measured resection', *The Journal of Arthroplasty*, vol. 29, no. 5, 2014, pp. 950–4; Michael J. Barrington, David J. Olive, Craig A. McCutcheon, et al., 'Stimulating catheters for continuous femoral nerve blockade after total knee arthroplasty: A randomized, controlled, double-blinded trial', *Anesthesia and Analgesia*, vol. 106, no. 4, 2008, pp. 1316–21.
3. J. Bruce Moseley, Kimberly O'Malley, Nancy J. Petersen, et al., 'A controlled trial of arthroscopic surgery for osteoarthritis of the knee', *New England Journal of Medicine*, vol. 347, no. 2, 2002, pp. 81–8.
4. Leonard A. Cobb, George I. Thomas, David H. Dillard, et al., 'An evaluation of internal-mammary-artery ligation by a double-blind technic', *New England Journal of Medicine*, vol. 260, no. 22, 1959, pp. 1115–18. 次の資料も参照。Sheryl Stolberg, 'Sham surgery returns as a research tool', *New York Times*, 25 April 1999.
5. Rachelle Buchbinder, Richard H. Osborne, Peter R. Ebeling, et al., 'A randomized trial of vertebroplasty for painful osteoporotic vertebral fractures', *New England Journal of Medicine*, vol, 361, no. 6, 2009, pp. 557–68; David F. Kallmes, Bryan A. Comstock, Patrick J. Heagerty, et al., 'A randomized trial of vertebroplasty for osteoporotic spinal fractures', *New England Journal of Medicine*, vol. 361, no. 6, 2009, pp. 569–79.
6. Robert E. Gross, Raymond L. Watts, Robert A. Hauser, et al., 'Intrastriatal transplantation of microcarrier-bound human retinal pigment epithelial cells versus sham surgery in patients with advanced Parkinson's disease: A double-blind, randomised, controlled trial', *The Lancet Neurology*, vol. 10, no. 6, 2011, pp. 509–19.
7. Raine Sihvonen, Mika Paavola, Antti Malmivaara, et al., 'Arthroscopic partial meniscectomy versus sham surgery for a degenerative meniscal tear', *New England Journal of Medicine*, vol. 369, no. 26, 2013, pp. 2515–24.
8. たとえば、この手術はアメリカでは約70万件（Sihvonen et al., 'Arthroscopic partial me-

niscectomy')、オーストラリアでは5万件近く（Australian Institute of Health and Welfare, *Admitted Patient Care 2013–14: Australian Hospital Statistics*, Health services series no. 60., cat. no. HSE 156, Canberra: AIHW, p. 181）実施されている。

9. 例として、次の資料で引用されている医師たちの発言を参照。Pam Belluck, 'Common knee surgery does very little for some, study suggests', *New York Times*, 25 December 2013, p. A16; Joseph Walker, 'Fake knee surgery as good as real procedure, study finds', *Wall Street Journal*, 25 December 2013; Adam Jenney, 'Operating theatre - camera, lights and action', *Cosmos: The Science of Everything*, 17 March 2014.
10. J. H. Lubowitz, M. T. Provencher & M. J. Rossi, 'Could the *New England Journal of Medicine* be biased against arthroscopic knee surgery? Part 2', *Arthroscopy*, vol. 30, no. 6, 2014, pp. 654–5.
11. Karolina Wartolowska, Andrew Judge, Sally Hopewell, et al., 'Use of placebo controls in the evaluation of surgery: systematic review', *British Medical Journal*, vol. 348, 2014, g3253. 次の資料も参照。Aaron E. Carroll, 'The placebo effect doesn't apply just to pills', *New York Times*, 6 October 2014.
12. 次の資料で紹介されている。Peter Gomes, *The Good Life: Truths that Last in Times of Need*, New York: HarperCollins, 2002, p. 86.
13. 次の資料で引用されている。Franklin G. Miller, 'Sham surgery: An ethical analysis', *Science and Engineering Ethics*, March 2004, vol. 10, no. 1, pp. 157–66. 倫理の問題については次の資料も参照。Wim Dekkers & Gerard Boer, 'Sham neurosurgery in patients with Parkinson's disease: Is it morally acceptable?' *Journal of Medical Ethics*, vol. 27, no. 3, 2001, pp. 151–6; Franklin G. Miller & Ted J. Kaptchuk, 'Sham procedures and the ethics of clinical trials', *Journal of the Royal Society of Medicine*, vol. 97, no. 12, 2004, pp. 576–8.
14. Hyeung C. Lim, Sam Adie, Justine M. Naylor & Ian A. Harris, 'Randomised trial support for orthopaedic surgical procedures', *PLoS ONE*, vol. 9, no. 6, 2014, e96745. この研究では、全整形外科手術のうち95%を構成する、最も一般的な整形外科処置32種類を分析している。そのうち37%は、少なくとも1件のRCTによって裏づけられていたが、著者らが「バイアスリスクが低い」と判断するRCT、少なくとも1件で裏づけられているのは、20%だった。
15. Ian Harris, *Surgery, The Ultimate Placebo: A Surgeon Cuts through the Evidence*, Sydney: New South Books, 2016, loc. 2035.
16. 次の資料で引用されている。David Epstein, 'When evidence says no, but doctors say yes', *ProPublica*, 22 February 2017.
17. アンブロワーズ・パレの引用は、すべて次の資料から。Ambroise Paré, 'A surgeon in the field' in *The Portable Renaissance Reader*, James Bruce Ross & Mary Martin McLaughlin (eds), New York: Viking Penguin, 1981, pp. 558–63.
18. John Haygarth, *Of the Imagination, as a Cause and as a Cure of Disorders of the Body; Exemplified by Fictitious Tractors, and Epidemical Convulsions*, Bath: Crutwell, 1800.
19. David Wootton, *Bad Medicine: Doctors Doing Harm Since Hippocrates*, Oxford: Oxford University Press, 2006, p. 2.
20. Vinay Prasad, 次の資料で引用されている。Stephen J. Dubner, 'Bad Medicine, Part 1: The

Story of 98.6', *Freakonomics Radio*, 30 November 2016.

21. Vinay Prasad, 次の資料で引用されている。Stephen J. Dubner, 'Bad Medicine, Part 1: The Story of 98.6', *Freakonomics Radio*, 30 November 2016.
22. センメルヴェイスの話については、次の資料を参照。Ignaz Semmelweis, *Etiology, Concept and Prophylaxis of Childbed Fever*, University of Wisconsin Press, 1983［1861］; Rebecca Davis, 'The doctor who championed hand-washing and briefly saved lives', NPR, 12 January 2015. 2つの産科での死亡率は変動が大きかった。片方で10人に1人、他方で20人に1人という数字は、手指消毒の導入前におけるおおよその平均値である。
23. Carter, K. Codell & Barbara R. Carter, *Childbed Fever. A Scientific Biography of Ignaz Semmelweis*, Transaction Publishers, 2005.
24. 次の資料で引用されている。John Harley Warner, *The Therapeutic Perspective: Medical Practice, Knowledge, and Identity in America, 1820–1885*, Princeton: Princeton University Press, 2014, p. 33.
25. Wootton, *Bad Medicine*, p. 2.
26. たとえば、次の資料を参照。Gregory L. Armstrong, Laura A. Conn & Robert W. Pinner, 'Trends in infectious disease mortality in the United States during the 20th century', *Journal of the American Medical Association*, vol. 281, no. 1, 1999, pp. 61–6; Claire Hooker & Alison Bashford, 'Diphtheria and Australian public health: Bacteriology and its complex applications, c.1890–1930'. *Medical History*, vol. 46, 2002, pp 41–64.
27. Asbjørn Hróbjartsson, Peter C. Gøtzsche & Christian Gluud, 'The controlled clinical trial turns 100 years: Fibiger's trial of serum treatment of diphtheria', *British Medical Journal*, vol. 317, no. 7167, 1998, pp. 1243.
28. Marcia L. Meldrum, 'A brief history of the randomized controlled trial: From oranges and lemons to the gold standard', *HematologyOoncology Clinics of North America*, vol. 14, no. 4, 2000, pp. 745–60.
29. Arun Bhatt, 'Evolution of clinical research: a history before and beyond James Lind', *Perspectives in clinical research*, vol. 1, no. 1, 2010, pp. 6–10.
30. Marcia Meldrum, '"A calculated risk": The Salk polio vaccine field trials of 1954', *British Medical Journal*, vol. 317, no. 7167, 1998, p. 1233.
31. Suzanne Junod, 'FDA and clinical drug trials: A short history' in Madhu Davies & Faiz Kerimani (eds), *A Quick Guide to Clinical Trial*, Washington: Bioplan, Inc., 2008, pp. 25–55.
32. Archibald Cochrane, *Effectiveness and Efficiency: Random Reflections on Health Services*, London: Nuffield Provincial Hospitals Trust, 1972, p. 5.
33. Cochrane, *Effectiveness and Efficiency*, p. 6.
34. Cochrane, *Effectiveness and Efficiency*, p. 5.
35. Archibald Cochrane and Max Blythe, *One Man's Medicine: An Autobiography of Professor Archie Cochrane*, London: British Medical Journal, 1989, p. 82.
36. 1937年に、アメリカの製薬会社マッセンギル・カンパニーが、「エリキシール・スルファニルアミド」という薬を発売した。この薬には、ジエチレングリコールという有毒な溶剤が使用されていた。開発した化学者ハロルド・ワトキンスは、公判を待

つあいだに自殺した。

37. Michael Hay, David W. Thomas, John L. Craighead, et al., 'Clinical development success rates for investigational drugs', *Nature biotechnology*, vol. 32, no. 1, 2014, pp. 40–51. これらの推定値は、図1に記載されている「すべての状況」のデータによるもので、フェーズ1からフェーズ2に進む成功率は64%、フェーズ2からフェーズ3に進む成功率は32%、そしてフェーズ3から承認へ進む成功率は50%。次の資料も参照。Joseph A. DiMasi, L. Feldman, A. Seckler & A. Wilson, 'Trends in risks associated with new drug development: Success rates for investigational drugs', *Clinical Pharmacology & Therapeutics*, vol. 87, no. 3, 2010, pp. 272–7.
38. システマティック・レビューについては、次の資料を参照。Asbjørn Hróbjartsson & Peter C. Gøtzsche, 'Placebo interventions for all clinical conditions', *Cochrane Database of Systematic Reviews*, 2010, CD003974.
39. Harris, *Surgery*, loc. 781.
40. 関連する学術研究は次の資料に要約されている。Tessa Cohen, 'The power of drug color', *The Atlantic*, 13 October 2014.
41. National Emphysema Treatment Trial Research Group, 'Patients at high risk of death after lung-volume-reduction surgery', *New England Journal of Medicine*, vol. 345, no. 15, 2001, p. 1075.
42. R. Brian Haynes, Jayanti Mukherjee, David L. Sackett, et al., 'Functional status changes following medical or surgical treatment for cerebral ischemia: Results of the extracranial-intracranial bypass study', *Journal of the American Medical Association*, vol. 257, no. 15, 1987, pp. 2043–6.
43. Harris, *Surgery*, loc. 1669–85.
44. Åke Hjalmarson, Sidney Goldstein, Björn Fagerberg, et al., 'Effects of controlled-release metoprolol on total mortality, hospitalizations, and well-being in patients with heart failure: The Metoprolol CR/XL Randomized Intervention Trial in congestive heart failure (MERIT-HF)', *Journal of the American Medical Association*, vol. 283, no. 10, 2000, pp. 1295–1302.
45. Henry M. P. Boardman, Louise Hartley, Anne Eisinga, et al., 'Hormone therapy for preventing cardiovascular disease in post-menopausal women', *Cochrane Database of Systematic Reviews 2015*, Issue 3, 2015, article no. CD002229.
46. 次の資料で引用されている。Epstein, 'When evidence says no'.
47. これらの死亡率は、最初の研究が刊行された時点のもの。次の資料を参照。CRASH Trial Collaborators, 'Effect of intravenous corticosteroids on death within fourteen days in 10008 adults with clinically significant head injury (MRC CRASH trial): Randomised placebo-controlled trial', *The Lancet*, vol. 364, no. 9442, 2004, pp. 1321–8. 追跡調査では、介入群の死亡率は26%、対照群は22%。CRASH Trial Collaborators, 'Final results of MRC CRASH, a randomised placebo-controlled trial of intravenous corticosteroid in adults with head injury — outcomes at 6 months', *The Lancet*, vol. 365, no. 9475, 2005, pp. 1957–9.
48. Roger Chou, Rongwei Fu, John A. Carrino & Richard A. Deyo, 'Imaging strategies for low-back pain: Systematic review and meta-analysis', *The Lancet*, vol. 373, no. 9662, 2009, pp. 463–72; G. Michael Allan, G. Richard Spooner & Noah Ivers, 'X-Ray scans for nonspecific low back pain: A nonspecific pain?' *Canadian Family Physician*, vol. 58, no. 3, 2012, p. 275.

49. Allan, Spooner & Ivers, 'X-Ray scans', p. 275.

50. Peter C. Gøtzsche & Karsten Juhl Jørgensen, 'Screening for breast cancer with mammography', *Cochrane Database of Systematic Reviews 2013*, Issue 6, 2013, article no. CD001877.

51. Fritz H. Schröder, Jonas Hugosson, Monique J. Roobol, et al., 'Screening and prostate cancer mortality: Results of the European randomised study of screening for prostate cancer（ERSPC）at 13 years of follow-up', *The Lancet*, vol. 384, no. 9959, 2014, pp. 2027–35. フランスの被験者は、他の国よりも遅れて参加したので、13年間の追跡調査に彼らの結果は含まれていない。

52. Goran Bjelakovic, Dimitrinka Nikolova, Lise Lotte Gluud, et al., 'Mortality in randomized trials of antioxidant supplements for primary and secondary prevention: Systematic review and meta-analysis', *Journal of the American Medical Association*, vol. 297, no. 8, 2007, pp. 842–57. この問題に関するインフォーマルな議論として、次の資料を参照。Norman Swan, 'The health report', *ABC Radio National*, 5 March 2007. 研究者たちは、彼らの発見を新鮮な果物や野菜などビタミン豊富な食べ物に当てはめて考えるべきではない、と指摘しているが、その主張はいささか苦しい。

53. H. C. Bucher, P. Hengstler, C. Schindler & G. Meier, 'N-3 polyunsaturated fatty acids in coronary heart disease: A meta-analysis of randomized controlled trials', *American Journal of Medicine*, vol. 112, no. 4, 2002, pp. 298–304.

54. E. C. Rizos, E. E. Ntzani, E. Bika, et al., 'Association between omega-3 fatty acid supplementation and risk of major cardiovascular disease events: A systematic review and meta-analysis', *Journal of the American Medical Association*, vol. 308, no. 10, 2012, pp. 1024–33.

55. 次の資料を参照。Joseph J. Knapik, David I. Swedler, Tyson L. Grier, et al., 'Injury reduction effectiveness of selecting running shoes based on plantar shape', *Journal of Strength & Conditioning Research*, vol. 23, no. 3, 2009, pp. 685–97; B. M. Nigg, J. Baltich, S. Hoerzer & H. Enders, 'Running shoes and running injuries: Mythbusting and a proposal for two new paradigms: "preferred movement path" and "comfort filter"', *British Journal of Sports Medicine*, vol. 49, 2015, pp. 1290–4; Gretchen Reynolds, 'Choosing the right running shoes', *New York Times*, 5 August 2015.

56. Stuart A. Armstrong, Eloise S. Till, Stephen R. Maloney & Gregory A. Harris, 'Compression socks and functional recovery following marathon running: A randomized controlled trial', *The Journal of Strength & Conditioning Research*, vol. 29, no. 2, 2015, pp. 528–33.

57. Jenna B. Gillen, Brian J. Martin, Martin J. MacInnis, et al., 'Twelve weeks of sprint interval training improves indices of cardiometabolic Health similar to Randomistas traditional endurance training despite a five-fold lower exercise volume and time commitment', *PloS ONE*, vol. 11, no. 4, 2016, e0154075.

58. Jeremy S. Furyk, Carl J. O'Kane, Peter J. Aitken, et al., 'Fast versus slow bandaid removal: A randomised trial', *Medical Journal of Australia*, vol. 191, 2009, pp. 682–3.

59. T. Bakuradze, R. Lang, T. Hofmann, et al., 'Consumption of a dark roast coffee decreases the level of spontaneous DNA strand breaks: a randomized controlled trial', *European Journal of Nutrition*, vol. 54, no. 1, 2015, pp. 149–56.

60. Ateev Mehrotra & Allan Prochazka, 'Improving value in health care — Against the annual physical', *New England Journal of Medicine*, vol. 373, no. 16, 2015, pp. 1485–7.
61. 具体的には、1977年から1999年にかけて実施された28件の RCT による成果として、10年間で質調整生存年が47万年伸びたことが確認されている。S. C. Johnston, J. D. Rootenberg, S. Katrak, et al., 'Effect of a US National Institutes of Health programme of clinical trials on public health and costs', *The Lancet*, vol. 367, no. 9519, 2006, pp. 1319–27.
62. エビデンスによって効果が示されなかったことを受けて廃止された医療処置について、他の例は、次の資料を参照。Thomas B. Freeman, Dorothy E. Vawter, Paul E. Leaverton, et al., 'Use of placebo surgery in controlled trials of a cellular-based therapy for Parkinson's disease', *New England Journal of Medicine*, vol. 341, no. 13, 1999, pp. 988–92.
63. 医学の下位分野によっては、RCT による改革が事実上まったく及んでいない領域もある。たとえば形成外科の既刊論文には、RCT は今のところごくわずかしか含まれていない。Colleen M. McCarthy, E. Dale Collins & Andrea L. Pusic, 'Where do we find the best evidence?' *Plastic and Reconstructive Surgery*, vol. 122, no. 6, 2008, pp. 1942–7.
64. Harris, *Surgery*, pp. 1285–1326.
65. Harris, *Surgery*, p. 82.
66. Atul Gawande, 'Overkill', *New Yorker*, 11 May 2015.
67. Aaron L. Schwartz, Bruce E. Landon, Adam G. Elshadug, et al., 'Measuring low-value care in Medicare', *JAMA Internal Medicine*, vol. 174, no. 7, 2014, pp. 1067–76.
68. Adam G. Elshaug, Amber M. Watt, Linda Mundy & Cameron D. Willis, 'Over 150 potentially low-value health care practices: an Australian study', *Medical Journal of Australia*, vol. 197, no. 10, 2012, pp. 556–60.

第 3 章　不利益の解消にはコインを投げて

1. ダニエルのストーリーは次の資料で紹介されている。Scott Hannaford, 'Violence, lack of housing and family breakdown leaving young Canberrans homeless', *Canberra Times*, 26 September 2015, p. 1.
2. 本書著者が、論文共同執筆者の一人イーピン・ツェンと、セイクリッド・ハート・ミッションで働く職員たちに対して行なったインタビュー。
3. 本書著者によるガイ・ジョンソンへの電話インタビュー。
4. Guy Johnson, Sue Grigg & Yi-Ping Tseng, 'The J2SI pilot: Using a randomized trial to evaluate an innovative homelessness intervention', in Gemma Carey, Kathy Landvogt & Jo Barraket (eds), *Creating and Implementing Public Policy: Cross-Sectoral Debates*, New York: Routledge, 2016, pp. 113–26.
5. Guy Johnson, Daniel Kuehnle, Sharon Parkinson, et al., *Sustaining Exits from Long-Term Homelessness: A Randomised Controlled Trial Examining the 48-Month Social Outcomes from the Journey to Social Inclusion Pilot Program*, St Kilda, Vic.: Sacred Heart Mission, 2014.
6. 3 年後のアウトカムについては、イーピン・ツェンからメールで説明を受けた。4 年後（プログラム終了から 1 年後）では、介入群で就職している人数はゼロ、対照群では 1 人だった。

7. 次の資料で引用されている。Larry Gordon, 'A social experiment in pulling up stakes', *Los Angeles Times*, 23 September 1997.
8. 結果の時系列での要約は次の資料を参照。Jonathan Rothwell, 'Sociology's revenge: Moving to Opportunity（MTO）revisited', *Social Mobility Memos*, Washington, DC: Brookings Institution, 6 May 2015.
9. 次の資料で引用されている。S. J. Popkin, L. E. Harris & M. K. Cunningham, *Families in Transition: A Qualitative Analysis of the MTO Experience*, final report submitted to the US Department of Housing and Urban Development, Office of Policy Development and Research, 2002, p. 49.
10. 次の資料で引用されている。Popkin, Harris & Cunningham, *Families in Transition*, p. 50.
11. Raj Chetty, Nathaniel Hendren & Lawrence F. Katz, 'The effects of exposure to better neighborhoods on children: New evidence from the moving to opportunity experiment', *American Economic Review*, vol. 106, no. 4, 2016, pp. 855–902.
12. Philip K. Robins, 'A comparison of the labor supply findings from the four negative income tax experiments', *Journal of Human Resources*, vol. 20, no. 4, 1985, pp. 567–82; Robert A. Moffitt, 'The negative income tax: Would it discourage work?' *Monthly Labor Review*, 1981, pp. 23–7.
13. Robert A. Moffitt, 'The negative income tax and the evolution of U.S. welfare policy', *Journal of Economic Perspectives*, vol. 17, no. 3, 2003, pp. 119–40; Robert A. Levine, Harold Watts, Robinson Hollister, Walter Williams, et al., 'A retrospective on the negative income tax experiments: Looking back at the most innovate field studies in social policy' in Karl Widerquist, Michael Anthony Lewis & Steven Pressman（eds）, *The Ethics and Economics of the Basic Income*, Aldershot: Ashgate Publishing, 2005, pp. 95–108.
14. この考察は、勤労所得控除が全国の貧困率を1.5%ポイント引き下げるという発見にもとづく。Raj Chetty, John N. Friedman & Emmanuel Saez, 'Using differences in knowledge across neighborhoods to uncover the impacts of the EITC on earnings', *American Economic Review*, vol. 103, no. 7, 2013, pp. 2683–721.
15. Willard G. Manning, Joseph P. Newhouse & Naihua Duan, 'Health insurance and the demand for medical care: Evidence from a randomized experiment', *American Economic Review*, vol. 77, no. 3, 1987, pp. 251–77; Kathleen N. Lohr, Robert H. Brook, Caren J. Kamberg, et al., 'Use of medical care in the RAND Health Insurance Experiment: Diagnosis-and service-specific analyses in a randomized controlled trial', *Medical Care*, vol. 24, no. 9, 1986, S1–S87.
16. Joseph P. Newhouse, 'Consumer-directed health plans and the RAND Health Insurance Experiment', *Health Affairs*, vol. 23, no. 6, 2004, pp. 107–13; Robert H. Brook, Emmett B. Keeler, Kathleen N. Lohr, et al., *The Health Insurance Experiment: A Classic RAND Study Speaks to the Current Health Care Reform Debate*, Santa Monica, CA: RAND Corporation, RB-9174-HHS, 2006.
17. Amy Finkelstein, Sarah Taubman, Bill Wright, et al., 'The Oregon Health Insurance Experiment: Evidence from the first year', *Quarterly Journal of Economics*, vol. 127, no. 3, 2012, pp. 1057–1106.
18. アメリカのベトナム戦争徴兵くじはこれ以前にも数年間行なわれていたが、1969年は、

誕生日が抽選に使われた最初の年だった。球の混ぜ方が不完全だったせいで、12月の誕生日が先に取り出される傾向があった。この問題は翌年以降のくじでは修正された。

19. 次の資料で引用されている。Wesley Abney, 'Live from Washington, It's Lottery Night 1969!', *HistoryNet*, 25 November 2009.

20. Kerry Pardue, 'When were you in the war', *Veteran Stories*, National Vietnam Veterans Museum, undated.

21. Joshua D. Angrist, 'Lifetime earnings and the Vietnam era draft lottery: Evidence from social security administrative records', *American Economic Review*, 1990, vol. 80, no. 3, pp. 313–36; Joshua D. Angrist, Stacey H. Chen & Jae Song, 'Long-term consequences of Vietnam-era conscription: New estimates using social security data', *American Economic Review*, vol. 101, no. 2, 2011, pp. 334–8.

22. Joshua D. Angrist & Stacey H. Chen, 'Schooling and the Vietnam-era GI Bill: Evidence from the draft lottery', *American Economic Journal: Applied Economics*, vol. 3, no. 2, 2011, pp. 96–118.

23. Angrist & Chen, 'Schooling'; D. Conley & J. Heerwig, 2012, 'The long-term effects of military conscription on mortality: Estimates from the Vietnam-era draft lottery', *Demography*, vol. 49, pp. 84155.

24. Jason M. Lindo & Charles Stoecker, 'Drawn into violence: Evidence on "what makes a criminal" from the Vietnam draft lotteries', *Economic Inquiry*, vol. 52, no. 1, 2014, pp. 239–58. 次の資料も参照。Chris Rohlfs, 'Does combat exposure make you a more violent or criminal person? Evidence from the Vietnam draft', *Journal of Human Resources*, vol. 45, no. 2, 2010, pp. 271–300.

25. Robert S. Erikson & Laura Stoker, 'Caught in the draft: The effects of Vietnam draft lottery status on political attitudes', *American Political Science Review*, vol. 105, no. 2, 2011, pp. 221–37.

26. Peter Siminski, Simon Ville & Alexander Paull, 'Does the military turn men into criminals? New evidence from Australia's conscription lotteries', *Journal of Population Economics*, vol. 29, no. 1, 2014, pp. 1–22; David W. Johnston, Michael A. Shields & Peter Siminski, 'Long-term health effects of Vietnam-era military service: A quasi-experiment using Australian conscription lotteries', *Journal of Health Economics*, vol. 45, no 1, 2016, pp. 12–26. 戦後において、復員兵のほうが、そうでない人々と比べて死亡率が高いというエビデンスはない。Peter Siminski & Simon Ville, 'Long-run mortality effects of Vietnam-era army service: Evidence from Australia's conscription lotteries', *American Economic Review*, vol. 101, no. 3, 2011, pp. 345–9.

27. Peter Siminski, 'Employment effects of army service and veterans' compensation: Evidence from the Australian Vietnam-era conscription lotteries', *Review of Economics and Statistics*, vol. 95, no. 1, 2013, pp. 87–97.

28. 職業訓練の実験研究をまとめた有用な要約として、次の資料を参照。Heckman, LaLonde & Smith, 'The economics and econometrics'. Evidence suggests that in developing countries, job training may be useful for youths: Attanasio, Kugler & Meghir, 'Subsidizing voca-

tional training'.

29. ある研究が、次のようにまとめている。「この発見は驚くべきものではない。こうしたプログラムの大半は参加者 1 人当たり、たった 2 、3,000 ドル程度、もしくはそれ以下しかかけていないからだ（…）そのようなプログラムで、参加者の年収が数千ドルも上がることを期待するというのは、これらの社会投資が一貫して驚異的なリターン率を出すという意味になる」。Heckman, LaLonde & Smith, 'The economics and econometrics'.
30. Ron Haskins, 'Social programs that work', *New York Times*, 31 December 2014.
31. J. M. Pedersen, M. Rosholm & M. Svarer, 'Experimental evidence on the effects of early meetings and activation', IZA Discussion Paper 6970, Bonn: IZA, 2012; J. Kluve, 'The effectiveness of European active labor market programs', *Labour Economics*, vol. 17, no. 6, 2010, pp. 904–18; B. Meyer, 'Lessons from the U.S. unemployment insurance experiments', *Journal of Economic* Literature, vol. 33, 1995, pp. 91–131. オーストラリアで、ケースワーカーとの面談について実施された RCT では、介入群のほうが労働時間は短かかったことがわかった。ただし、面談では失業保険の受給適任性に対する確認も行なわれているため、この結果は、失業保険が打ち切られないよう当人が短い労働時間を望んだことを反映しているだけと考えられる。Robert Breunig, Deborah A. Cobb-Clark, Yvonne Dunlop & Marion Terrill, 'Assisting the long-term unemployed: Results from a randomised trial', *Economic Record*, vol. 79, no. 244, 2003, pp. 84–102.
32. Michael Rosholm, 'Do case workers help the unemployed? Evidence for making a cheap and effective twist to labor market policies for unemployed workers', IZA World of Labor, Bonn: IZA, 2014, p. 72.
33. Steffen Altmann, Armin Falk, Simon Jäger & Florian Zimmermann, 'Learning about job search: A field experiment with job seekers in Germany', CESifo Working Paper No. 5355, Munich: CESifo.
34. Bruno Crépon, Esther Duflo, Marc Gurgand, et al., 'Do labor market policies have displacement effects? Evidence from a clustered randomized experiment', *Quarterly Journal of Economics*, vol. 128, no. 2, 2013, pp. 531–80.
35. 'Finland tests a new form of welfare', *The Economist*, 24 June 2017.
36. Kristen Underhill, Paul Montgomery & Don Operario, 'Sexual abstinence only programmes to prevent HIV infection in high income countries: Systematic review', *British Medical Journal*, vol. 335, no. 7613, 2007, pp. 248–52.
37. Janet Elise Rosenbaum, 'Patient teenagers? A comparison of the sexual behavior of virginity pledgers and matched nonpledgers', *Pediatrics*, vol. 123, no. 1, 2009, e110–e120.
38. Alba DiCenso, Gordon Guyatt, Andrew Willan & Lauren Griffith, 'Interventions to reduce unintended pregnancies among adolescents: Systematic review of randomised controlled trials', *British Medical Journal*, vol. 324, no. 7351, 2002, p. 1426; Kristen Underhill, Paul Montgomery & Don Operario, 'Sexual abstinence only programmes to prevent HIV infection in high income countries: systematic review', *British Medical Journal*, vol. 335, no. 7613, 2007, pp. 248–52; Heather D. Boonstra, 'Advancing sexuality education in developing countries: Evidence and

implications', *Guttmacher Policy Review*, vol. 14, no. 3, 2011, pp. 17–23. 青少年の妊娠減少を確認した研究はほとんどない。オハイオ州で実施された「妊娠しないための10代の選択肢 Teen Options to Prevent Pregnancy」というプログラムのランダム化評価は、めずらしい一例だ。このプログラムは、適切な避妊法を指導することで、若くして母になった女性の新たな妊娠の減少につながった。Jack Stevens, Robyn Lutz, Ngozi Osuagwu, et al., 'A randomized trial of motivational interviewing and facilitated contraceptive access to prevent rapid repeat pregnancy among adolescent mothers', *American Journal of Obstetrics and Gynecology*, vol. 217, no. 4, 2017, pp. 423.e1–423.e9.

39. 煙草税に関する文献は次の資料でレビューされている。Michelle Scollo & Margaret Winstanley, *Tobacco in Australia: Facts and issues*, Melbourne: Cancer Council Victoria, 2015.
40. Kevin G. Volpp, Andrea B. Troxel, Mark V. Pauly, et al., 'A randomized, controlled trial of financial incentives for smoking cessation', *New England Journal of Medicine*, vol. 360, no. 7, 2009, pp. 699–709.
41. Center for Disease Control and Prevention（CDC), 'Annual smoking-attributable mortality, years of potential life lost, and economic costs - United States, 1995–1999', *Morbidity and Mortality Weekly Report*, vol. 51, no. 14, 2002, p. 300. このパターンは喫煙者が禁煙したときも同様。Michael T. Halpern, Richard Shikiar, Anne M. Rentz & Zeba M. Khan, 'Impact of smoking status on workplace absenteeism and productivity', *Tobacco control*, vol. 10, no. 3, 2001, pp. 233–8.
42. アメリカ疾病予防センター（CDC）が2002年に発表した研究では、非喫煙者と喫煙者の生産性の推算差額は、1999年当時の金額で年間1,760ドル。現代の金額では2,500ドル以上に相当する。欠勤による生産性損失は含まれていない。
43. Xavier Giné, Dean Karlan & Jonathan Zinman, 'Put your money where your butt is: a commitment contract for smoking cessation', *American Economic Journal: Applied Economics*, vol. 2, 2010, pp. 213–35.
44. 金銭的なインセンティブが、悪習を断つ後押しとして、つねに有効であるとは限らない。最近の研究では、健康的な食品に10%の割引を提示しても、消費パターンに大きな変化は生じないことが確認された。John Cawley, Andrew S. Hanks, David R. Just & Brian Wansink, 'Incentivizing nutritious diets: A field experiment of relative price changes and how they are framed', NBER Working Paper No. 21929, Cambridge, MA: NBER, 2016.
45. Daniel B. Herman, Sarah Conover, Prakash Gorroochurn, et al., 'Randomized trial of critical time intervention to prevent homelessness after hospital discharge', *Psychiatric Services*, vol. 62, no. 7, 2011, pp. 713–19.

第 4 章　ランダム化のパイオニアたち

1. Joseph Brent, *Charles Sanders Peirce: A Life*, Bloomington: Indiana University Press, 1998, p. 40〔邦訳　ジョゼフ・ブレント『パースの生涯』有馬道子訳、新書館、2004年〕
2. Charles Sanders Peirce & Joseph Jastrow, 'On small differences in sensation', *Memoirs of the National Academy of Sciences*, Vol. 3, 1885, pp. 73–83.
3. Stephen Stigler, *Statistics on the Table: The History of Statistical Concepts and Methods*, Cambrid-

ge: Harvard University Press, 1999, p. 195.

4. Brent, *Charles Sanders Peirce*, p. 53〔ブレント『パースの生涯』〕
5. 実験心理学という分野の歴史と調査については、次の資料を参照。Raymond Nickerson & Richard Pew, 'Psychological experimentation addressing practical concerns' in Alice F. Healy & Robert W. Proctor（eds）*Handbook of Psychology*, Vol. 4, Hoboken: John Wiley, 2003, pp. 649–76.
6. この場面は次の資料で紹介されている。Joan Fisher Box, *R. A. Fisher, The Life of a Scientist*, New York: Wiley, 1978. 次の資料も参照。Deborah Nolan & Terry P. Speed, *Stat Labs: Mathematical Statistics Through Applications*, New York: Springer, 2000, p. 101; David Salsburg, *The Lady Tasting Tea: How Statistics Revolutionized Science in the Twentieth Century*, New York: Henry Holt, 2001〔邦訳　デイヴィッド・サルツブルグ『統計学を拓いた異才たち――経験則から科学へ進展した一世紀』竹内惠行／熊谷悦生訳、日本経済新聞社、2006年〕
7. Geoffrey Miller, *The Mating Mind: How Sexual Choice Shaped the Evolution of Human Nature*, London: Heineman, 2000, p. 54〔邦訳　ジェフリー・F. ミラー『恋人選びの心――性淘汰と人間性の進化』長谷川眞理子訳、岩波書店、2002年〕
8. World Health Organization, 'Tuberculosis Fact sheet', Geneva: World Health Organization, 2017.
9. この発言は主に次の資料から。Lise Wilkinson, 'Sir Austin Bradford Hill: Medical statistics and the quantitative approach to prevention of disease', *Addiction*, vol. 92, nol. 6, 1997, pp. 657–66.
10. Austin Bradford Hill, 'Principles of medical statistics', *The Lancet*, 2 January 1937, pp. 41–3.
11. ストレプトマイシンを発見したのは、セルマン・ワクスマン（その後1952年にノーベル賞を受賞）と、彼に師事していた大学院生アルバート・シャッツ（彼の功績はほとんど注目されていない）。
12. これは1946年の数字。出典は Public Health England, 'Tuberculosis mortality and mortality rate, 1913 to 2013', 1 January 2013.
13. Veronique Mistiaen, 'Time, and the great healer', *Guardian*, 3 November 2002.
14. Judith Gueron, 'The politics of random assignment: Implementing studies and impacting policy', *Journal of Children's Services*, vol. 3, nol. 1, 2008, pp. 14–26.
15. Gueron, 'The politics of random assignment', p. 14.
16. Judith Gueron & Howard Rolston, *Fighting for Reliable Evidence*, New York: Russell Sage, 2013, pp. xvi-ii.
17. Judith Gueron, 'Remarks on accepting the Peter H. Rossi Award', Association for Public Policy Analysis and Management Conference, Los Angeles, 7 November 2008.
18. Gueron & Rolston, *Fighting for Reliable Evidence*, p. 33.
19. Gueron & Rolston, *Fighting for Reliable Evidence*, p. 39.
20. Gueron & Rolston, *Fighting for Reliable Evidence*, p. 71.
21. レーガンが言及した女性の名前は、リンダ・テイラーといった。最近の調査では、福祉の不正受給は彼女が犯した中では小さな犯罪の一つだった可能性が示唆されて

いる。Josh Levin, 'The welfare queen', *Slate*, 19 December 2013.
22. William Stevens, 'The welfare consensus', *New York Times*, 22 June 1988; William Stevens, 'Some preliminary results in the rush from welfare to work', *New York Times*, 21 August 1988.
23. Judith Gueron, 'The politics of random assignment'.
24. Gueron, 'Remarks'.
25. Judith Gueron, 'Fostering research excellence and impacting policy and practice: The welfare reform story', *Journal of Policy Analysis and Management*, vol. 22, nol. 2, 2003, pp. 163–74.
26. Gueron & Rolston, *Fighting for Reliable Evidence*, pp. 302–3.
27. Gueron & Rolston, *Fighting for Reliable Evidence*, p. 306.
28. Henry J. Aaron, *Politics and the Professors: The Great Society in Perspective*, Washington DC: Brookings Institution, 1978, p. 159.
29. Don Winstead, 次の資料で引用されている。Gueron & Rolston, *Fighting for Reliable Evidence*, p. 301.
30. Gueron & Rolston, *Fighting for Reliable Evidence*, p. 57.
31. Andy Feldman, 'Fighting for reliable evidence: An interview with Judith Gueron, MDRC, and Howard Rolston, Abt Associates', *Gov Innovator* podcast, Episode 32, 10 October 2013.
32. Gueron, 'Fostering research excellence'.
33. Feldman, 'Fighting for reliable evidence'.

第5章　教え方を学ぶ

1. 次の資料で引用されている。Shalom M. Fisch & Rosemarie T. Truglio (eds), *G is for Growing: Thirty Years of Research on Children and Sesame Street*, Routledge, 2014, p. xi.
2. この問題は次の資料で議論されている。Melissa S. Kearney & Phillip B. Levine, 'Early childhood education by MOOC: Lessons from *Sesame Street*', NBER Working Paper No. 21229, Cambridge, MA: NBER, 2015.
3. Gerry Ann Bogatz & Samuel Ball, *The Second Year of Sesame Street: A Continuing Evaluation*, Princeton, NJ: Educational Testing Service, 1971.
4. Joan Cooney, 2001, 'Foreword' in Fisch & Truglio, *G is for Growing*, pp. xi-xiv.『セサミ・ストリート』のカリキュラムの具体例は、次の資料を参照。Rosemarie Truglio, Valeria Lovelace, Ivelisse Seguí & Susan Scheiner, 'The varied role of formative research: Case studies From 30 years' in Fisch & Truglio, *G is for Growing*, pp. 61–82.
5. Alison Gopnik, *The Philosophical Baby: What Children's Minds Tell Us About Truth, Love, and the Meaning of Life*, New York: Picador, 2010, p. 11〔邦訳　アリソン・ゴプニック『哲学する赤ちゃん』青木玲訳、亜紀書房、2010年。本文中の引用は本書訳者による〕
6. このセクションの内容はラジオ番組で詳しく解説された。Emily Hanford (edited by Catherine Winter), 'Early Lessons', American RadioWorks, 2009. 書き起こしは次のサイトから。http://americanradioworks.publicradio.org/features/preschool/.
7. David P. Weikart, 'Preliminary results from a longitudinal study of disadvantaged preschool children', paper presented at the 1967 Convention of the Council for Exceptional Children, St. Louis, Missouri.

8. Weikart, 'Preliminary results'.
9. Lawrence J. Schweinhart, Jeanne Montie, Zongping Xiang, et al., *Lifetime Effects: The High/Scope Perry Preschool Study Through Age 40*, Ypsilanti, MI: High/Scope Press, 2005.
10. James J. Heckman, Seong Hyeok Moon, Rodrigo Pinto, et al., 'The rate of return to the HighScope Perry Preschool Program', *Journal of Public Economics*, vol. 94, no. 1, 2010, pp. 114-28（「ペリー・プログラムの費用便益比率は、税金の死重損失を計算し割引率を３％と想定すると、７ドルから12ドルの幅となる」）
11. シカゴでは経営学者のチームが、シカゴハイツ就学前教育センターという独自の研究幼稚園を立ち上げ、2010年から2014年まで運営していた。この機関では、読み書きおよび基本的な数字の理解に特化した認知刺激を与えるグループと、じっと座っていられる力、動作を行なう力、ワーキングメモリの拡大など、非認知能力カリキュラムに主眼を置くグループの二つに、幼児を無作為で割り当てた。研究に携わったスティーヴン・レヴィットの見解は次の場で発表されている。Stephen J. Dubner, 'Does "early education" come way too late?', *Freakonomics Radio*, 19 November 2015; Roland Fryer, Steven Levitt, John List & Anya Samak, 'Chicago Heights Early Childhood Center: Early results from a field experiment on the temporal allocation of schooling', IRP Seminar Presentation, September 2013.
12. Frances A. Campbell, Elizabeth P. Pungello, Margaret Burchinal, et al., 'Adult outcomes as a function of an early childhood educational program: An Abecedarian Project follow-up', *Developmental Psychology*, vol. 48, no. 4, 2012, p. 1033; 'Abecedarian International', *Early Developments: Frank Porter Graham Child Development Institute*, vol. 15, no. 1, 2014, pp. 12-15.
13. Frances Campbell, Gabriella Conti, James J. Heckman, et al., 'Early childhood investments substantially boost adult health', *Science*, vol. 343, no. 6178, 2014, pp. 1478-85.
14. Thomas Rae & Melanie J. Zimmer-Gembeck, 'Behavioral outcomes of parent-child interaction therapy and Triple P-Positive Parenting Program: A review and meta-analysis', *Journal of Abnormal Child Psychology*, vol. 35, no. 3, 2007, pp. 475-95.
15. Karen M. T. Turner, Mary Richards & Matthew R. Sanders, 'Randomised clinical trial of a group parent education programme for Australian Indigenous families', *Journal of Paediatrics and Child Health*, vol. 43, no. 6, 2007, pp. 429-37.
16. 「インクレディブル・イヤーズ・ベーシック・ペアレンティング・プログラム」には複数のバージョンがあり、セッション数も12回から18回までと幅がある。RCTの結果については、次の資料を参照。Sinéad McGilloway, Grainne Ni Mhaille, Tracey Bywater, Mairead Furlong, Yvonne Leckey, Paul Kelly, Catherine Comiskey & Michael Donnelly, 'A parenting intervention for childhood behavioral problems: a randomized controlled trial in disadvantaged community-based settings', *Journal of consulting and clinical psychology*, vol. 80, no. 1, 2012, p. 116. イギリスの育児プログラム「シュアスタート SureStart」の効果についてのランダム化評価でも肯定的な結果が出ている。Judy et al., 'Parenting intervention in Sure Start services for children at risk of developing conduct disorder: Pragmatic randomised controlled trial', *British Medical Journal*, vol. 334, no. 7595, 2007, pp. 678-82.
17. Donal O'Neill, Sinéad McGilloway, Michael Donnelly, et al., 'A cost-benefit analysis of early

childhood intervention: Evidence from an experimental evaluation of the Incredible Years Parenting Program', Working Paper n207-10, Maynooth: Department of Economics, Finance and Accounting, National University of Ireland, 2010.

18. 看護師の家庭訪問に関するメタアナリシス2件について、次の資料を参照。Denise Kendrick, Ruth Elkan, Michael Hewitt, et al., 'Does home visiting improve parenting and the quality of the home environment? A systematic review and meta analysis', *Archives of Disease in Childhood*, vol. 82, no. 6, 2000, pp. 443-51; Monica A. Sweet & Mark I. Appelbaum, 'Is home visiting an effective strategy? A meta-analytic review of home visiting programs for families with young children', *Child Development*, vol. 75, no. 5, 2004, pp. 1435-56.

19. Megan H. Bair-Merritt, Jacky M. Jennings, Rusan Chen, et al., 'Reducing maternal intimate partner violence after the birth of a child: A randomized controlled trial of the Hawaii Healthy Start Home Visitation Program', *Archives of Pediatrics & Adolescent Medicine*, vol. 164, no. 1, 2010, pp. 16-23; Jamila Mejdoubi, Silvia CCM van den Heijkant, Frank J. M. van Leerdam, et al., 'Effect of nurse home visits vs. usual care on reducing intimate partner violence in young high-risk pregnant women: a randomized controlled trial,' *PloS one*, vol. 8, no. 10, 2013, e78185. この研究について教えてくれたキャスリン・スティーブンズに感謝している。

20. RCTと疑似実験の結果の比較については、次の資料の1441ページを参照。Monica A. Sweet & Mark I. Appelbaum, 'Is home visiting an effective strategy? A meta-analytic review of home visiting programs for families with young children', *Child Development*, vol. 75, no. 5, 2004, pp. 1435-56.

21. Dana Suskind, *Thirty Million Words: Building a Child's Brain*, New York: Penguin, 2015, p. 52〔邦訳　ダナ・サスキンド『3000万語の格差――赤ちゃんの脳をつくる、親と保育者の話しかけ』掛札逸美ほか訳、明石書店、2018年〕

22. 就学前教育における神経科学の誤用に対する批判は、次の資料を参照。Zoe Williams, 'Is misused neuroscience defining early years and child protection policy?', *Guardian*, 26 April 2014. The '1001 Critical Days' idea is outlined in A. Leadsom, F. Field, P. Burstow & C. Lucas, 'The 1001 Critical Days: The importance of the conception to age two period', London, 2013.

23. ウェスト・ハイデルバーグでの実験は、非営利団体チルドレンズ・プロテクション・ソサエティと、メルボルン大学経済学部と、マードック子供研究所の合同で行なわれている。研究プロトコールは次の資料を参照。Brigid Jordan, Yi-Ping Tseng, Nichola Coombs, et al., 'Improving lifetime trajectories for vulnerable young children and families living with significant stress and social disadvantage: the early years education program randomised controlled trial', *BMC Public Health*, vol. 14, no. 1, 2014, p. 1. 研究初期の介入群および対照群の子どもの比較については、次の資料を参照。Yi-Ping Tseng, Brigid Jordan, Jeff Randomistas Borland, et al., *Changing the Life Trajectories of Australia's Most Vulnerable Children, Report No. 1: Participants in the Trial of the Early Years Education Program*, Melbourne: University of Melbourne and Children's Protection Society, 2017.

24. このエピソードは次の資料で紹介されている。Alice Hill, Brigid Jordan, Nichola Coombs, et al., 'Changing life trajectories: The early years education research project', *Insights: Melbourne Business and Economics*, vol. 10, 2011, pp. 19-25.

25. このセクションは、同センターで働く教育専門家、研究者、保護者に対する本書著者のインタビューにもとづく。
26. Thomas D. Cook & Monique R. Payne, 'Objecting to the objections to using random assignment in educational research', in Frederick Mosteller & Robert Boruch (eds), *Evidence Matters: Randomized Trials in Education Research*, Washington DC: Brookings Press, 2002, pp. 150–78.
27. オーストラリア生産性委員会は先日、「オーストラリアは、教育成果を向上する方策について国内のエビデンスベースを構築するため、特にランダム化比較試験に投資していく必要がある」と提言している。Productivity Commission, *National Education Evidence Base, Draft Report, Canberra: Productivity Commission*, 2016, p. 16.
28. 学校の効果と家庭の効果を切り離すのは方法論的に非常に厄介である。たとえば次の資料を参照。James Coleman, *Equality of Educational Opportunity*, Washington DC: National Center for Educational Statistics, 1966; Eric Hanushek, 'What matters for student achievement', *Education Next*, vol. 16, no. 2, 2016, pp. 19–26; OECD, *Learning for Tomorrow's World - First Results from PISA 2003*, Paris: OECD, 2004, pp. 159–205.
29. PISA は異なる時期に異なる科目で試験を始めており、必ずしも毎回同じ国家を網羅しているわけではない。初年度の結果と2015年の結果を比べると、数学の点数はOECD 加盟30カ国で、2003年以降 8 ポイント下がった。読解テストの点数は OECD 加盟28カ国で、2000年以降 1 ポイント下がった。科学は OECD 加盟35カ国で、2006年以降 5 ポイント下がった。
30. 次のサイトを参照。www.afterschoolalliance.org/policy21stcclc.cfm.
31. Neil Naftzger, Seth Kaufman, Jonathan Margolin & Asma Ali, '21st Century Community Learning Centers (21st CCLC) Analytic Support for Evaluation and Program Monitoring: An Overview of the 21st CCLC Program: 2004–05', Report prepared for the U.S. Department of Education, Naperville, IL: Learning Point Associates, 2006.
32. Susanne James-Burdumy, Mark Dynarski & John Deke, 'After-school program effects on behavior: Results from the 21st Century Community Learning Centers program national evaluation', *Economic Inquiry*, vol. 46, no. 1, 2008, pp. 13–18.
33. 放課後プログラムが学業成績にもたらすインパクトのエビデンスについては、次の資料を参照。Susanne James-Burdumy, Mark Dynarski, Mary Moore, et al., 'When schools stay open late: The national evaluation of the 21st Century Community Learning Centers program: Final report', US Department of Education, National Center for Education Evaluation and Regional Assistance. 次のサイトで確認可能。www.ed.gov/ies/ncee.
34. 次の資料で引用されている。Ron Haskins, 'With a scope so wide: using evidence to innovate, improve, manage, budget' in Productivity Commission, *Strengthening Evidence-based Policy in the Australian Federation: Roundtable Proceedings, Canberra, 17–18 August 2009*, Vol. 1, Canberra: Productivity Commission, 2010, p. 46.
35. これらのプログラムの推定コストは、対象となった子ども 1 人あたりで、次のとおり。看護師の家庭訪問11,394ドル、高品質な就学前教育10,396ドル、 3 年生に対する集中的読解力支援3,390ドル、10代の妊娠を減らすエビデンスベースのプログラム763ドル（すべて2017年の金額）。推定コスト（2008年の金額）と、各プログラムを支える

エビデンスベースについては、次の資料を参照。Julia B. Isaacs, *Cost-Effective Investments in Children*, Budgeting for National Priorities Project, Washington DC: Brookings Institution, 2007.

36. これらの評価に関する詳細は次のサイトで確認できるだろう。educationendowmentfoundation.org.uk. それぞれの研究の名称は、'One-to-One Academic Tuition', 'Switch on Reading', 'Mathematics Mastery' および 'Philosophy for Children'.

37. EEF は、生徒は年間に一定の標準偏差率で学んでいくという想定にもとづき、数カ月単位の学びを計算している。S. Higgins, D. Kokotsaki & R. Coe, 2012, 'The teaching and learning toolkit: Technical appendices', Education Endowment Foundation, The Sutton Trust. ただし、イギリスの生徒がこれほど急速に進歩しているというエビデンスを、私は知らない。一般的な推計では、学習進捗を年間の標準偏差の4分の1か2分の1のあいだとみている（たとえば次の資料を参照。Andrew Leigh, 'Estimating teacher effectiveness from two-year changes in students' test scores', *Economics of Education Review*, vol. 29, no. 3, 2010, pp. 480–8）。これによって介入の相対的インパクトに変化はない。しかし、数カ月の学習進捗という単位で表現する場合、EEF のインパクトは下限値である。真のインパクトは2倍か4倍ほど大きいと考えられる。

38.「マス・マスタリー Maths Mastery」というプログラムでは、小学生では2カ月分の学び、中学生では1カ月分の学びがあると EEF は報告している。コストは小学生では年間131ポンド、中学生では年間およそ50ポンド。本書では平均として、1カ月分の成績向上に60ポンドのコストと計算した。

39.「チャッターブック」の調査についての詳細は次のサイトを参照。www.educationendowmentfoundation.org.uk.

40. William Earhart, 'The value of applied music as a school subject' In *Papers and Proceedings of the Music Teachers National Association Forty-First Annual Meeting*, Hartford: Music Teacher National Association, 1920, pp. 163–70. この著者は、団体名称が Music Supervisors' National Conference だった時期に、1915年から16年にかけて会長を務めていた。

41.「アクト、シング、プレイ Act, Sing, Play」と呼ばれた評価について、詳細は次のサイトを参照。www.educationendowmentfoundation.org.uk.

42. 2002年から2013年にかけて90件の RCT を調査した。そのうち11件（12%）が肯定的な効果が見られたが、79件（88%）では肯定的な効果が弱い、または効果が出ていなかった。90件のうち、適切に RCT が実施されていた77件（特異的脱落や不適当な検出力などの問題がない）の中では、7件（9%）で肯定的な効果が出ていたが、70件（91%）では肯定的な効果が弱い、または効果が出ていなかった。次の資料を参照。Coalition for Evidence-Based Policy, 'Randomized controlled trials commissioned by the Institute of Education Sciences since 2002: How many found positive versus weak or no effects', July 2013.

43. Robert E. Slavin, 'Evidence-based reform is irreversible', *Huffpost Education Blog*, 22 October 2015.

44. 高い格付けを得るための別の要件として、その実験は脱落率が低くなければならない。次の資料を参照。What Works Clearinghouse, *Procedures and Standards Handbook, Version*

3.0, p. 9. 次のサイトで確認可能。http://ies.ed.gov/ncee/wwc/.

45. Joseph P. Allen, Robert C. Pianta, Anne Gregory, et al., 'An interaction-based approach to enhancing secondary school instruction and student achievement', *Science*, vol. 333, no. 6045, 2011, pp. 1034–7. 研究者らは標準偏差で0.22のインパクトを報告している。生徒は２年ごとに標準偏差でおよそ１だけ成長していたので、このインパクトは生徒の学習の半年分に相当する。次の資料も参照。Bill and Melinda Gates Foundation, *Seeing it Clearly: Improving Observer Training for Better Feedback and Better Teaching*, Washington DC: Gates Foundation, 2015, p. 11.
46. Maya Escueta, Vincent Quan, Andre Joshua Nickow & Philip Oreopoulos, 'Education technology: An evidence-based review', NBER Working Paper No. 23744, Cambridge, MA: NBER, 2017.
47. Escueta, 'Education Technology'.
48. 大学入試試験をすべて受けた生徒の割合は、対照群で18%だったが、介入群では25%に伸びていた。Joshua Angrist & Victor Lavy, 'The effects of high stakes high school achievement awards: Evidence from a randomized trial', *American Economic Review*, vol. 99, no. 4, 2009, pp. 1384–414.
49. Simon Burgess, Raj Chande & Todd Rogers, 'Texting parents', Working Paper, Education Endowment Foundation, London, 2016. 次のサイトで確認可能。www.educationendowmentfoundation.org.uk.
50. Todd Rogers & Avi Feller, 'Intervening through influential third parties: Reducing student absences at scale', working paper, Cambridge, MA: Harvard University Kennedy School, 2017.
51. Paul Tough, 2008, *Whatever It Takes: Geoffrey Canada's Quest to Change Harlem and America*, New York: Houghton Mifflin, pp. 21–9〔邦訳　ポール・タフ『ハーレム・チルドレンズ・ゾーンの挑戦』高山真由美訳、みすず書房、2020年〕
52. Will Dobbie & Roland G. Fryer Jr., 'Are high-quality schools enough to increase achievement among the poor? Evidence from the Harlem Children's Zone', *American Economic Journal: Applied Economics*, vol. 3, no. 3, 2011, pp. 158–87; Will Dobbie & Roland G. Fryer Jr., 'The medium-term impacts of high-achieving charter schools', *Journal of Political Economy*, vol. 123, no. 5, 2015, pp. 985–1037.
53. 次の資料で引用されている。David Brooks, 'The Harlem Miracle', *New York Times*, 7 May 2009, p. A31.
54. Betty Hart and Todd Risley, *Meaningful Differences in the Everyday Experience of Young American Children*, Paul Brookes: Baltimore, MD, 1995. この研究にはいくつか制約があり、調査対象となったのは42世帯だけだった。その各世帯に30カ月にわたり、１カ月に１時間の観察を行なった。3000万語の評価は、被験者となった子どもが、それぞれの社会経済的グループを代表すると想定し、観察された語数を直線外挿できると判断している。3000万語の発見ほどの注目は集まらなかったが、等しく興味深い発見として、恵まれた環境にある子どもは励ましの言葉６回に対して、落胆させる言葉を１回受けているのに対し、恵まれない環境にある子どもは、励まし１回につき、落胆させる言葉が２回であることがわかった。

55. このイニシアチブのレポートでは、次のように報告されている。「シカゴのサウスサイドに住む保護者の協力を得たサーティ・ミリオン・ワーズ（TMW）カリキュラムのランダム化比較実験が先日完了した。介入群は週に1度1時間の家庭訪問、合計8回で、教育に関する介入を受けた。対照群は週に1度、5分から10分の家庭訪問、合計8回で、栄養に関する介入を受けた。全被験者に14回のLENA録音を行なったが、言語活動に関する定量的フィードバックは介入群だけに提供した。TMWの介入を受けた被験者では、親子の会話および交流が大きく増えていた。本研究の論文は現在準備中である」。http://thirtymillionwords.org/tmw-initiative/.
56. Steven D. Levitt, John A. List, Susanne Neckermann & Sally Sadoff, 'The behavioralist goes to school: Leveraging behavioral economics to improve Randomistas educational performance', *American Economic Journal: Economic Policy*, vol. 8, no. 4, 2016, pp. 183–219.
57. このプログラム固有の複雑さの問題については、次の資料で議論されている。Roland G. Fryer, 'Teacher incentives and student achievement: Evidence from New York City Public Schools', *Journal of Labor Economics*, vol. 31, no. 2, 2013, pp. 373–407.
58. J. A. Marsh, M. G. Springer, D. F. McCaffrey, et al., 'A Big Apple for educators: New York City's experiment with schoolwide performance bonuses', Final Evaluation Report, Fund for Public Schools, RAND Corporation, Santa Monica, CA, 2011; Roland G. Fryer, 'Teacher Incentives and Student Achievement: Evidence from New York City Public Schools', *Journal of Labor Economics*, vol. 31, no. 2, 2013, pp. 373–407.
59. この資料のレビューは次の資料を参照。Andrew Leigh, 'The economics and politics of teacher merit pay', *CESifo Economic Studies*, vol. 59, no. 1, 2013, pp. 1–33.
60. Alan B. Krueger, 'Experimental estimates of education production functions', *Quarterly Journal of Economics*, vol. 114, no. 2, 1999, pp. 497–532.
61. 元テネシー州知事ラマー・アレクサンダーと本書著者の会話から。
62. Eric P. Bettinger, Bridget Terry Long, Philip Oreopoulos & Lisa Sanbonmatsu, 'The role of application assistance and information in college decisions: Results from the H&R Block FAFSA experiment', *Quarterly Journal of Economics*, vol. 127, no. 3, 2012, pp. 1205–42.
63. Philip Oreopoulos & Reuben Ford, 'Keeping college options open: A field experiment to help all high school seniors through the college application process', NBER Working Paper No. 22320, Cambridge, MA: NBER, 2016.
64. Benjamin L. Castleman & Lindsay C. Page, 'Summer nudging: Can personalized text messages and peer mentor outreach increase college going among low-income high school graduates?' *Journal of Economic Behavior and Organization*, vol. 115, 2015, pp. 144–60.
65. Justine S. Hastings, Christopher Neilson & Seth Zimmerman, 'The effects of earnings disclosure on college enrollment decisions', NBER Working Paper 21300, Cambridge, MA: NBER, 2015.
66. Caroline M. Hoxby & Sarah Turner, 'What high-achieving low-income students know about college', *American Economic Review*, vol. 105, no. 5, 2015, pp. 514–17.
67. Nadine Ketel, Edwin Leuven, H. Oostereck & Bas van der Klaauw, 'The returns to medical school: Evidence from admission lotteries', *American Economic Journal: Applied Economics*, vol. 8, no. 2, 2016, pp. 225–54.

68. OECD, *Education at a Glance 2016*, Paris: OECD, 2016, p. 166.
69. Eric P. Bettinger & Rachel B. Baker, 'The effects of student coaching: An evaluation of a randomized experiment in student advising', *Educational Evaluation and Policy Analysis*, vol. 36, no. 1, 2014, pp. 3–19.
70. Joshua Angrist, Daniel Lang & Philip Oreopoulos, 'Incentives and services for college achievement: Evidence from a randomized trial', *American Economic Journal: Applied Economics*, vol. 1, no. 1, 2009, pp. 136–63.
71. 「実験し、学びを得て、適応させる」というフレーズは、次の資料のタイトルから。Laura Haynes, Ben Goldacre & David Torgerson, *Test, Learn, Adapt: Developing Public Policy with Randomised Controlled Trials*, London: Behavioural Insights Team, Cabinet Office, 2012.

第 6 章　犯罪を制御する

1. Ross Peake, 'ACT police chief learnt a valuable restorative justice lesson early on', *Canberra Times*, 20 July 2015.
2. Heather Strang, Lawrence W. Sherman, Evan Mayo-Wilson et al., *Restorative Justice Conferencing (RJC) Using Face-to-Face Meetings of Offenders and Victims: Effects on Offender Recidivism and Victim Satisfaction. A Systematic Review*, Campbell Systematic Reviews 2013:12, Oslo: Campbell Collaboration, 2013.
3. たとえばオーストラリアで起きる殺人事件のうち 4 %は復讐が動機である。Willow Bryant & Tracy Cussen, 'Homicide in Australia: 2010–11 to 2011–12', National Homicide Monitoring Program report no. 23, Canberra: Australian Institute of Criminology, 2015.
4. FBI の統一犯罪報告プログラムによれば、1991年から1992年の暴力犯罪発生率は、人口10万人あたり750件を超えていた。しかし2013年、2014年、2015年には10万人あたり375件を下回っている。
5. 2015年には、1,526,800人が連邦または州の刑務所に収監されていた（E. Ann Carson and Elizabeth Anderson, 'Prisoners in 2015', Bureau of Justice Statistics, US Department of Justice, NCJ 250229, 2016）ほか、別途721,300人が地方刑務所に収監されていた（Todd D. Minton and Zhen Zeng, 'Jail inmates in 2015', Bureau of Justice Statistics, US Department of Justice, NCJ 250394, 2016）。アメリカ国勢調査局の調べでは、2015年の18歳以上の人口が 2 億4700万人なので、受刑者の割合は0.9%。歴史的傾向は次の資料を参照。National Research Council, *The Growth of Incarceration in the United States: Exploring Causes and Consequences*, Washington, DC: The National Academies Press, 2014.
6. Bruce Western & Becky Pettit, 'Incarceration & social inequality', *Dædalus*, Summer 2010, pp. 8–19.
7. Sara B. Heller, Anuj K. Shah, Jonathan Guryan, et al., 'Thinking, fast and slow? Some field experiments to reduce crime and dropout in Chicago', *Quarterly Journal of Economics*, vol. 132, no. 1, 2017, pp. 1–54. 3件目の RCT として、シカゴの少年院で実施されている類似の認知行動療法のインパクトを調べたところ、出所後に再入所する率が21%下落していた。
8. 次の資料で引用されている。Drake Baer, 'This simple program is dramatically reducing teen violence in Chicago', *Tech Insider*, 29 February 2016.

9. Christopher Blattman, Julian C. Jamison & Margaret Sheridan, 'Reducing crime and violence: Experimental evidence from cognitive behavioral therapy in Liberia', *American Economic Review*, vol. 107, no. 4, 2017, pp. 1165–1206.
10. 大恐慌中に金融政策への見解を変えたことに対する批判への回答。次の資料で引用されている。Alfred L. Malabre, *Lost Prophets: An Insider's History of the Modern Economists*, 1994, p. 220〔邦訳　アルフレッド・L．マラブル Jr.『エコノミストはつねに間違う』仁平和夫訳、日経 BP、1994年。本文中の引用は本書訳者による〕
11. Sara B. Heller, 'Summer jobs reduce violence among disadvantaged youth', *Science*, vol. 346, no. 6214, 2014, pp. 1219–23.
12. Catherine Jacquet, 'Domestic violence in the 1970s', *Circulating Now* blog, US National Library of Medicine, 15 October 2015（次のサイトで確認可能。https://circulatingnow.nlm.nih.gov）
13. Joan Zorza, 'The criminal law of misdemeanor domestic violence, 1970–1990', *Journal of Criminal Law and Criminology*, vol. 83, no. 1, 1992, pp. 46–72.
14. Fran S. Danis, 'A tribute to Susan Schechter: The visions and struggles of the Battered Women's Movement', *Affilia*, vol. 21, no. 3, 2006, pp. 336–41.
15. Lawrence Sherman & Richard Berk, 'The Minneapolis domestic violence experiment', Police Foundation Reports, Washington DC: Police Foundation, 1984.
16. 次の資料で引用されている。Sherman & Berk, 'The Minneapolis domestic violence experiment'.
17. 捜査報告書によれば、その後 6 カ月間の暴力犯罪発生率は「逮捕」では10%、「忠告」では19%、「隔離」では24%だった。被害届によれば、「逮捕」では19%、「忠告」では37%、「隔離」では33%だった。Sherman & Berk, 'The Minneapolis domestic violence experiment'; Lawrence Sherman & Richard Berk, 'The specific deterrent effects of arrest for domestic assault', *American Sociological Review*, vol. 49, no. 2, 1984, pp. 261–72.
18. James LeMoyne, 'A firmer response to family strife', *New York Times*, 15 April 1984.
19. Associated Press, 'Arrest may be deterrent in domestic violence, study shows', *New York Times*, 30 May 1984.
20. E. S. Buzawa & C. G. Buzawa, 1990, *Domestic Violence: The Criminal Justice Response*, New York, Russell Sage, pp. 94–9.
21. C. Nadine Wathen & Harriet L. MacMillan, 'Interventions for violence against women: Scientific review', *Journal of the American Medical Association*, vol. 289, no. 5, 2003, pp. 589–600.
22. 全世界では、殺人被害者となった女性のうち、家族によって殺されたのは47%（43,600人）。男性では 6 %（20,000人）。United Nations Office on Drugs and Crime, *UNDOC Global Study on Homicide 2013*, United Nations No. 14.IV.1, Vienna: UNDOC, 2014, p. 53.
23. United Nations Office on Drugs and Crime, *Global Study on Homicide 2013*, p. 49.
24. John Crace, 'Lawrence Sherman: Crime scene investigations', *Guardian*, 16 May 2007.
25. Crace, 'Lawrence Sherman'.
26. 'Lawrence Sherman on Criminology', *Social Science Bites*, 1 May 2013.
27. Émile Durkheim, 'The rules of sociological method' in Scott Appelrouth & Laura Desfor Edles（eds）, *Classical and Contemporary Sociological Theory: Text and Readings*, Thousand Oaks, CA:

Pine Forge Press, 2007 [1895], pp. 95–102.

28. Lawrence W. Sherman, Dennis P. Rogan, Timothy Edwards, et al., 'Deterrent effects of police raids on crack houses: A randomized, controlled experiment', *Justice Quarterly*, vol. 12, no. 4, 1995, pp. 755–81.
29. Anthony A. Braga, 'Hot spots policing and crime prevention: A systematic review of randomized controlled trials', *Journal of Experimental Criminology*, vol. 1, no. 3, 2005, pp. 317–42.
30. David L. Weisburd & Lorraine Green, 'Policing drug hot spots: The Jersey City drug market analysis experiment', *Justice Quarterly*, vol. 12, 1995. pp. 711–35.
31. この研究では、3カ月で53件の暴力犯罪が減少したと報告している。年間では200件以上に相当する。Jerry H. Ratcliffe, Travis Taniguchi, Elizabeth R. Groff & Jennifer D. Wood, 'The Philadelphia foot patrol experiment: A randomized controlled trial of police patrol effectiveness in violent crime hotspots', *Criminology*, vol. 49, no. 3, 2011, pp. 795–831. この結果を解釈するにあたり、上記資料の著者ジェリー・ラトクリフに確認していただいた。
32. Anthony Braga, Andrew Papachristos & David Hureau, 'Hot spots policing effects on crime', Campbell Systematic Reviews, vol. 8, Oslo: Campbell Collaboration, 2012.
33. National Institutes of Justice, 'Practice profile: Hot spots policing'. 次のサイトで確認可能。crimesolutions.gov.
34. Anthony Allan Braga & David Weisburd, *Policing Problem Places: Crime Hot Spots and Effective Prevention*, Oxford: Oxford University Press, 2010.
35. L. W. Sherman, 'Policing for crime prevention' in L. W. Sherman, D. C. Gottfredson, D. L. MacKenzie, et al. (eds), *Preventing Crime: What Works, What Doesn't, What's Promising*, Washington, DC: US Office of Justice Programs., 1997, Chapter 8.
36. Gary D. Sherman & Jonathan Haidt, 'Cuteness and disgust: The humanizing and dehumanizing effects of emotion', *Emotion Review*, vol. 3, no. 3, 2011, pp. 245–51.
37. 'Ice storm', *The Economist*, 15 April 2017.
38. Gay Murrell, 'Breaking the cycle: NSW Drug Court' *Australian Law Reform Commission Reform Journal*, vol. 77, 2000, pp. 20–24, 90.
39. 初めてのドラッグコートはアメリカのフロリダ州で1989年に設立された。
40. Bronwyn Lind, Don Weatherburn, Shuling Chen, et al., *NSW Drug Court evaluation: Cost-effectiveness, NSW Bureau of Crime Statistics and Research*, Sydney, 2002, p. 44. ドラッグコートに対する2回目の調査も実施されたが、この評価は無作為割当を利用していなかった。次の資料を参照。Don Weatherburn, Craig Jones, Lucy Snowball & Jiuzhao Hua, 'The NSW Drug Court: A re-evaluation of its effectiveness', *Crime and Justice Bulletin*, no. 121, 2008.
41. Adele Harrell, Shannon Cavanagh & John Roman, 'Findings from the evaluation of the DC Superior Court Drug intervention program', submitted to the National Institute of Justice. Washington, DC, 1998: The Urban Institute; Denise C. Gottfredson, Stacy S. Najaka & Brook Kearley, 'Effectiveness of drug treatment courts: Evidence from a randomized trial', *Criminology & Public Policy*, vol. 2, no. 2, 2003, pp. 171–96.
42. 次の資料で引用されている。Malcolm Knox, 'Applause for former drug users who turn their

lives around', *Sydney Morning Herald*, 7 February 2009.

43. 次の資料で引用されている。Knox, 'Applause'.
44. 次の資料で引用されている。Knox, 'Applause'.
45. Craig Jones, 'Intensive judicial supervision and drug court outcomes: Interim findings from a randomised controlled trial', *Contemporary Issues in Crime and Justice*, no. 152, NSW Bureau of Crime Statistics and Research, 2011.
46. 次の資料で引用されている。Sam Kornell, 'Probation that works', *Slate*, 5 June 2013.
47. この研究では493人の仮出所者で調査をした。次の資料を参照。Angela Hawken & Mark Kleiman, 'Managing drug involved probationers with swift and certain sanctions: Evaluating Hawaii's HOPE', Department of Justice Report 229023, National Institute of Justice, Washington DC, 2009; National Institute of Justice, '"Swift and certain" sanctions in probation are highly effective: Evaluation of the HOPE Program', Washington DC: National Institute of Justice, 2012.
48. 次の資料で引用されている。Hawken & Kleiman, 'Managing drug involved probationers'.
49. こうしたプログラムの一部について調べたところ、ハワイ州で見られたほどの規模で効果は出ていないことが確認されている。アメリカ全域におけるHOPEプログラム導入については、次の資料を参照。Lorana Bartels, *Swift, Certain and Fair: Does Project HOPE Provide a Therapeutic Paradigm for Managing Offenders?*, Cham, Switzerland: Palgrave Macmillan, 2017. HOPEプログラムの再現研究で思わしくない結果が出たのは、アーカンソー州、マサチューセッツ州、オレゴン州、テキサス州。次の資料で報告されている。Pamela Lattimore, Doris Layton MacKenzie, Gary Zajac, et al., 'Outcome findings from the HOPE demonstration field experiment', *Criminology & Public Policy*, vol. 15, no. 4, 2016, pp. 1103–41.
50. Adam Gamoran, 'Measuring impact in science education: Challenges and possibilities of experimental design', NYU Abu Dhabi Conference, January 2009.
51. Doris L. MacKenzie & David P. Farrington, 'Preventing future offending of delinquents and offenders: What have we learned from experiments and meta-analyses?' *Journal of Experimental Criminology*, vol. 11, no. 4, 2015, pp. 565–95.
52. 植民地時代のオーストラリアのほうが現代よりも受刑者率が高かったが、1901年以降でみれば2016年が過去最高だった。Andrew Leigh, 'Locking someone up costs around $300 a day or about $110,000 a year', *Canberra Times*, 14 November 2016.
53. National Research Council, *The Growth of Incarceration*.
54. Mark A. R. Kleiman, *When Brute Force Fails: How to Have Less Crime and Less Punishment*, Princeton NJ: Princeton University Press, 2009.
55. National Research Council, *The Growth of Incarceration*, p. 155. 次の資料も参照。Council of Economic Advisers, 'Economic perspectives on incarceration and the criminal justice system', Washington DC: Executive Office of the President of the United States, 2016.
56. John E. Berecochea & Dorothy R. Jaman, *Time Served in Prison and Parole Outcome: An Experimental Study: Report*, No. 2. Research Division, California Department of Corrections, 1981.
57. Ina Jaffe, 'Cases show disparity of California's 3 strikes law', *NPR All Things Considered*, 30

October 2009.

第７章　貧しい国での貴重な実験

1. この説明は2016年５月20日に配信されたポッドキャスト「プラネットマネー *Planet Money*」第702話「ナイジェリアでユーウィン！ Nigeria, You Win!」から。
2. David J. McKenzie, 'Identifying and spurring high-growth entrepreneurship: Experimental evidence from a business plan competition', *American Economic Review*, vol. 107, no. 8, 2017 pp. 2278–307.
3. Chris Blattman, 'Is this the most effective development program in history?', chrisblattman.com, 24 September 2015.
4. 2012年までのデータは、経済学者ディーン・カーランがアメリカ下院金融サービス委員会の問いに対して述べた次の説明から。Dean Karlan, 'The multi-lateral development banks: A strategy for generating increased return on investment', 9 October 2015. 2013年から2015年のデータは、次の資料から。Jorge Miranda, Shayda Sabet & Annette N. Brown, 'Is impact evaluation still on the rise?', blogs.3ieimpact.org, 11 August 2016. 開発途上国における小児保健に関して発表されたRCTの数を計算すると、2002–03年から、2012–13年までのあいだに、７倍の増加が見られる。Trevor Duke and David Fuller, 'Randomised controlled trials in child health in developing countries: Trends and lessons over 11 years', *Archives of Disease in Childhood*, vol. 99, no. 7, 2014, pp. 615–20.
5. 次の資料の図３を参照。Drew B. Cameron, Anjini Mishra & Annette N. Brown, 'The growth of impact evaluation for international development: how much have we learned?', *Journal of Development Effectiveness*, vol. 8, no. 1, 2016, pp. 1–21.
6. 次の資料で引用されている。Jeff Tollefson, 'Revolt of the Randomistas', *Nature*, vol 524, 13 August 2015, pp. 150–3.
7. William Easterly, *The Elusive Quest for Growth: Economists' Adventures and Misadventures in the Tropics*, Cambridge, MA: MIT Press, 2002.〔邦訳　ウィリアム・イースタリー『エコノミスト 南の貧困と闘う』小浜裕久／冨田陽子／織井啓介訳、東洋経済新報社、2003年〕
8. Isaiah Berlin, *The Hedgehog and the Fox: An Essay on Tolstoy's View of History*, London: Weidenfeld & Nicolson, 1953〔邦訳　バーリン『ハリネズミと狐――『戦争と平和』の歴史哲学』河合秀和訳、岩波書店、1997年〕
9. 次の資料で引用されている。Abhijit Banerjee, Dean Karlan & Jonathan Zinman. 'Six randomized evaluations of microcredit: Introduction and further steps', *American Economic Journal: Applied Economics*, vol. 7, no. 1, 2015, pp. 1–21.
10. Jim Klobuchar & Susan Cornell Wilkes, *The Miracles of Barefoot Capitalism*, Minneapolis: Kirk House Publishers, 2003, p. 26.
11. Bill Clinton, *Giving: How Each of Us Can Change the World*, New York: Random House, 2007, pp. 6–7.
12. 次の資料で引用されている。Dean Karlan & Jacob Appel, *More Than Good Intentions: How a New Economics is Helping to Solve Global Poverty*, New York: Penguin, 2011, p. 61〔邦訳

ディーン・カーラン／ジェイコブ・アペル『善意で貧困はなくせるのか？——貧乏人の行動経済学』清川幸美訳、澤田康幸解説、みすず書房、2013年〕

13. Banerjee, Karlan and Zinman, 'Six randomized evaluations of microcredit'. 次の資料も参照。Abdul Latif Jameel Poverty Action Lab, 'Where Credit is Due', *Policy Bulletin*, February 2015. 次のサイトで確認可能。www.povertyactionlab.org.
14. Karlan & Appel, *More Than Good Intentions*, p. 70〔カーラン／アペル『善意で貧困はなくせるのか？』〕
15. Dean Karlan, Aishwarya Lakshmi Ratan & Jonathan Zinman, 'Savings by and for the poor: A research review and agenda', *Review of Income and Wealth*, vol. 60, no. 1, 2014, pp. 36–78.
16. このやりとりは実際にこう交わされたものではなく、もう少し複雑な経緯がある。詳細は次の資料を参照。Robert Deis, '"The rich are different" The real story behind the famed "exchange" between F. Scott Fitzgerald and Ernest Hemingway', *Quote/Counterquote*, 12 July 2014〔フィッツジェラルドの台詞は次の小説に登場する。F. S. フィッツジェラルド「金持の御曹子」『フィッツジェラルド短編集』野崎孝訳、新潮社、1990年。ヘミングウェイはフィッツジェラルドへの皮肉として、自身の作品でこの会話を登場させた。アーネスト・ヘミングウェイ「キリマンジャロの雪」『ヘミングウェイ全短編2』高見浩訳、新潮社、1996年〕
17. Abhijit Banerjee, Esther Duflo, Nathanael Goldberg, et al., 'A multifaceted program causes lasting progress for the very poor: Evidence from six countries', *Science*, vol. 348, no. 6236, 2015.
18. 次のサイトを参照。www.givedirectly.org.
19. この実験は次の資料で説明されている。Michael Faye & Paul Niehaus, 'What if we just gave poor people a basic income for life? That's what we're about to test', *Slate*, 14 April 2016; Dylan Matthews, 'A charity's radical experiment: Giving 6,000 Kenyans enough money to escape poverty for a decade', *Vox*, 15 April 2016.
20. Stefan Dercon, Tanguy Bernard, Kate Orkin & Alemayehu Taffesse, 'The future in mind: Aspirations and forward-looking behaviour in rural Ethiopia', Working paper 2014–16, Department of Economics, University of Oxford, 2014.
21. このビデオは次のサイトで視聴可能。https://youtu.be/zh1uoxH9q5g.
22. Francisco Campos, Michael Frese, Markus Goldstein, et al., 'Teaching personal initiative beats traditional training in boosting small business in West Africa', *Science*, vol. 357, no. 6357, 2017, pp. 1287–90.
23. Klaus Schwab（ed.）, *The Global Competitiveness Report 2016–2017*, Geneva: World Economic Forum, 2016.
24. Freedom House, *Freedom in the World 2017*, New York: Freedom House, 2017.
25. 'State fragility index and matrix 2015'. 次の資料から数字をアップデートしている。Monty G. Marshall & Benjamin R. Cole, *Global Report 2014: Conflict, Governance and State Fragility*, Vienna: Center for Systemic Peace, 2014.
26. Jidong Chen, Jennifer Pan & Yiqing Xu, 'Sources of authoritarian responsiveness: A field experiment in China', *American Journal of Political Science*, vol. 60, no. 2, 2016, pp. 383–400.

27. Marianne Bertrand, Simeon Djankov, Rema Hanna & Sendhil Mullainathan, 'Obtaining a driver's license in India: An experimental approach to studying corruption' *Quarterly Journal of Economics*, vol. 122, no. 4, 2007, pp. 1639–76.
28. Marco Gonzalez-Navarro & Climent Quintana-Domeque, 'Paving streets for the poor: Experimental analysis of infrastructure effects', *Review of Economics and Statistics*, vol. 98, no. 2, 2016, pp. 254–67.
29. Kenneth Lee, Edward Miguel & Catherine Wolfram, 'Experimental evidence on the demand for and costs of rural electrification', NBER Working Paper 22292, Cambridge, MA: National Bureau of Economic Research, 2016.
30. Joppe de Ree, Karthik Muralidharan, Menno Pradhan, Halsey Rogers, 'Double for nothing? Experimental evidence on an unconditional teacher salary increase in Indonesia', *Quarterly Journal of Economics*, Volume 133, Issue 2, May 2018, Pages 993–1039.
31. Karthik Muralidharan, Paul Niehaus & Sandip Sukhtankar, 'Building state capacity: Evidence from biometric smartcards in India', *American Economic Review*, vol, 106, no. 10, 2016, pp. 2895–929.
32. 命が助かったとしても、マラリアは消耗性疾患として猛威を振るう。幼少期にマラリアに罹患すると大人になってからの所得は3分の1になる。Abhijit Banerjee & Esther Duflo, *Poor Economics: A Radical Rethinking of the Way to Fight Global Poverty*, New York: Public Affairs, 2011, p. 44.〔邦訳　アビジット・V・バナジー／エステル・デュフロ『貧乏人の経済学――もういちど貧困問題を根っこから考える』山形浩生訳、みすず書房、2012年〕
33. World Health Organization, 'Fact sheet: World malaria report 2015', 9 December 2015. 数字は5歳未満の子ども。
34. William Easterly, *The White Man's Burden: Why the West's Efforts to Aid the Rest Have Done So Much Ill and So Little Good*, New York: Penguin, 2006, p. 12〔邦訳　ウィリアム・イースタリー『傲慢な援助』小浜裕久ほか訳、東洋経済新報社、2009年〕
35. Jeffrey Sachs, 'Good news on malaria control', *Scientific American*, 1 August 2009.
36. Jessica Cohen & Pascaline Dupas, 'Free distribution or cost-sharing? Evidence from a randomized malaria prevention experiment', *Quarterly Journal of Economics*, vol. 125, no. 1, 2010, pp. 1–45; Pascaline Dupas, 'What matters (and what does not) in households' decision to invest in malaria prevention?' American *Economic Review: Papers & Proceedings*, vol. 99, no. 2, 2009, pp. 224–30; Pascaline Dupas, 'Short-run subsidies and long-run adoption of new health products: Evidence from a field experiment.' *Econometrica*, vol. 82, no. 1, January 2014, pp. 197–228.
37. Jeffrey Sachs, 'The case for aid', *Foreign Policy*, 21 January 2014.
38. Michael Kremer & Edward Miguel, 'The illusion of sustainability', *Quarterly Journal of Economics*, vol. 122, no. 3, 2007, pp. 1007–65; Michael Kremer, E. Miguel & S. Mullainathan, 'Source dispensers and home delivery of chlorine in Kenya', Innovations for Poverty Action, Working Paper, 2014. わかりやすくまとめられた資料としては次を参照。Abdul Latif Jameel Poverty Action Lab, 'Pricing preventive Health Products', undated. 次のサイトで確認可能。www.povertyactionlab.org.

39. Abhijit Vinayak Banerjee, Esther Duflo, Rachel Glennerster & Dhruva Kothari, 'Improving immunisation coverage in rural India: Clustered randomized controlled evaluation of immunisation campaigns with and without incentives', *British Medical Journal*, vol. 340, 2010, c2220.
40. Blake Mycoskie, *Start Something That Matters*, New York: Spiegel and Grau, 2012, p. 5.
41. 'Free two shoes', *The Economist*, 5 November 2016.
42. ワン・フォー・ワンのモデルで商品を販売している企業は、眼鏡のワービーパーカー Warby Parker、サッカーボールのワン・ワールド・プレイ・プロジェクト One World Play Project、コンドームのサー・リチャーズ Sir Richard's、歯ブラシのスマイル・スクエアド Smile Squared、懐中電灯のワン・ミリオン・ライツ One Million Lights、手術着の FIGS。
43. Bruce Wydick, Elizabeth Katz, Flor Calvo, et al., 'Shoeing the children: The impact of the TOMS shoe donation program in rural El Salvador', *World Bank Economic Review*, 2017.
44. Bruce Wydick, 'The impact of TOMS shoes', *Across Two Worlds* blog, 16 March 2015.
45. 次のページを参照。'Death on the Roads,' www.who.int.
46. James Habyarimana & William Jack, 'Heckle and chide: Results of a randomized road safety intervention in Kenya', *Journal of Public Economics*, vol. 95, no. 11, 2011, pp. 1438–46.
47. Paul Gertler, Manisha Shah, Maria Laura Alzua, Lisa Cameron, et al., 'How does health promotion work? Evidence from the dirty business of eliminating open defecation', NBER Working Paper 20997, Cambridge, MA: National Bureau of Economic Research, 2015.
48. プログレサ実験設立におけるサンチャゴ・レヴィの役割については、次の資料を参照。Banerjee & Duflo, *Poor Economics*, p. 78〔バナジー／デュフロ『貧乏人の経済学』〕
49. Susan W. Parker & Graciela M. Teruel, 'Randomization and social program evaluation: The case of Progresa', *The Annals of the American Academy of Political and Social Science*, vol. 599, no. 1, 2005, pp. 199–219.
50. Susan Parker & Petra Todd, 'Conditional cash transfers: The case of Progresa/Oportunidades', *Journal of Economic Literature*, vol. 55, no. 3, 2017, pp. 866–915.
51. Dana Burde & Leigh L. Linden, 'Bringing education to Afghan girls: A randomized controlled trial of village-based schools', *American Economic Journal: Applied Economics*, vol. 5, no. 3, 2013, pp. 27–40.
52. 生徒の伸びは、およそ標準偏差の半分だった（女子では大きく、男子では小さかった）。一般的な生徒は 1 年度ごとに標準偏差の半分の率で成績向上すると著者は仮定している。たとえば次の資料を参照。Andrew Leigh, 'Estimating teacher effectiveness from two-year changes in students' test score', *Economics of Education Review*, vol. 29, no. 3, 2010, pp. 480–8.
53. これらの数字は2009年現在。次の資料に掲載されている。WHO/UNAIDS, 'Fast facts on HIV', 2010, 次のサイトで確認可能。www.who.int.
54. 次の資料で引用されている。Esther Duflo, 'AIDS prevention: Abstinence vs. risk reduction', VoxEU blog, 20 April 2009.
55. Samuel Ponce de Leon, Maria Eugenia Jimenez-Corona, Ana Maria Velasco & Antonio Lazcano, 'The Pope, condoms, and the evolution of HIV', *The Lancet Infectious Diseases*, vol. 9, no. 8,

2009, pp. 461–2.

56. Duflo, Esther, Pascaline Dupas & Michael Kremer, 'Education, HIV, and early fertility: Experimental evidence from Kenya', *American Economic Review*, vol. 105, no. 9, 2015, pp. 2757–97.

57. Pascaline Dupas, 'Do teenagers respond to HIV risk information? Evidence from a field experiment in Kenya', *American Economic Journal: Applied Economics*, vol. 3, no. 1, 2011, pp. 1–34.

58. これらの数字は生徒に対し、最寄りの都市（キスム）の感染率として説明されており、全国での感染率とは異なる。

59. John Gapper, 'Lunch with the FT: Esther Duflo', *Financial Times*, 17 March 2012.

60. Gapper, 'Lunch with the FT'.

61. Asimina Caminis, 'Putting economic policy to the test', *Finance and Development*, September 2003, pp. 4–7.

62. Ian Parker, 'The poverty lab', *New Yorker*, 17 May 2010.

63. Abdul Latif Jameel Poverty Action Lab, 'Increasing test score performance', undated. 次のサイトで確認可能。www.povertyactionlab.org.

64. Innovations for Poverty Action, 'Financial inclusion program brief', 15 June 2016. 次のサイトで確認可能。www.poverty-action.org.

65. ある分析によると、開発分野で行なわれたRCTをどれでも二つ比べた場合、およそ83%の場合で信頼区間が重複する。Eva Vivalt, 'Heterogeneous treatment effects in impact evaluation,' *American Economic Review*, vol. 105, no. 5, 2015, pp. 467–70.

66. Paul Glewwe & Karthik Muralidharan, 'Improving education outcomes in developing countries - evidence, knowledge gaps, and policy implications' in Eric Hanushek, Stephen Machin & Ludger Woessman（eds）, *Handbook of the Economics of Education*, Vol. 5, Amsterdam: North Holland, 2016, pp. 653–744.

67. Shwetlena Sabarwal, David K. Evans & Anastasia Marshak, 'The permanent input hypothesis: The case of textbooks and（no）student learning in Sierra Leone', *World Bank Policy Research Working Paper*, vol. 7021, 2014.

68. Jishnu Das, Stefan Dercon, James Habyarimana, et al., 'School inputs, household substitution, and test scores' *American Economic Journal: Applied Economics*, vol. 5, no. 2, 2013, pp. 29–57.

69. Isaac Mbiti & Karthik Muralidharan, 'Inputs, incentives, and complementarities in primary education: Experimental evidence from Tanzania', unpublished working paper, 2015.

70. Paul Glewwe, Michael Kremer & Sylvie Moulin. 'Many children left behind? Textbooks and test scores in Kenya', *American Economic Journal: Applied Economics*, vol. 1, no. 1, 2009, pp. 112–35.

71. Angus S. Deaton, 'Instruments, randomization, and learning about development', *Journal of Economic Literature*, vol. 48, no. 2, 2010, pp. 424–55.

72. Gueron & Rolston, *Fighting for Reliable Evidence*, p. 427.

73. 次の資料で引用されている。Adam Gopnik, 'The double man: Why Auden is an indispensable poet of our time', *New Yorker*, 23 September 2002. ゴプニックは次のように考察した。「オーデンは、開かれた社会とは根拠のない自信ではなく慎重な信念のもとに築かれる、というポパーの見解を肯定している」

第8章　農場と企業とフェイスブック

1. 1843年に実験が始まった時点の説明。詳細は次の資料を参照。'Broadbalk Winter Wheat Experiment' at e-RA: The Electronic Rothamsted Archive, www.era.rothamsted.ac.uk.
2. 次の資料で引用されている。Jonathan Silvertown, Paul Poulton, Edward Johnston, et al., 'The Park Grass Experiment 1856–2006: Its contribution to ecology', *Journal of Ecology*, vol. 94, no. 4, 2006, pp. 801–14.
3. 19世紀後半の不動産推定価格は次の資料より。Vaclav Smil, *Enriching the Earth: Fritz Haber, Carl Bosch, and the Transformation of World Food*, Cambridge, MA: MIT Press, 2001, p. 245. 現在の推定価格は次の資料より。Food and Agriculture Organisation of the United Nations, *Current World Fertilizer Trends and Outlook to 2015*, Rome: FAO, 2011.
4. C. W. Wrigley, 'Farrer, William James（1845–1906）', *Australian Dictionary of Biography*, Volume 8, National Centre of Biography, Australian National University, 1981. 次のサイトで確認可能。http://adb.anu.edu.au.
5. 本書著者によるグレッグ・リベツクへのインタビュー。格子状で把握する農地において、同じ縦軸や同じ横軸の区画に集中しないようにする狙いで、区画に対して無作為に介入を割り当てる方法が多数あり、その中からモデルを選んでいる。
6. 次の資料で引用されている。Leslie Brokaw, 'In experiments we trust: From Intuit to Harrah's casinos', *MIT Sloan Management Review*, 3 March 2011.
7. 'From Harvard economist to casino CEO', *Planet Money*, 15 November 2011.
8. この意見には反対意見もある。たとえば次の資料を参照。Ira Glass, 'Blackjack', *This American Life*, Episode 466, 8 June 2016.
9. 次の資料で引用されている。Leslie Brokaw, 'In experiments we trust: From Intuit to Harrah's Casinos', *MIT Sloan Management Review*, 3 March 2011.
10. 次の資料で引用されている。Jeffrey Pfeffer and Victoria Chang, 'Gary Loveman and Harrah's Entertainment', Stanford Business School Case No. OB45, Stanford, CA, 2003.
11. この分野の研究数件をまとめる優れた概要として、次の資料を参照。Omar Al-Ubaydli & John List, 'Field experiments in markets', in Abhijit Banerjee & Esther Duflo（eds）, *Handbook of Field Experiments*, Amsterdam: Elsevier, vol. 1, 2017, pp. 271–307.
12. Jim Manzi, *Uncontrolled: The Surprising Payoff of Trial-and-Error for Business, Politics, and Society*, New York: Basic Books, 2012, p. 144.
13. Eric T. Anderson & Duncan Simester, 'A step-by-step guide to smart business experiments', *Harvard Business Review*, March 2011〔邦訳　エリック・T・アンダーソン／ダンカン・シミスター「実験はアナリティックスに勝る――顧客の反応をシンプルにつかむ法」『DIAMONDハーバード・ビジネス・レビュー』2013年10月号、ダイヤモンド社、2013年〕
14. 次の資料で引用されている。Bharat N. Anand, Michael G. Rukstad & Christopher Paige, 'Capital One financial corporation', Harvard Business School Case 700–124, April 2000.
15. Stefan Thomke & Jim Manzi, 'The discipline of business experimentation', *Harvard Business Review*, December 2014〔邦訳　ステファン・トムク／ジム・マンジィ「ビジネスの仮

説を高速で検証する——消費者ビジネスのイノベーションに不可欠」『DIAMOND ハーバード・ビジネス・レビュー』2015年6月号、ダイヤモンド社、2015年〕
16. Christian Rudder, 'We experiment on human beings!', *OkTrends* blog, 28 July 2014.
17. Rudder, 'We experiment on human beings!'
18. Christian Rudder, *Dataclysm: Love, Sex, Race, and Identity-What Our Online Lives Tell Us about Our Offline Selves*, New York: Broadway Books, 2015, p. 17.
19. Rudder, 'We experiment on human beings!'
20. マッチングのアルゴリズムの精度がそれほど高くなかったとも考えられる。
21. Uri Gneezy & John List, *The Why Axis: Hidden Motives and the Undiscovered Economics of Everyday Life*, New York: Public Affairs, 2013, pp. 237–8〔邦訳　ウリ・ニーズィー／ジョン・A. リスト『その問題、経済学で解決できます。』望月衛訳、東洋経済新報社、2014年〕
22. 2016年8月6日に配信されたポッドキャスト番組「イーコントーク *EconTalk*」で、司会のラス・ロバーツがクオーラ CEO アダム・ディアンジェロにインタビューしている。次のサイトで確認可能。www.econtalk.org. クオーラ社員は実験開始前に、必ず自分がどんな仮説を試そうとしているか具体的に明示する、もしくは「学習実験」を行なうと宣言する。実験環境で新しい機能がよい成果を示したら、基本的には全クオーラ・ユーザーに導入される。ただし、学習実験で何らかの指標が統計的に有意だった際に、社員が2度目の実験を行ない、初回がまぐれでなかったかどうか確認する。
23. Brian Christian, 'The A/B test: Inside the technology that's changing the rules of business', *Wired*, 25 April 2012.
24. 'Little things that mean a lot', *Economist*, 19 July 2014.
25. アプライド・プレディクティブ・テクノロジーズ社の代表ジム・マンツィが豪語するところによると、同社は「アメリカの大手小売業者、ホテルチェーン、レストランチェーン、小売銀行の30〜40%」で RCT を実施している。Manzi, *Uncontrolled*, p. 147.
26. 次の資料で引用されている。'Test of dynamic pricing angers Amazon customers', *Washington Post*, 7 October 2000.
27. 次の資料で引用されている。Troy Wolverton, 'Now showing: random DVD prices on Amazon', *C|Net*, 5 September 2000.
28. 'Amazon.com issues statement regarding random price testing', *Amazon.com*, 27 September 2000.
29. マーケティング分野の RCT に関する素晴らしい議論は、次の資料を参照。Duncan Simester, 'Field experiments in Marketing', in Banerjee & Duflo (eds), *Handbook of Field Experiments*, pp. 465–97.
30. Eric T. Anderson & Duncan I. Simester, 'Effects of $9 price endings on retail sales: Evidence from field experiments," *Quantitative Marketing and Economics*, vol. 1, no. 1, 2003, pp. 93–110.
31. Tanjim Hossain & John Morgan, '... plus shipping and handling: Revenue (non) equivalence in

field experiments on ebay', *Advances in Economic Analysis and Policy*, vol. 5, no. 2, 2006.

32. ゴールドカード会員のうち、アップグレードのオファーを受け入れた会員の割合は、プラチナカードでは21%だった。プラチナカードと同じ特典を提示し、「プラチナ」という名称にしなかったカードでは、14%だった。Leonardo Bursztyn, Bruno Ferman, Stefano Fiorin, et al., 'Status goods: Experimental evidence from platinum credit cards', NBER Working Paper No. 23414, Cambridge, MA: NBER, 2017.
33. Haipeng Chen, Howard Marmorstein, Michael Tsiros & Akshay R. Rao, 'When more is less: The impact of base value neglect on consumer preferences for bonus packs over price discounts', *Journal of Marketing*, vol. 76, no. 4, 2012, pp. 64–77.
34. Brian Wansink, Robert J. Kent & Stephen J. Hoch, 1998, 'An anchoring and adjustment model of purchase quantity decisions', *Journal of Marketing Research*, vol. 35, no. 1, pp. 71–81
35. Kusum L. Ailawadi, Bari A. Harlam, Jacques César & David Trounce, 'Quantifying and improving promotion effectiveness at CVS', *Marketing Science*, vol. 26, no. 4, 2007, pp. 566–75.
36. Ju-Young Kim, Martin Natter & Martni Spann, 'Pay what you want: A new participative pricing mechanism', *Journal of Marketing*, vol. 73, 2009, pp. 44–58.
37. Greer K. Gosnell, John A. List & Robert Metcalfe, 'A new approach to an age-old problem: Solving externalities by incenting workers directly', NBER Working Paper No. 22316, Cambridge, MA: NBER, 2016.
38. Bruce S. Shearer, 'Piece rates, fixed wages and incentives: Evidence from a field experiment', *Review of Economic Studies*, vol. 71, no. 2, 2004, pp. 513–34.
39. Lan Shi, 'Incentive effect of piece-rate contracts: Evidence from two small field experiments', *B. E. Journal of Economic Analysis & Policy*, vol. 10, no. 1（Topics）, Article 61, 2010.
40. イチゴ研究の要約は次の資料を参照。Oriana Bandiera, Iwan Barankay & Imran Rasul, 'Field experiments with firms', *Journal of Economic Perspectives*, vol. 25, no. 3, 2011, pp. 63–82. ただしこの論文著者らは、被験者が摘んだ柔らかい果物の種類を明らかにしていない。イチゴであるという情報は次の資料で確認できる。Tim Harford, 'The fruits of their labors', *Slate*, 23 August 2008.
41. もう少しあくどい方法として、「暫定的に」労働者にボーナスを払い、その後に、収穫目標が不達成なら没収と告げるというやり方がある。中国の工場で実施されたRCTでは、このように労働者の「損失回避」の意識につけこむことで、確かに生産性が向上していた。Tanjim Hossain & John A. List. 'The behavioralist visits the factory: Increasing productivity using simple framing manipulations', *Management Science*, vol. 58, no. 12, 2012, pp. 2151–67. 同様に、ライドシェア型配車サービス会社リフトも、週の中で需要が少ない時間帯と繁忙となる時間帯の差を、どれだけ得をするかではなく、どれだけ損をするかという言い方で伝えることによって、新規に加入したドライバーの勤務時間がピークタイムへと動きやすいことを発見した（リフトは最終的には、この実験結果を導入しない判断をした）。Noam Scheiber, 'How Uber uses psychological tricks to push its drivers' buttons', *New York Times*, 2 April 2017.
42. Alexandre Mas & Enrico Moretti, 'Peers at work', *American Economic Review*, vol. 99, no. 1, 2009, pp. 112–45; Oriana Bandiera, Iwan Barankay and Imran Rasul, 'Social incentives in the

workplace', *Review of Economic Studies*, vol. 77, no. 2, 2010, pp. 417–58; Lamar Pierce and Jason Snyder, 'Ethical spillovers in firms: Evidence from vehicle emissions testing,' *Management Science*, vol. 54, no. 11, 2008, pp. 1891–1903. ただし、真に無作為割当をしているのはバンディエラの研究のみ。他の2件の研究では、従業員をチームに割り振るのが事実上無作為だったと述べている。言い換えれば、仕事仲間の生産性とは関係がない。

43. Nava Ashraf, Oriana Bandiera & B. Kelsey Jack, 'No margin, no mission? A field experiment on incentives for public service delivery', *Journal of Public Economics*, vol. 120, 2014, pp. 1–17.
44. Iwan Barankay, 'Rankings and social tournaments: Evidence from a crowd-sourcing experiment', Working Paper, Wharton School of Business, University of Pennsylvania, 2011.
45. Steven D. Levitt & John A. List, 'Was there really a Hawthorne effect at the Hawthorne plant? An analysis of the original illumination experiments', *American Economic Journal: Applied Economics*, vol. 3, no. 1, 2011, pp. 224–38.
46. Matthew Stewart, *The Management Myth: Why the Experts Keep Getting It Wrong*, New York: Norton, 2009.
47. Jill Lepore, 'Not so fast', *New Yorker*, 12 October 2009.
48. Nicholas Bloom, Benn Eifert, Aprajit Mahajan, et al., 'Does management matter? Evidence from India', *Quarterly Journal of Economics*, vol. 128, no. 1, 2013, pp. 1–51.
49. この研究に関与したコンサルティング会社がアクセンチュアであることは、次の資料で明らかにされている。Tim Harford, 'A case for consultants?', *Financial Times*, 13 November 2010.
50. 同様に、エジプトの絨毯メーカーに無作為に輸出機会を提供する実験では、輸出市場との接点が生じたことで、その後の利益が最大4分の1伸びたことが確認されている。しかし、これほど大きな効果は、高所得国家ではおそらく実現しない。次の資料を参照。David Atkin, Amit K. Khandelwal & Adam Osman. 'Exporting and firm performance: Evidence from a randomized experiment', *Quarterly Journal of Economics*, vol. 132, no. 2, 2017, pp. 551–615.
51. シカゴ大学の経済学者ジョン・リストは現在、統計学の威力をさらに追求し、アメリカ国内の4都市でユナイテッド航空の会員プログラムの実験を行なっている。2都市が介入群、残りの2都市が対照群だ。クラスタ効果を考慮したうえで結果が統計的に有意となるかどうか、結果は興味深いものとなるだろう。
52. Leonard M. Lodish, Magid Abraham, Stuart Kalmenson, et al., 'How TV advertising works: A meta-analysis of 389 real world split cable TV advertising experiments' *Journal of Marketing Research*, vol. 32, no. 2, 1995, pp. 125–39. この研究は、次に挙げる画期的研究のアップデート版。Margaret Blair, 'An empirical investigation of advertising wearin and wearout" *Journal of Advertising Research*, vol. 27, no. 6, 1987, pp. 45–50.
53. Randall A. Lewis & Justin M. Rao, 'The unfavorable economics of measuring the returns to advertising,' *The Quarterly Journal of Economics*, vol. 130, no. 4, 2015, pp. 1941–73. より正確に言えば、このスーパーボウル不可能性定理は、「企業がそれだけの広告費を払えるほど大規模で、同時にROIに有意差を確実に検出できるほど小規模であるというのはほぼ不可能である」と発見している。

54. Randall A. Lewis, Justin M. Rao & David H. Reiley, 'Here, there, and everywhere: Correlated online behaviors can lead to overestimates of the effects of advertising' in *Proceedings of the 20th International Conference on World Wide Web*, ACM, 2011, pp. 157–66.
55. Brian Christian, 'The A/B test: Inside the technology that's changing the rules of business', *Wired*, 25 April 2012.
56. Ben Gomes, 'Search experiments, large and small', *Google Official Blog*, 26 August 2008.
57. 元グーグルUKマーケティングディレクター、ダン・コブリーの発言が、次の資料で引用されている。Matthew Syed, *Black Box Thinking: Why Most People Never Learn from Their Mistakes - But Some Do*, Portfolio, New York, 2015, pp. 184–5〔サイド『失敗の科学』〕
58. 「2010年だけで、グーグルは13,000件以上の変更案を検討している。そのうち約8,200件に対照実験を行ない、評定者が評価を行なった。そのうち2,800件が、グーグルのウェブサイトにおける「サンドボックス」と呼ばれる領域で、ごくわずかな量の実際のトラフィックによって評価を受ける。それらの結果に対して分析官が第三者報告書を作成し、それが委員会によって評価を受ける。このプロセスで、当初13,000件あった変更案から516件が検索アルゴリズムに導入された」。Stefan Thomke, 'Unlocking innovation through business experimentation', *European Business Review*, 10 March 2013.
59. 次の資料で引用されている。Thomke, 'Unlocking innovation'. 次の資料も参照。Manzi, *Uncontrolled*, pp. 128, 142.
60. サンプルサイズが役に立たない古典的な例として、1936年の大統領選の際に『リテラリー・ダイジェスト』誌が、およそ200万人の購読者にアンケート調査を実施して、選挙結果予測を試みた。同誌の購読者層が有権者全体よりも裕福であることを認識していなかったため、共和党のアルフ・ランドンが民主党の現役大統領フランクリン・D・ルーズヴェルトに勝利するという予想になった。ランドンは選挙人団531票のうち、わずか8票獲得で終わった。
61. Huizhi Xie & Juliette Aurisset, 'Improving the sensitivity of online controlled experiments: Case studies at Netflix." In *Proceedings of the 22nd ACM SIGKDD International Conference on Knowledge Discovery and Data Mining*, pp. 645–54. ACM, 2016.
62. Carlos A. Gomez-Uribe & Neil Hunt, 'The Netflix recommender system: Algorithms, business value, and innovation', *ACM Transactions on Management Information Systems (TMIS)* , vol. 6, no. 4, 2016, p. 13.
63. Gomez-Uribe & Hunt, 'The Netflix recommender system', p. 13.
64. Adam D. I. Kramer, Jamie E. Guillory & Jeffrey T. Hancock, 'Experimental evidence of massive-scale emotional contagion through social networks', *Proceedings of the National Academy of Sciences*, vol. 3, no. 24, 2014, pp. 8788–90.
65. 投稿のうちネガティブな単語を含んでいたのは22.4％で、ポジティブな単語を含むのは46.8％であったため、この実験では対照群を二つ用意した。片方は全投稿のうち2.24％を無作為に除外し、もう片方は全投稿のうち4.68％を無作為に除外している。
66. 奇妙なことに、この発見を知らないコメンテーターもいるらしく、次のような意見もいまだに聞かれる。「フェイスブックを使っていると、自分は劣っている、という

気持ちにさせられる。だから対抗策として、ごく当たり前の瞬間にキラキラしたフィルターをかぶせて、他人にも同じ気持ちを味わわせようとする（…）フェイスブックにログインすることで、本当の自分よりももっと人気者で、もっと楽しくて、もっと愛すべき人物に見せようというプレッシャーで、人はがんじがらめになっている」。*Australian Financial Review*, 27 August 2016

67. Kate Bullen & John Oates, 'Facebook's 'experiment' was socially irresponsible', *Guardian*, 2 July 2014.
68. 次の資料で引用されている。David Goldman, 'Facebook still won't say "sorry" for mind games experiment', *CNNMoney*, 2 July 2014.

第9章　政治と慈善活動に関する仮説を検証する

1. Julian Jamison & Dean Karlan, 'Candy elasticity: Halloween experiments on public political statements', *Economic Inquiry*, vol. 54, no. 1, 2016, pp. 543–7.
2. この実験は次の資料に詳しく紹介されている。Dan Siroker, 'How Obama raised $60 million by running a simple experiment', *Optimizely* blog, 29 November 2010.
3. 次の資料で引用されている。Brian Christian, 'The A/B test: Inside the technology that's changing the rules of business', *Wired*, 25 April 2012.
4. Alan S. Gerber & Donald P. Green, 'Field experiments on voter mobilization: An overview of a burgeoning literature' in Banerjee & Duflo (eds), *Handbook of Field Experiments*, pp. 395–438.
5. Harold F. Gosnell, *Getting-out-the-vote: An Experiment in the Stimulation of Voting*, Chicago: University of Chicago Press, 1927. ガーバーとグリーンが指摘しているとおり、ゴスネルの実験は居住道路のマッチドペア分析を行なっているが、ゴスネルの論文からは、介入群の道路と対照群の道路をどのように選んだかは不明である。次の資料を参照。Gerber and Green, 'Field experiments on voter mobilization'.
6. Donald P. Green & Alan S. Gerber, *Get Out the Vote: How to Increase Voter Turnout*, 2nd edition, Washington DC: Brookings Institution Press, 2008, p. 14.
7. 主にこのアプローチを利用した学術研究として、広く言及されている例としては、次の資料を参照。Steven Rosenstone & John Hansen, *Mobilization, Participation, and Democracy in America*, New York: MacMillan, 1993.
8. この実験は2006年はじめに実施された。現役知事だったペリーは、共和党予備選でキャロル・キートン・ストレイホーンが脅威となる可能性を感じていた（ストレイホーンは最終的に無所属で出馬した）。詳細については次の資料を参照。Alan S. Gerber, James G. Gimpel, Donald Green & Daron Shaw, 'How large and long-lasting are the persuasive effects of televised campaign ads? Results from a randomized field experiment', *American Political Science Review*, vol. 105, no. 1, 2011, pp. 135–50.
9. 政治広告が一般の商業広告よりもインパクトを検出しやすい理由の一つは、たいていの商品の場合、それを買う消費者の数よりも、有権者の数のほうが、人口に対して多くの割合を占めるため（ただし、投票率が下がり、市場集中が上昇すれば、その限りではない）。
10. Gerber & Green, 'Field experiments on voter mobilization', Table 4.

11. Alan S. Gerber, Donald P. Green & Christopher W. Larimer, 'Social pressure and voter turnout: Evidence from a large-scale field experiment', *American Political Science Review*, vol. 102, no. 1, 2008, pp. 33–48.
12. Gregg R. Murray & Richard E. Matland, 'Mobilization effects using mail social pressure, descriptive norms, and timing', *Political Research Quarterly*, vol. 67, no. 2, 2014, pp. 304–19.
13. 「成績優秀者」の実験では、投票率に2％ポイントの上昇が生じた。Costas Panagopoulos, 'Positive social pressure and prosocial motivation: Evidence from a large-scale field experiment on voter mobilization', *Political Psychology*, vol. 34, no. 2, 2013, pp. 265–75. 感謝を述べる実験では（ジョージア州、ニュージャージー州、ニューヨーク州で実施）投票率に2.4–2.5％ポイントの上昇が生じた。Costas Panagopoulos, 'Thank you for voting: Gratitude expression and voter mobilization', *Journal of Politics*, vol. 73, no. 3, 2011, pp. 707–17.
14. Gerber & Green, 'Field experiments on voter mobilization', Table 4.
15. Green & Gerber, *Get Out the Vote*, p. 69.
16. Green & Gerber, *Get Out the Vote*, p. 92.
17. Gerber & Green, 'Field experiments on voter mobilization'.
18. Green & Gerber, *Get Out the Vote*, p. 92.
19. Lisa Garcia Bedolla & Melissa R. Michelson, *Mobilizing inclusion: Transforming the electorate through get-out-the-vote campaigns*, New Haven, CT: Yale University Press, 2012.
20. Gerber & Green, 'Field experiments on voter mobilization'; Vincent Pons, 'Does door-to-door canvassing affect vote shares? Evidence from a countrywide field experiment in France', Working Paper, Harvard Business School, 2014; Guillaume Liégey, Arthur Muller & Vincent Pons, *Porte à porte: Reconquérir la démocratie sur le terrain*, Calmann-Lévy, 2013; Peter John & Tessa Brannan, 'How different are telephoning and canvassing? Results from a "get out the vote" field experiment in the British 2005 general election', *British Journal of Political Science*, vol. 38, no. 3, 2008, pp. 565–74.
21. Green & Gerber, *Get Out the Vote*, p. 37.
22. David Broockman & Joshua Kalla, 'Experiments show this is the best way to win campaigns. But is anyone actually doing it?', *Vox*, 13 November 2014.
23. David W. Nickerson, 'Does email boost turnout?' *Quarterly Journal of Political Science*, vol. 2, no. 4, 2008, pp. 369–79.
24. Alissa F. Stollwerk, 'Does e-mail affect voter turnout? An experimental study of the New York City 2005 election', unpublished manuscript, Institution for Social and Policy Studies, Yale University, 2006; Alissa F. Stollwerk, 'Does partisan e-mail affect voter turnout? An examination of two field experiments in New York City', unpublished manuscript, Department of Political Science, Columbia University, 2016.
25. 友人や知人から来たEメールに注目した研究は、次の資料を参照。Tiffany C. Davenport, 'Unsubscribe: The effects of peer-to-peer email on voter turnout - results from a field experiment in the June 6, 2006, California primary election', unpublished manuscript, Yale University, 2012. 次の資料で引用されている。Donald P. Green, Mary C. McGrath & Peter M. Aronow, 'Field experiments and the study of voter turnout', *Journal of Elections, Public*

Opinion & Parties, vol. 23, no. 1, 2013, pp. 27–48. 選挙人名簿にもとづいて送られてきたEメールに注目した研究は、次の資料を参照。Neil Malhotra, Melissa R. Michelson & Ali Adam Valenzuela, 'Emails from official sources can increase turnout', *Quarterly Journal of Political Science*, vol. 7, no. 3, 2012, pp. 321–32.

26. Allison Dale & Aaron Strauss, 'Don't forget to vote: text message reminders as a mobilization tool', *American Journal of Political Science*, vol. 53, 2009, pp. 787–804; Neil Malhotra, Melissa R. Michelson, Todd Rogers & Ali Adam Valenzuela, 'Text messages as mobilization tools: the conditional effect of habitual voting and election salience', *American Politics Research*, vol. 39, 2011, pp. 664–81.

27. 次の資料で引用されている。David E. Broockman & Donald P. Green, 'Do online advertisements increase political candidates' name recognition or favorability? Evidence from randomized field experiments', *Political Behavior*, vol. 36, no. 2, 2014, pp. 263–89. 最近の例では、ドナルド・トランプ陣営のデジタル・ディレクターを務めたブラッド・パースケールが、「フェイスブックとツイッターが、われわれの勝利の理由だ」と述べた。Issie Lapowsky, 'Here's how Facebook actually won Trump the presidency', *Wired*, 15 November 2016. 同様の内容は次の資料も参照。Sue Halpern, 'How he used Facebook to win', *New York Review of Books*, 8 June 2017.

28. 次の資料で引用されている。Lapowsky, 'Here's how Facebook actually won Trump the presidency'.

29. Broockman and Green, 'Do online advertisements increase political candidates' name recognition or favorability?' pp. 263–89.

30. Kevin Collins, Laura Keane & Josh Kalla, 'Youth voter mobilization through online advertising: Evidence from two GOTV field experiments', paper presented at the Annual Meeting of the American Political Science Association, Washington, DC, 2014.

31. Robert M. Bond, Christopher J. Fariss, Jason J. Jones, et al., 'A 61-million-Person experiment in social influence and political mobilization', *Nature*, vol. 489, no. 7415, 2012, pp. 295–8, 次の資料で言及されている。'A new kind of weather', *Economist*, 26 March 2016.

32. Craig E. Landry, Andreas Lange, John A. List, et al., 'Toward an understanding of the economics of charity: Evidence from a field experiment', *Quarterly Journal of Economics*, vol. 121, no. 2, 2006, pp. 747–82.

33. 南アフリカの実験で、融資に関するチラシに魅力的な女性の写真を掲載したところ、同様のインパクトがあった。男性がその融資を申し込む率は、利率を40%下げてオファーしたときの申し込み率と同じだった。Karlan & Appel, *More Than Good Intentions*, p. 47〔カーラン／アペル『善意で貧困はなくせるのか？』〕

34. この実験では2種類の寄付金集めを行なっている。一つはシカゴの小児病院で、もう一つはノースカロライナ州の研究機関だった。Stefano DellaVigna, John A. List & Ulrike Malmendier, 'Testing for altruism and social pressure in charitable giving', *Quarterly Journal of Economics*, vol. 127, no. 1, 2012, pp. 1–56. この結果は再現実験で確かめられている。Cynthia R. Jasper & Anya Savikhin Samek, 'Increasing charitable giving in the developed world', *Oxford Review of Economic Policy*, vol. 30, no. 4, 2014, pp. 680–96.

35. 温情（ウォームグロー）による寄付を考察した古典的経済学研究は、次の資料を参照。James Andreoni, 'Impure altruism and donations to public goods: A theory of warm-glow giving', *Economic Journal*, vol. 100, no. 401, 1990, pp. 464–77.

36. James Andreoni, Justin M. Rao & Hannah Trachtman, 'Avoiding the ask: A field experiment on altruism, empathy, and charitable giving', *Journal of Political Economy*, vol. 125, no. 3, 2017, pp. 625–53. 結果は表2より。スーパーマーケットには三つめの出入り口があり、そこから店を出た買い物客も少数いたのだが、この実験を「出口2カ所の実験」とみなしてよいと考える理由について、著者らが丁寧に説明している。

37. John A. List & David Lucking-Reiley, 'The effects of seed money and refunds on charitable giving: Experimental evidence from a university capital campaign', *Journal of Political Economy*, vol. 110, no. 1, 2002, pp. 215–33; Steffen Huck, Imran Rasul & Andrew Shephard, 'Comparing charitable fundraising schemes: Evidence from a natural field experiment and a structural model', *American Economic Journal: Economic Policy*, vol. 7, no. 2, 2015, pp. 326–69.

38. Dean Karlan & John A. List, 'Does price matter in charitable giving? Evidence from a large-scale natural field experiment', *American Economic Review*, vol. 97, no. 5, 2007, pp. 1774–93.

39. Kent E. Dove, *Conducting a Successful Capital Campaign*, 2nd edition, San Francisco: Jossey Bass, 2000, p. 15. 次の資料で引用されている。Dean Karlan & John A. List, 'Does price matter in charitable giving? Evidence from a large-scale natural field experiment', *American Economic Review*, vol. 97, no. 5, 2007, pp. 1774–93.

40. Gneezy & List, *The Why Axis*, pp. 204–5〔ニーズィー／リスト『その問題、経済学で解決できます。』〕

41. Armin Falk, 'Gift exchange in the field', *Econometrica*, vol. 75, no. 5, 2007, pp. 1501–11.

42. Tova Levin, Steven Levitt & John List, 'A glimpse into the world of high capacity givers: Experimental evidence from a university capital campaign', NBER Working Paper 22099, Cambridge, MA: NBER, 2016.

43. Richard Martin and John Randal, 'How is donation behaviour affected by the donations of others?' *Journal of Economic Behavior & Organization*, vol. 67, no. 1, 2008, pp. 228–38.

44. James T. Edwards & John A. List, 'Toward an understanding of why suggestions work in charitable fundraising: Theory and evidence from a natural field experiment', *Journal of Public Economics*, vol. 114, 2014, pp. 1–13; Jen Shang & Rachel Croson, 'A field experiment in charitable contribution: The impact of social information on the voluntary provision of public goods', *Economic Journal*, vol. 119, no. 540, 2009, pp. 1422–39; David Reiley & Anya Savikhin Samek, 'How do suggested donations affect charitable gifts? Evidence from a field experiment in public broadcasting', *CESR-Schaeffer* Working Paper 2015–031, 2015.

45. ジョン・リストのインタビュー。2013年3月11日付でオンライン公開。次のサイトで確認可能。https://youtu.be/LwF7MEuspU0?t=63.

46. Joanne M. Miller & Jon A. Krosnick. 'Threat as a motivator of political activism: A field experiment', *Political Psychology*, vol. 25, no. 4, 2004, pp. 507–23.

47. 'Politics by numbers', *The Economist*, 26 March 2016.

48. Leonard Wantchekon, 'Clientelism and voting behavior: Evidence from a field experiment in

Benin', *World Politics*, vol 55, no 3, 2003, pp. 399–422.

49. Kelly Bidwell, Katherine Casey & Rachel Glennerster, 'Debates: Voting and expenditure responses to political communication', Working Paper, Stanford University, 2016.
50. 次の資料で引用されている。Tina Rosenberg, 'Smart African politics: Candidates debating under a tree', *New York Times*, 10 November 2015.
51. Daniel M. Butler & David E. Broockman, 'Do politicians racially discriminate against constituents? A field experiment on state legislators', *American Journal of Political Science*, vol. 55, 2011, pp. 463–77.
52. 支持政党の明示を含まない申込書で調査した結果。すべての申込書を分析に含むと、結果はもう少し混合したものになる。
53. Gwyneth McClendon, 'Race responsiveness, and electoral strategy: A field experiment with South African politicians', Manuscript, Harvard University, 2013.
54. 政治資金を監視する非営利団体センター・フォー・レスポンシヴ・ポリティクスによると、アメリカの2014年選挙サイクルで現役下院議員395人が再選をかけて出馬した選挙では、総額5650億ドルが投じられた。現役上院議員28人が再選を目指した出馬では、総額3020億ドルが投じられた。大統領選では、2008年にバラク・オバマが使った金額はほぼ10億ドルだった。2012年はこれよりもわずかに少なかった。詳細は www.opensecrets.org を参照。
55. Charles Lewis & Center for Public Integrity, *The Buying of the Congress*, New York: Avon Books, 1998. 次の資料で引用されている。Joshua L. Kalla & David E. Broockman, 'Campaign contributions facilitate access to congressional officials: A randomized field experiment', *American Journal of Political Science* vol. 60, no. 3, 2016. pp. 545–58.
56. Kalla & Broockman, 'Campaign contributions'.
57. Daniel M. Butler & David W. Nickerson, 'Can learning constituency opinion affect how legislators vote? Results from a field experiment', *Quarterly Journal of Political Science*, vol. 6, 2011, pp. 55–83.
58. Daniel E. Bergan, 'Does grassroots lobbying work? A field experiment measuring the effects of an e-mail lobbying campaign on legislative behavior', *American Politics Research*, vol. 37, 2009, pp. 327–52.
59. Brendan Nyhan & Jason Reifler, 'The effect of fact-checking on elites: A field experiment on US state legislators', *American Journal of Political Science*, vol. 59, no. 3, 2015, pp. 628–40. その他に、ささやかな介入で大きな行動変化を引き出した実験としては、共和党リーダーたちの協力のもと、地元自治体の責任者に文書を送って、女性議員を増やすよう求めるというものがある。最も大きな影響力を発揮した地区では女性の割合が24%から30%へと上昇した。Christopher F. Karpowitz, J. Quin Monson & Jessica Robinson Preece, 'How to elect more women: Gender and candidate success in a field experiment', *American Journal of Political Science*, vol. 61, no. 4, 2017, pp. 927–43.
60. 次の資料で引用されている。Angus Chen, 'Study finds deep conversations can Reduce transgender prejudice', Health Shots, *NPR Radio*, 7 April 2016.
61. Michael J. LaCour & Donald P. Green, 'When contact changes minds: An experiment on

transmission of support for gay equality', *Science*, vol. 346, no. 6215, 2014, pp. 1366–9.
62. David Broockman, Joshua Kalla & Peter Aronow, 'Irregularities in LaCour（2014）', Working Paper, 2015.
63. 次の資料で引用されている。Maria Konnikova, 'How a gay-marriage study went wrong', *New Yorker*, 22 May 2015.
64. 次の資料で引用されている。Chen, 'Study finds'.
65. 次の資料で引用されている。Chen, 'Study finds'.
66. David Broockman & Joshua Kalla, 'Durably reducing transphobia: A field experiment on door-to-door canvassing', *Science*, vol. 352, no. 6282, 2016, pp. 220–4. 次の資料も参照。Ian Chipman, 'Fighting transphobia in 10 minutes', *Stanford Business Insights*, 7 April 2016.
67. 次の資料で引用されている。Kathleen Maclay, 'UC Berkeley, Stanford study finds canvassing conversations reduce transgender prejudice', *Berkeley News*, 7 April 2016.

第10章　あなたも実験台

1. CamelCamelCamel.com に掲載されていた複数のサードパーティ・セラーによる価格変動。クラシック・ツイスターを例に挙げたのは、次の資料から。Jerry Useem, 'How online shopping makes suckers of us all', *The Atlantic*, May 2017.
2. 次の資料を参照。Lawrence K. Altman, *Who Goes first?: The Story of Self-Experimentation in Medicine*, New York: Random House, 1987.
3. Laurence Klotz, 'How（not）to communicate new scientific information: A memoir of the famous Brindley lecture', *BJU international*, vol. 96, no. 7, 2005, pp. 956–7.
4. たとえば次の資料を参照。Paul A. Scuffham, Jane Nikles, Geoffrey K. Mitchell, et al., 'Using n-of-1 trials to improve patient management and save costs', *Journal of General Internal Medicine*, vol. 25, no. 9, 2010, pp. 906–13.
5. この試験については次の資料を参照。Stephanie S. Weinreich, Charlotte Vrinten, Jan J. G. M. Verschuuren, et al., 'From rationing to rationality: An n-of-one trial service for off-label medicines for rare（neuromuscular）diseases', *Orphanet Journal of Rare Diseases*, vol. 7, no. 2, 2012, p. A29. 希少疾患の予防と発生については、次の資料を参照。Michael Rubin, 'How common are neuromuscular disorders?' *Neurology Alert*, vol. 34, no. 7, 2015, pp. 53–4.
6. Megan Brooks, 'Rare disease treatments make up top 10 most costly drugs', *Medscape*, 2 May 2017.
7. Coalition for Evidence-Based Policy, 'Memorandum: Announcing Winners of the Coalition's Low-Cost RCT Competition', 15 July 2014.
8. コンテスト実施が発表されたのは2015年。同年、「エビデンスにもとづく政策を推進する連合 Coalition for Evidence-Based Policy」が、ローラ＆ジョン・アーノルド財団の所属に組み込まれた。低コストの RCT コンテストに対する助成金の幅も、10万ドルから30万ドルに修正された。次の資料を参照。Laura and John Arnold Foundation, 'Laura and John Arnold Foundation announces expanded funding for low-cost randomized controlled trials to drive effective social spending', press release, 7 December 2015.
9. David Halpern, *Inside the Nudge Unit: How Small Changes Can Make a Big Difference*, London:

WH Allen, 2015, p. 274.
10. Halpern, *Inside the Nudge Unit*, p. 274.
11. Halpern, *Inside the Nudge Unit*, pp. 91–2.
12. Halpern, *Inside the Nudge Unit*, p. 89.
13. Halpern, *Inside the Nudge Unit*, pp. 113–15; Michael Hallsworth, John List, Robert Metcalfe & Ivo Vlaev, 'The behavioralist as tax collector: Using natural field experiments to enhance tax compliance', *Journal of Public Economics*, vol. 148, issue C, 2017, pp. 14–31. オーストラリア国税庁の報告によると、通知書冒頭から「過去7日間に納税がお済みでしたら、この文書は無視してください」という一文を取り除くという単純な工夫で、遵守状況が5％改善した。Peter Martin, 'Mind games could pay handsomely', *Sydney Morning Herald*, 17 November 2013.
14. Halpern, *Inside the Nudge Unit*, p. 90.
15. Tim Harford, 'Nudge, nudge. Think, think. Say no more …', *Financial Times*, 11 February 2012
16. Halpern, *Inside the Nudge Unit*, p. 132.
17. 就職支援イベントのリマインダー・メッセージに、受け手の名前、アドバイザーの名前、そして「幸運を！」の言葉を書き添えると、出席率が10％から27％へと伸びた。David Halpern, *Inside the Nudge Unit: How Small Changes Can Make a Big Difference*, WH Allen, London, 2015, pp. 120–2.
18. Halpern, *Inside the Nudge Unit*, pp. 275–8.
19. Halpern, *Inside the Nudge Unit*, p. 340. フランスでは、キリスト教青年会が「青少年実験基金 Le Fonds d'Expérimentation pour la Jeunesse」という研究所を立ち上げ、若者救済プログラムの実験を行なっている。次のサイトを参照。http://experimentation.jeunes.gouv.fr.
20. Premier and Cabinet Behavioural Insights Team, 'Understanding people, better outcomes: Behavioural insights in NSW', Sydney: NSW Department of Premier and Cabinet, 2014.
21. 対照群には次のようなメッセージを送った。「あなたは［日にち］の［時間］に、［病院名］で、［担当医の名前］による診察の予約が入っています。お問い合わせは8382–3150まで。このメッセージは送信専用です」。最も効果的だった介入メッセージは「診察予約を入れた患者様がいらっしゃらないと、病院にとって125ドルの損害となります。予約通り診察を受けていただければ、この損害が発生しません」というものだった。次の資料を参照。Paul Herbert, Joyce Nathaney, Simon Raadsma & Alex Gyani, 'Reducing missed outpatient appointments at St Vincent's Hospital Sydney', Sydney: St Vincent's Hospital Sydney and NSW Department of Premier and Cabinet, 2015.
22. 本書著者によるマイケル・ヒスコックスへのインタビュー。2016年8月4日。
23. Peter Kuhn, Peter Kooreman, Adriaan Soetevent & Arie Kapteyn, 'The effects of lottery prizes on winners and their neighbors: Evidence from the Dutch postcode lottery', *American Economic Review*, vol. 101, no. 5, 2011, pp. 2226–47.
24. George Bulman, Robert Fairlie, Sarena Goodman & Adam Isen, 'Parental resources and college attendance: Evidence from Lottery Wins', NBER Working Paper 22679, Cambridge, MA:

National Bureau of Economic Research, 2016.

25. David Cesarini, Erik Lindqvist, Matthew J. Notowidigdo & Robert Östling, 'The effect of wealth on individual and household labor supply: Evidence from Swedish Lotteries', NBER Working Paper 21762, Cambridge, MA: National Bureau of Economic Research, 2015.
26. Gallup World Poll survey. 次の資料で引用されている。Paul Collier, *Exodus: How Migration is Changing Our World*, Oxford: Oxford University Press, 2013, p. 167〔邦訳　ポール・コリアー『エクソダス——移民は世界をどう変えつつあるか』松本裕訳、みすず書房、2019年〕
27. これに関する議論は次の資料を参照。David McKenzie, 'Learning about migration through experiments' in Christian Dustmann（ed.), *Migration: Economic Change, Social Challenge*, Oxford: Oxford University Press, 2015.
28. Michael A Clemens, 'Why do programmers earn more in Houston than Hyderabad? Evidence from randomized processing of US visas', *American Economic Review*, vol. 103, no. 3, 2013, pp. 198–202.
29. David McKenzie, Steven Stillman & John Gibson, 'How important is selection? Experimental vs. non-experimental measures of the income gains from migration', *Journal of the European Economic Association*, vol 8, no. 4, 2010, pp. 913–45.
30. David Clingingsmith, Asim Ijaz Khwaja & Michael R. Kremer, 'Estimating the impact of the Hajj: Religion and tolerance in Islam's global gathering', *Quarterly Journal of Economics*, vol. 124, no. 3, 2009, pp. 1133–70.
31. 1995年まで、アメリカにおける納税促進プログラムは「納税者コンプライアンス測定プログラム Taxpayer Compliance Measurement Program」という名称だった。現在は「全国調査プログラム National Research Program」となっている。興味深い経緯について、次の資料を参照。Wendy Rotz, J. Murlow & Eric Falk, 'The 1995 Taxpayer Compliance Measurement Program（TCMP）sample redesign: A case history', *Turning Administrative System Into Information System*, Internal Revenue Service, Washington, 1994, pp. 699–703; Andrew Johns & Joel Slemrod, 'The distribution of income tax noncompliance', *National Tax Journal*, vol. 63, no. 3, 2010, pp. 397–418.
32. OECD Forum on Tax Administration - Compliance Sub-Group, 'Compliance Risk Management: Use of Random Audit Programmes', Paris: OECD, 2004. オーストラリアは先日、小規模な無作為監査プログラムを開始した。Nassim Khadem, 'Tax man to hit SMEs and individuals with random audits', *Sydney Morning Herald*, 5 November 2015. オーストラリア監察官・税金オンブズマン（IGTO）という機関は、より野心的なアプローチを推奨している。次の資料を参照。Inspector-General of Taxation, *Review into Aspects of the Australian Taxation Office's Use of Compliance Risk Assessment Tools: A Report to the Assistant Treasurer*, Canberra: Australian Government, 2013, pp. 145–7.
33. OECD, 'Compliance Risk Management'.
34. Andrew Johns & Joel Slemrod, 'The distribution of income tax noncompliance', *National Tax Journal*, vol. 63, no. 3, 2010, pp. 397–418. 調整総所得の過少申告は、納税者の下位50%において平均3.8%で、上位１%においては17%。それとは対照的に、所得の過少申

告率は、低所得納税者のほうが高くなる。調整総所得ではタックスヘイヴンでの所得が漏れることにも注意されたい。それは上位1％に大きく偏っている。Annette Alstadsæter, Niels Johannesen & Gabriel Zucman, 'Tax Evasion and Inequality', NBER Working Paper No. 23772, Cambridge, MA: NBER, 2017.

35. Eric Avis, Claudio Ferraz & Frederico Finan, 'Do government audits reduce corruption? Estimating the impacts of exposing corrupt politicians', *Journal of Political Economy*, vol 126(5), pp. 1912–1964.
36. F. H. Knight, *Risk, Uncertainty, and Profit*, New York: Cosimo, 1921, p. 313〔邦訳　F. H. ナイト『危険・不確実性および利潤』現代経済学名著選集6、奥隅栄喜訳、文雅堂銀行研究社、1959年。本文中の引用は本書訳者による〕。次の資料に引用されている。Omar Al-Ubaydli & John A. List, 'On the generalizability of experimental results in economics', in Guillaume R. Fréchette and Andrew Schotter (eds) *Handbook of Experimental Economic Methodology*, New York: Oxford University Press, 2015, pp. 420–62.
37. Glenn W. Harrison & John A. List, 'Field experiments', *Journal of Economic Literature*, vol. 42, no. 4, 2004, pp. 1009–55.
38. John A. List, 'Do explicit warnings eliminate the hypothetical bias in elicitation procedures? Evidence from field auctions for sportscards', *American Economic Review*, vol. 91, no. 4, 2001, pp. 1498–1507.
39. Peter Bohm, 'Estimating the demand for public goods: An experiment', *European Economic Review*, vol. 3, 1972, pp. 111–30.
40. 次の資料で引用されている。Manzi, *Uncontrolled*, p. 152.
41. Robert Slonim, Carmen Wang, Ellen Garbarino & DanielleMerrett, 'Opting-In: Participation Biases in Economic Experiments', *Journal of Economic Behavior and Organization*, vol. 90, 2013, pp. 43–70.
42. Ernst Fehr & John A. List, 'The hidden costs and returns of incentives - trust and trustworthiness among CEOs', *Journal of the European Economic Association*, vol. 2, no. 5, 2004, pp. 743–71.
43. Steven D. Levitt & John A. List, 'What do laboratory experiments measuring social preferences reveal about the real world?' *Journal of Economic Perspectives*, vol. 21, no. 2, 2007, pp. 153–74.
44. Arthur Aron, Edward Melinat, Elaine N. Aron, Robert Darrin Vallone & Renee J. Bator, 'The experimental generation of interpersonal closeness: A procedure and some preliminary findings', *Personality and Social Psychology Bulletin*, vol. 23, no. 4, 1997, pp. 363–77.
45. Gneezy & List, *The Why Axis*, pp. 224–6〔ニーズィー／リスト『その問題、経済学で解決できます。』〕

第11章　質の良いフィードバックループを作る

1. ルーク・ラインハートは、作家ジョージ・コッククロフトのペンネーム。このエピソードは彼が次の番組でアンドリュー•デントンのインタビューに答えて語ったもの。*Enough Rope*, ABC TV, 27 September 2004.
2. Jorge Luis Borges, *Collected Fictions*, translated by Andrew Hurley, New York: Penguin Putnam, 1998, pp. 101–6〔邦訳　ホルヘ・ルイス・ボルヘス『伝奇集』鼓直訳、福武書店、

1990年〕

3. 私は著書 *The Luck of Politics* で、偶然が政治キャリアに影響をおよぼすさまざまな例を論じた。Andrew Leigh, *The Luck of Politics*, Melbourne: Black Inc, 2015.
4. この実験結果は次の資料から。Steven Levitt, 'Heads or tails: The impact of a coin toss on major life decisions and subsequent happiness', NBER Working Paper No. 22487, Cambridge, MA, : NBER, 2016.
5. Stephen Dubner & Steven Levitt, *Think Like a Freak*, New York: William Morrow, 2014, p. 201〔邦訳　スティーヴン・レヴィット／スティーヴン・ダブナー『0ベース思考——どんな難問もシンプルに解決できる』櫻井祐子訳、ダイヤモンド社、2015年〕
6. Dubner & Levitt, *Think Like a Freak*, p. 203〔レヴィット／ダブナー『0ベース思考』〕
7. Andrew Leigh, 'A good test of public policy', *Australian Financial Review*, 8 April 2008, p. 70.
8. Alan A. Garner, Kristy P. Mann, Michael Fearnside, Elwyn Poynter & Val Gebski, 'The head injury retrieval trial（HIRT）: A single-centre randomised controlled trial of physician prehospital management of severe blunt head injury compared with management by paramedics only', *Emergency Medicine Journal*, vol. 32, no. 11, 2015, pp. 869–75. 本書での説明は、「治療意図 intent to treat」の分析にもとづいている（すなわち、当初の無作為割当によるグループを比較している）。当初の指定どおりの治療とならないこともあるが、そうした「実際の治療 as treated」の分析がどうだったか、論文著者たちに確認は行なっていない。それらは必ずしも無作為割当にもとづくものではなく、バイアスがかかっている可能性があるため。
9. Alan A. Garner, Michael Fearnside & Val Gebski, 'The study protocol for the Head Injury Retrieval Trial（HIRT）: a single centre randomised controlled trial of physician prehospital management of severe blunt head injury compared with management by paramedics', *Scandinavian Journal of Trauma Resuscitation and Emergency Medicine*, vol. 21, no. 1, article 69, 2013.
10. オーストラリアおよびイギリスの国会議員に、「政府の社会政策における、より多くの領域で、設計およびテストのために対照試行や実験を行なうこと」を支持するかどうか尋ねたところ、オーストラリアの議員では73%、イギリスでは67%が「強く支持する」または「どちらかといえば支持する」と答えた。2014年にイギリスの国会議員104人、2016年にオーストラリアの議員109人（準州、州、連邦の議員）に調査を行なっている。オーストラリアの結果については次の資料を参照。Phil Ames & James Wilson, 'Unleashing the potential', PAE prepared for client Andrew Leigh, Cambridge, MA: Harvard Kennedy School, 2016. イギリスの結果については次の資料を参照。Ipsos MORI, 'Are MPs open to experimenting?', London: Ipsos MORI, 2015.
11. 「政治的介入を受ける人と受けない人を無作為で選ぶのは不公平である」という設問に対して、オーストラリアの政治家の48%、イギリスの政治家の35%が同意した。それとは対照的に、「比較試験・実験は、社会政策設計の手法としては高額すぎる」という設問については、オーストラリアの政治家のわずか10%、イギリスの政治家のわずか9%だけが同意した。次の資料を参照。Ames & Wilson, 'Unleashing the potential'; Ipsos MORI, 'Are MPs open to experimenting?', London: Ipsos MORI, 2015. オーストラリアの公務員を対象とした小規模な調査でも、27人中24人が、無作為割当は倫理

的に正しいと答えていた。Kyle Peyton, 'Ethics and politics in field experiments', *The Experimental Political Scientist*, vol 3, no. 1, 2012, pp. 20–37.

12. 次の資料で引用されている。Ipsos MORI, 'What do MPs think of randomised controlled trials（RCTs）?', London: Ipsos MORI, 2015.
13. たとえば次の資料を参照。'Hundred more taxis in city soon', Sydney Morning Herald, 19 July 1946, p. 3; 'Ballot for new taxi licences', *Argus*, 20 September 1946, p. 4.
14. Rachel Glennerster, 'The practicalities of running randomized evaluations: Partnerships, measurement, ethics, and transparency' in Banerjee and Duflo（eds）, *Handbook of Field Experiments*, pp. 175–243.
15. 次の資料で引用されている。Ames & Wilson, 'Unleashing the potential'.
16. Glennerster, 'The practicalities of running randomized evaluations'.
17. Alfredo R. Paloyo, Sally Rogan & Peter Siminski, 'The effect of supplemental instruction on academic performance: An encouragement design experiment', *Economics of Education Review*, vol. 55, 2016, pp. 57–69.
18. 次の資料で引用されている。Gardiner Harris, 'The public's quiet savior from harmful medicines', *New York Times*, 13 September 2010, p. D1.
19. 次の資料で引用されている。Glennerster, 'The practicalities of running randomized evaluations'.
20. Tess Lea, 'Indigenous education and training: what are we here for?' in Jon Altman & Melinda Hinkson（eds）, *Culture Crisis: Anthropology and Politics in Remote Aboriginal Australia, Sydney*: UNSW Press, 2010, pp. 195–211. オーストラリア北部準州では毎年教師の半分が辞めるという状況も、リーの研究チームにとっての壁となった。教育省でも 3 年間で長官が 3 人交代しており、生徒は毎年 5 人に 1 人が転校している。Janet Helmer, Helen Harper, Tess Lea, et al., 'Challenges of conducting systematic research in Australia's Northern Territory', *Asia Pacific Journal of Education*, vol. 34, no. 1, 2014, pp. 36–48.
21. 研究結果は次の資料で確認できる。Jennifer Wolgemuth, Janet Helmer, Helen Harper, et al., ABRACADABRA（ABRA）*Early Childhood Literacy Project, Annual Report No. 3. A Multi-Site Randomised Controlled Trial and Case Study of the ABRA Literacy Software in NT Schools*, Darwin: Menzies School of Social Research, 2011. リー自身は、彼女が感じた諦めの感覚について、次のように書いている。「実際のところ、先住民の教育について長年努力を傾けてきましたが、今は敗北感を抱いています。私にもてる力以上のものを要求される仕事でした」。Tess Lea, 'Indigenous education and training: what are we here for?', Presentation to the Department of Education, Employment and Workplace Relations, Canberra, 1 March 2010. アルコール乱用防止の戦略に対する RCT を計画した際の同様の問題について、次の資料を参照。Beverly M. Sibthorpe, Ross S. Bailie, Maggie A. Brady, et al., 'The demise of a planned randomised controlled trial in an urban Aboriginal medical service', *Medical Journal of Australia*, vol. 176, no. 6, 2002, pp. 273–6.
22. オンライン検索で確認できる先住民をテーマとしたプログラム1,082件のうち、次の資料著者によれば、評価を受けた、もしくは評価を受けている最中と言えるのは、わずか88件だった。Sara Hudson, *Mapping the Indigenous Program and Funding Maze*, Rese-

arch Report 18, Sydney: CIS, 2016, p. 23. 同様に、オーストラリア財務省が実施したコモンウェルス先住民プログラムのレビューでは、その大半について頑健なエビデンスが見られないことが確認された。次の資料を参照。Productivity Commission, 'Better Indigenous policies: The role of evaluation, roundtable proceedings, 22–23 October 2012, Canberra', Canberra: Productivity Commission, 2012, p. 18.

23. Peter Rossi, 'The iron law of evaluation and other metallic rules' in Joann L. Miller and Michael Lewis (eds), *Research in Social Problems and Public Policy*, vol. 4, Greenwich, CT: JAI Press, 1987, pp. 3–20 at p. 3.
24. Tim Harford, 'The random risks of randomised trials', *Financial Times*, 25 April 2014.
25. Janet Currie, 'Early childhood education programs,' *Journal of Economic Perspectives*, vol. 15, no. 2, 2001, pp. 213–38.
26. Patrick Kline & Chris Walters, 'Evaluating public programs with close substitutes: The case of Head Start', *Quarterly Journal of Economics*, vol. 131, no. 4, 2016, pp. 1795–1848. 次の資料も参照。Roland Fryer, 'The production of human capital in developed countries: Evidence from 196 randomized field experiments' in Banerjee & Duflo (eds), *Handbook of Field Experiments*, pp. 95–322.
27. ヘッドスタートのランダム化評価の一つにおいては、専門施設での保育を受けている子どもの割合は介入群で90%、対照群で43%だった。Michael Puma, Stephen Bell, Ronna Cook & Camilla Heid, 'Head Start impact study final report', Washington, DC, 2010: US Department of Health and Human Services, Administration for Children and Families.
28. 主たるエラーは、評価者がヘッドスタートの真のコストを実際よりも過大に考えていたことだった。コストはヘッドスタート・プログラムにかかるコスト総額ではなく、他の公立幼稚園プログラムのコストとの差で測る必要があった。次の資料を参照。Kline and Walters, 'Evaluating public programs with close substitutes'.
29. たとえば次の資料を参照。Andrew Leigh, 'Employment effects of minimum wages: Evidence from a quasi-experiment', *Australian Economic Review*, vol. 36, no. 4, 2003, pp. 361–73 (with erratum in vol. 37, no. 1, pp. 102–5).
30. Ian Davidoff & Andrew Leigh, 'How much do public schools really cost? Estimating the relationship between house prices and school quality', *Economic Record*, vol. 84, no. 265, 2008, pp. 193–206.
31. Andrew Leigh & Chris Ryan, 'Estimating returns to education using different natural experiment techniques', *Economics of Education Review*, vol. 27, no. 2, 2008, pp. 149–60.
32. Paul Burke & Andrew Leigh, 'Do output contractions trigger democratic change?' *American Economic Journal: Macroeconomics*, vol. 2, no. 4, 2010, pp. 124–57.
33. Andrew Leigh and Christine Neill, 'Can national infrastructure spending reduce local unemployment? Evidence from an Australian roads program', *Economics Letters*, vol. 113, no. 2, 2011, pp. 150–3.
34. Susan Athey, 'Machine learning and causal inference for policy evaluation', in *Proceedings of the 21th ACM SIGKDD International Conference on Knowledge Discovery and Data Mining*, pp. 5–6. ACM, 2015; Sendhil Mullainathan & Jann Spiess, 'Machine learning: an applied econome-

tric approach', *Journal of Economic Perspectives*, vol. 31, no. 2, 2017, pp. 87–106.

35. Peter Passell, 'Like a new drug, social programs are put to the test', *New York Times*, 9 March 1993.

36. Joshua Angrist & Jörn-Steffen Pischke, *Mostly Harmless Econometrics: An Empiricist's Companion*, Princeton: Princeton University Press, 2009, pp. 4–11〔邦訳　ヨシュア・アングリスト／ヨーン・シュテファン・ピスケ『「ほとんど無害」な計量経済学―応用経済学のための実証分析ガイド』大森義明ほか訳、NTT 出版、2013年〕

37. Robert J. LaLonde, 'Evaluating the econometric evaluations of training programs with experimental data', *American Economic Review*, vol. 76, no. 4, 1986. pp. 604–20. 次の資料も参照。Joshua D. Angrist & Jörn-Steffen Pischke, 'The credibility revolution in empirical economics: How better research design is taking the con out of econometrics', *Journal of Economic Perspectives*, vol. 24, no. 2, 2010, pp. 3–30.

38. George Bulman & Robert W. Fairlie, 'Technology and education: The effects of computers, the Internet and computer assisted instruction on educational outcomes' in Eric A. Hanushek, Stephen Machin & Ludger Woessmann（eds）, *Handbook of the Economics of Education*, Volume 5, Amsterdam: Elsevier, 2016, pp. 239–80.

39. アメリカは1971年に金本位制を捨てた。2012年に IGM 経済専門家パネルがアメリカの著名な経済学者を対象に実施した調査では、回答者40人のうち誰一人として、金本位制の復帰を支持しなかった。

40. エビデンス階層については次の資料を参照。Andrew Leigh, 'What evidence should social policymakers use?', *Economic Roundup*, no. 1, 2009, pp. 27–43.

41. Jon Baron. 次の資料で引用されている。Gueron & Rolston, *Fighting for Reliable Evidence*, p. 458.

42. Sheena S. Iyengar & Mark R. Lepper, 'When choice is demotivating: Can one desire too much of a good thing?' *Journal of personality and social psychology*, vol. 79, no. 6, 2000, pp. 995–1006.

43. この例は次の資料で紹介されている。Manzi, *Uncontrolled*, pp. 149–52. 本書執筆時点で、Google Scholar で調べると、ジャムに関するシーナ・アイエンガーとマーク・レッパーの共著論文の引用回数は、2,500回を超えていた。私も、追跡研究を確認せずに、この説を広めてしまったことがあることを告白しておく。Andrew Leigh, *The Economics of Just About Everything*, Sydney: Allen & Unwin, 2014, p. 10.

44. Benjamin Scheibehenne, Rainer Greifeneder & Peter M. Todd, 'Can there ever be too many options? A meta-analytic review of choice overload', *Journal of Consumer Research*, vol. 37, no. 3, 2010, pp. 409–25.

45. Alan Gerber & Neil Malhotra, 'Publication bias in empirical sociological research', *Sociological Methods & Research*, vol. 37, no. 1, 2008, pp. 3–30; Alan Gerber & Neil Malhotra, 'Do statistical reporting standards affect what is published? Publication bias in two leading political science journals', *Quarterly Journal of Political Science*. vol. 3, no. 3, 2008, pp. 313–26; E. J. Masicampo & Daniel R. Lalande, 'A peculiar prevalence of p values just below .05', Quarterly Journal of Experimental Psychology, vol. 65, no. 11, 2012, pp. 2271–9; Kewei Hou, Chen Xue & Lu Zhang, 'Replicating anomalies', NBER Working Paper 23394, Cambridge, MA: National Bureau of

Economic Research, 2017.

46. Alexander A. Aarts, Joanna E. Anderson, Christopher J. Anderson, et al., 'Estimating the reproducibility of psychological science', *Science*, vol. 349, no. 6251, 2015.
47. 正確には論文18本のうち 2 本。John P. A. Ioannidis, David B. Allison, Catherine A. Ball, et al., 'Repeatability of published microarray gene expression analyses', *Nature Genetics*, vol. 41, no. 2, 2009, pp. 149–55.
48. 正確には論文53本のうち 6 本。C. Glenn Begley & Lee M. Ellis, 'Drug development: Raise standards for preclinical cancer research', *Nature*, vol. 483, no. 7391, 2012, pp. 531–3.
49. 正確には論文59本のうち29本。Andrew C. Chang & Phillip Li, 'A preanalysis plan to replicate sixty economics research papers that worked half of the time', *American Economic Review*, vol. 107, no. 5, 2017, pp. 60–4.
50. John P. A. Ioannidis, 'Why most published research findings are false', *PLoS Med*, vol. 2, no. 8, 2005, e124.
51. たとえば次の資料を参照。Zacharias Maniadis, Fabio Tufano & John A. List, 'How to make experimental economics research more reproducible: Lessons from other disciplines and a new proposal', *Replication in Experimental Economics*, 2015, pp. 215–30; Regina Nuzzo, 'How scientists fool themselves - and how they can stop', *Nature*, vol. 526, no. 7572, 2015, pp. 182–5.
52. Larry Orr, 'If at first you succeed, try again!', *Straight Talk on Evidence* blog, Laura and John Arnold Foundation, 16 August 2017.
53. 本書著者によるデイヴィッド・ジョンソンへの電話インタビュー。2015年 7 月16日。
54. これは、研究で先行する常識を覆したい場合にも、同様に当てはまる。 1 件の研究で説得できると考えるべきではないが、複数の研究であれば最終的に人の考えは変わる。Luigi Butera & John A. List, 'An economic approach to alleviate the crises of confidence in science: With an application to the public goods game', NBER Working Paper No. 23335, Cambridge, MA: NBER, 2017.
55. キャンベル共同計画のデータベースにおいて、アメリカで実施された研究の割合が1985年より前は88%、1985年から1994年には87%だったが、2005年から2014年には29%となっている。Ames & Wilson, 'Unleashing the potential'.
56. Monique L. Anderson, Karen Chiswell, Eric D. Peterson, Asba Tasneem, James Topping & Robert M. Califf, 'Compliance with results reporting at ClinicalTrials.gov' *New England Journal of Medicine*, vol. 372, no. 11, 2015, pp. 1031–39.
57. 'Spilling the beans: Failure to publish the results of all clinical trials is skewing medical science', *Economist*, 25 July 2015, pp. 62–3.
58. 'Spilling the beans'.
59. Ben Goldacre, Henry Drysdale, Anna Powell-Smith, et al. *The COMPare Trials Project*, 2016, www.COMPare-trials.org; Christopher W. Jones, Lukas G. Keil, Wesley C. Holland, et al., 'Comparison of registered and published outcomes in randomized controlled trials: A systematic review', *BMC Medicine*, vol. 13, no. 1, 2015, pp. 1–12; Padhraig S. Fleming, Despina Koletsi, Kerry Dwan & Nikolaos Pandis. 'Outcome discrepancies and selective reporting: impacting the leading journals?' *PloS One*, vol. 10, no. 5, 2015, e0127495.

60. 'For my next trick …', *Economist*, 26 March 2016.
61. 5年生では、介入群の児童は計算テストのスコアが10.9ポイント高かった（約2カ月分の学習に相当する）。体脂肪は0.24キロ少なかった（約11%体脂肪が少ない）。Richard D. Telford, Ross B. Cunningham, Robert Fitzgerald, et al., 'Physical education, obesity, and academic achievement: A 2-year longitudinal investigation of Australian elementary school children', *American Journal of Public Health*, vol. 102, no. 2, 2012, pp. 368–74. 6年生では、LDLコレステロールが上昇していた児童の割合は対照群で23%だったが、介入群では14%だった。Richard D. Telford, Ross B. Cunningham, Paul Waring, et al., 'Physical education and blood lipid concentrations in children: The LOOK randomized cluster trial', *PloS One*, vol. 8, no. 10, 2013, e76124.

第12章　次の変化を導く

1. David Wootton, *The Invention of Science: A New History of the Scientific Revolution*, New York: Harper, 2015, pp. 6–7.
2. Wootton, *The Invention of Science*, p. 355. 次の資料で引用されている。Adam Gopnik, 'Spooked', *New Yorker*, 30 November 2015, pp. 84–6.
3. この調査では、「私たちが知るところの人類は、他の動物から進化した」という説明に同意するかどうか調べた。Jon D. Miller, Eugenie C. Scott and Shinji Okamoto, 'Public acceptance of evolution', *Science*, vol. 313, no. 5788, 2006, pp. 76–6. ギャラップ社の世論調査では、「人類は何百万年も前に他の生き物から進化した。神はそのプロセスにかかわっていない」という説明を信じるアメリカ人の割合が、1982年の9%から、2017年には19%に伸びたと示している。
4. Economist Intelligence Unit, *Gut & gigabytes: Capitalising on the art & science in decision making*, New York: PwC, 2014, p. 29.
5. Tim Harford, 'How politicians poisoned statistics', *FT Magazine*, 14 April 2016.
6. Harry Frankfurt, 'On bullshit', *Raritan Quarterly Review*, vol. 6, no. 2, 1986, pp. 81–100.〔邦訳 ハリー・G・フランクファート『ウンコな議論』山形浩生訳、筑摩書房、2006年。本文中の引用は本書訳者による〕
7. Donald Campbell, 'The experimenting society' in William Dunn (ed.), *The Experimenting Society: Essays in Honor of Donald T. Campbell*, Policy Studies Review Annual, Volume 11, Transaction Publishers, New Brunswick, 1998, p. 39.
8. Campbell, 'The experimenting society', p. 41.
9. Richard Feynman, 'Cargo cult science', Caltech Commencement Address, 1974.〔邦訳 R・P・ファインマン「カーゴ・カルト・サイエンス」『ご冗談でしょう、ファインマンさん』大貫昌子訳、岩波書店、2000年〕
10. Esther Duflo & Michael Kremer, 'Use of randomization in the evaluation of development effectiveness' in William R. Easterly (ed.) *Reinventing Foreign Aid*, Cambridge MA: MIT Press, 2008, p. 117.
11. Halpern, *Inside the Nudge Unit*, p. 341.
12. Peter Passell, 'Like a new drug, social programs are put to the test', *New York Times*, 9 March

1993, p. C1. ゲロンは「労働力実証調査団体」を1986–2004年に率いた。

13. 芸術、経済学、スポーツ、ダイエットに関する漸進主義に関する議論は、次の資料を参照。Stephen Dubner, 'In praise of incrementalism', *Freakonomics Radio*, 26 October 2016.
14. 次の資料で引用されている。Lisa Sanders, 'Medicine's progress, one setback at time', *New York Times*, 16 March 2003, pp. 29–31.
15. 次の資料で引用されている。Colleen M. McCarthy, E. Dale Collins & Andrea L. Pusic, 'Where do we find the best evidence?' *Plastic and Reconstructive Surgery*, vol. 122, no. 6, 2008, pp. 1942–7.
16. 次の資料で引用されている。Gomes, *The Good Life*, p. 84.
17. OECD, *Entrepreneurship at a Glance 2015*, Paris: OECD Publishing, 2015, p. 58.
18. William R. Kerr, Ramana Nanda & Matthew Rhodes-Kropf, 'Entrepreneurship as experimentation', *Journal of Economic Perspectives*, vol. 28, no. 3, 2014, pp. 25–48.
19. 次の資料で引用されている。Dan Ariely, 'Why businesses don't experiment', *Harvard Business Review*, vol. 88, no. 4, 2010, pp. 34–36.
20. Megan McArdle, *The Up Side of Down: Why Failing Well Is the Key to Success*, New York: Penguin, 2015.
21. Bent Flyvbjerg, Mette K. Skamris Holm & Søren L. Buhl, 'How（in）accurate are demand forecasts in public works projects? The case of transportation', *Journal of the American Planning Association*, vol. 71, no. 2, 2005, pp. 131–46; Robert Bain, 'Error and optimism bias in toll road traffic forecasts', *Transportation*, vol. 36, no. 5, 2009, pp. 469–82; Bent Flyvbjerg & Eamonn Molloy, 'Delusion, deception and corruption in major infrastructure projects: Causes, consequences, cures', *International Handbook on the Economics of Corruption*, vol. 2, 2012, pp. 81–107.
22. Nassim Nicholas Taleb, *The Black Swan: The Impact of the Highly Improbable*, 2nd edn, New York: Random House, 2010, p. 154〔邦訳　ナシーム・ニコラス・タレブ『ブラック・スワン――不確実性とリスクの本質』望月衛訳、ダイヤモンド社、2009年〕
23. Ola Svenson, 'Are we all less risky and more skillful than our fellow drivers?' *Acta Psychologica*, vol. 47, no. 2, pp. 143–8.
24. 18%は自分の美しさを平均以上とし、79%は平均とし、3%が平均以下としていた。Jonathan Kelley, Robert Cushing & Bruce Headey, *Codebook for 1984 Australian National Social Science Survey*（ICPSR 9084）, Ann Arbor, MI: Inter-university Consortium for Political and Social Research, 1989.
25. Dominic D. P. Johnson & James H. Fowler, 'The evolution of overconfidence', *Nature*, vol. 477, no. 7364, 2011, pp. 317–20.
26. Daniel Kahneman, *Thinking, Fast and Slow*, New York: Macmillan, 2011, p. 263〔邦訳　ダニエル・カーネマン『ファスト & スロー――あなたの意思はどのように決まるか?』村井章子訳、早川書房、2012年〕
27. 法の分野の専門家が、いかに RCT に抵抗してきたかという興味深い考察は、次の資料を参照。James Greiner & Andrea Matthews, 'Randomized control trials in the United States legal profession', *Annual Review of Law and Social Science*, vol. 12, 2016, pp. 295–312. 反テロ

戦略における RCT の不足（それを言うなら経験的実証の不足も）については、次の資料で議論されている。Anthony Biglan, 'Where terrorism research goes wrong', *New York Times*, 6 March 2015, p. SR12.

28. Chris Blattman, 'Why "what works?" is the wrong question: Evaluating ideas not programs', chrisblattman.com, 19 July 2016.
29. Jens Ludwig, Jeffrey R. Kling & Sendhil Mullainathan, 'Mechanism experiments and policy evaluations', *Journal of Economic Perspectives*, vol. 25, no. 3, 2011, pp. 17–38.
30. 1969年に、スタンフォード大学の心理学者フィリップ・ジンバルドーが、これを小規模で実験した。駐車されている車の窓を割り、コミュニティメンバーがどう反応するか観察した。次の資料を参照。George Kelling & James Wilson, 'Broken windows: The police and neighborhood safety', *Atlantic*, vol. 249, no. 3, 1982, pp. 29–38.
31. 次の資料を参照。USAID, 'Frequently Asked Questions about Development Innovation Ventures', Washington, DC: USAID, 6 February 2017; USAID, 'FY2015 & FY2016 Development Innovation Ventures Annual Program Statement', Washington, DC: USAID, 20 October 2015.
32. これらの例は「エビデンスにもとづく政策を推進する連合 Coalition for Evidence-Based Policy」（現在はローラ&ジョン・アーノルド財団に統合）と、次に示す講演を参照。Adam Gamoran, titled 'Measuring impact in science education: Challenges and possibilities of experimental design', NYU Abu Dhabi Conference, January 2009.
33. 'In praise of human guinea pigs', *The Economist*, 12 December 2015, p. 14.
34. Education Endowment Foundation, 'Classification of the security of findings from EEF evaluations', 21 May 2014.
35. 'David Olds speaks on value of randomized controlled trials', Children's Health Policy Centre, Faculty of Health Sciences, Simon Fraser University, 26 May 2014.
36. Dean Karlan & Daniel H. Wood, 'The effect of effectiveness: Donor response to aid effectiveness in a direct mail fundraising experiment', *Journal of Behavioral and Experimental Economics*, vol. 66, issue C, 2017, pp. 1–8. この手紙は2007年と2008年に発送されているが、本書で引用した文章は2008年の内容。

RCT 実施の10の掟

1. Gueron and Rolston, *Fighting for Reliable Evidence*, p. 383.
2. ただし、この手法は結果が出るのが遅く、政策決定に役立てられない可能性がある。インドネシア政府が教師の給料を２倍にする政策を発表した際、ある研究者チームによる RCT で、無作為に選んだ一部の学校だけで先に同政策を導入した。このときの評価では、年間50億米ドル相当の政策で生徒の学習状況に改善は見られないという結果が出た。インドネシア元財務大臣がのちに皮肉交じりに指摘したように、政策を本格的に変更してしまう前にこの結果がわかっていれば、より価値があったのだが。次の資料を参照。Karthik Muralidharan & Paul Niehaus, 'Experimentation at scale', *Journal of Economic Perspectives*, vol. 31, no. 4, 2017, pp. 103–24.
3. Uri Gneezy & Pedro Rel-Biel, 'On the relative efficiency of performance pay and noncontingent incentives', *Journal of the European Economic Association*, vol. 12, no. 1, 2014, pp. 62–72.

4. Charles Ralph Buncher & Jia-Yeong Tsay (eds), *Statistics in the Pharmaceutical Industry*, 2nd edn, New York: Marcel Dekker, 1994, p. 211.
5. Derek Willis, 'Professors' research project stirs political outrage in Montana', *New York Times*, 28 October 2014.
6. Jeremy Johnson, 'Campaign experiment found to be in violation of Montana law', *Washington Post*, 13 May 2015.
7. Gueron & Rolston, *Fighting for Reliable Evidence*, pp. 48-9. ゲロンらはこの問題の解決策も提示している。「私たちが提示しているプロジェクトが倫理的にも法的にも適切であることを、現場担当者に示すことに、最大限の努力をしたところ（…）苦情が減り、最終的には聞かれなくなり、実験実施は単に業務上のちょっとした面倒という程度になった」
8. ある分析によると、アメリカ教育省が委託したRCT10件のうち9件で肯定的なインパクトが報告されなかった理由は、現場の教師が介入を実施しなかったからだった。Coalition for Evidence-Based Policy, 'Randomized controlled trials commissioned by the Institute of Education Sciences since 2002: How many found positive versus weak or no effects?', Washington, DC: Coalition Randomistas pages.indd for Evidence-Based Policy, 2013. 以下で引用。Abhijit Banerjee, Rukmini Banerji, James Berry, et al, 'From proof of concept to scalable policies: Challenges and solutions, with an application', *Journal of Economic Perspectives*, vol. 31, no. 4, 2017, pp. 73-102.
9. 本書著者がマイケル・ヒスコックスとやりとりした個人的な連絡より。
10. Joan McCord, 'The Cambridge-Somerville Study: A pioneering longitudinal-experimental study of delinquency prevention' in *Preventing Antisocial Behavior*, edited by Joan McCord and Richard Tremblay, New York: Guilford, 1992, pp. 196-206.
11. 層化無作為抽出でも同様の結果が出るが、サンプルはペアではなくブロックでバランスをとる。
12. Dean Karlan & Jacob Appel, *Failing in the Field: What We Can Learn When Field Research Goes Wrong*, Princeton: Princeton University Press, 2016, p. 131.

著者略歴

(Andrew Leigh)

オーストラリアの影の内閣の財務補佐大臣（チャリティ担当）で連邦議員（オーストラリア首都特別地域フェナー選挙区選出）．オーストラリア社会科学アカデミーのフェロー．シドニー大学を卒業後，ハーバード大学で公共政策の PhD を取得．オーストラリア経済学会が 40 歳以下の優れた経済学者に授与する「ヤング・エコノミスト・アワード」を受賞．2010 年に連邦議員に選ばれるまで，オーストラリア国立大学の経済学教授を務めた．著書 Innovation + Equality: How to Create a Future That Is More Star Trek Than Terminator（MIT Press, 2019, 共著）; Disconnected（NewSouth, 2010）ほか．

訳者略歴

上原裕美子〈うえはら・ゆみこ〉翻訳家．訳書 クラーク『ラマレラ 最後のクジラの民』（NHK 出版，2020）オルター『僕らはそれに抵抗できない』（ダイヤモンド社，2019）ローリー『みんなにお金を配ったら——ベーシックインカムは世界でどう議論されているか？』（みすず書房，2019）ほか．

アンドリュー・リー
RCT大全
ランダム化比較試験は世界をどう変えたのか
上原裕美子訳

2020年 9 月16日　第 1 刷発行

発行所 株式会社 みすず書房
〒113-0033 東京都文京区本郷 2 丁目 20-7
電話 03-3814-0131(営業) 03-3815-9181(編集)
www.msz.co.jp

本文組版 キャップス
本文印刷所 萩原印刷
扉・表紙・カバー印刷所 リヒトプランニング
製本所 東京美術紙工

ISBN 978-4-622-08933-9
［アールシーティーたいぜん］